税制改革30年系列丛书

见证与回顾

我经历的1994年财税体制改革

本书编写组◎编

中国税务出版社

图书在版编目（CIP）数据

见证与回顾：我经历的 1994 年财税体制改革 / 本书编写组编. -- 北京：中国税务出版社，2024. 8.
（税制改革 30 年系列丛书）. -- ISBN 978-7-5678-1508-7

Ⅰ. F812. 2

中国国家版本馆 CIP 数据核字第 2024NJ7892 号

丛 书 名：税制改革 30 年系列丛书
书　　名：见证与回顾：我经历的 1994 年财税体制改革
JIANZHENG YU HUIGU：WO JINGLI DE 1994 NIAN CAISHUI TIZHI GAIGE
作　　者：本书编写组　编
责任编辑：庞　博　张大卫
责任校对：姚浩晴
技术设计：林立志
出版发行：中国税务出版社
北京市丰台区广安路 9 号国投财富广场 1 号楼 11 层
邮政编码：100055
网址：https：//www. taxation. cn
投稿：https：//www. taxation. cn/qt/zztg
发行中心电话：（010）83362083/85/86
传真：（010）83362047/49
经　　销：各地新华书店
印　　刷：北京天宇星印刷厂
规　　格：787 毫米 ×1092 毫米　1/16
印　　张：19. 25
字　　数：231000 字
版　　次：2024 年 8 月第 1 版　2024 年 8 月第 1 次印刷
书　　号：ISBN 978 -7 -5678 -1508 -7
定　　价：68. 00 元

谨以此书

献给新中国成立75周年

编写说明

2024年是中华人民共和国成立75周年，也是1994年财税体制改革（税制改革和分税制财政管理体制改革）30周年。75年来，为适应经济发展和改革开放的需要，我国税制不断改革，逐步完善。特别是1994年按照统一税法、公平税负、简化税制、合理分权的要求，实施了新中国成立以后规模最大、范围最广、内容最深刻的一次税制改革，初步形成了以流转税和所得税为支撑的“双主体”税制体系。这次改革在增强国家财力、提高国家宏观调控能力、调节各利益主体分配关系、规范社会主义市场经济秩序等方面发挥了重要作用。

在党的二十届三中全会对深化财税体制改革作出全面部署、提出明确要求，新一轮财税体制改革启动之际，我们策划了“税制改革30年系列丛书”。丛书从分税制改革历程、税制结构演进、改革的理论与实践等多个角度，展现税制改革的全貌和改革对我国经济社会发展的影响；围绕深入学习贯彻党的二十届三中全会精神，统筹推进新一轮财税体制改革进行探讨分析。

《见证与回顾——我经历的1994年财税体制改革》是“税制改革30年系列丛书”之一，通过1994年财税体制改革的方案制定者和具体执行者等经历者对财税改革情况的回顾，全景式讲述改革的前因后果，折射改革的精彩魅力和丰富内涵，深刻反映改革的复杂艰辛和显著成效，是可供后人探赜洞微的珍贵税史研究资料。

本书在编写过程中，得到了各位老领导的大力支持和指导帮助，得到了中国经济体制改革研究会、社会科学文献出版社、中国人民大学出版社、百年潮杂志社、地方财政研究杂志社、中国财政杂志社、经济科学出版社、中国财税博物馆、国家税务总局离退休干部局、中国税务杂志社及国家税务总局日照市税务局、国家税务总局海口市税务局等单位的大力支持和配合，在此一并致谢。

经作者同意，本书中部分文章转载时略有删节。由于编者水平所限，疏漏之处在所难免，恳请读者给予批评指正，提出宝贵意见建议。

编　者
2024年7月

目　录

税月扬帆绘征程　谋篇布局韵无穷

组织实施新财税体制的前前后后

…………………………………………………… 刘仲藜 / 3

1994 年税制改革的指导思想

…………………………………………………… 金　鑫 / 11

见证财政体制改革

…………………………………………………… 项怀诚 / 17

1994 年财税改革的背景与决策过程

…………………………………………………… 许善达 / 34

亲历 1994 年前后的中国财税体制改革

…………………………………………………… 刘克崮 / 60

亲历分税制改革

…………………………………………………… 姜永华 / 89

税月如歌忆往昔　春风化雨润无声

1994 年的工商税制改革
………… 刘克崮　贾　康主编《中国财税改革三十年：亲历与回顾》节选 / 117

难忘的“分家”
………………………………………………………… 王　力 / 144

回忆 1994 年税制改革
………………………………………………………… 张忠诚 / 148

1994 年税制改革
——建立社会主义市场经济体制的重大举措
………………………………………………………… 刘　佐 / 154

我经历的 1994 年税制改革
………………………………………………………… 赵怀坦 / 173

1994 年税制改革的回顾
………………………………………………………… 刘太明 / 178

红色剪纸中的蓝色情怀
………………………………………………………… 严相法 / 182

薪火相传　砥砺前行
………………………………………………………… 周家锦 / 185

税月见证改革痕　探索税史书感悟

1994 年财税改革的历程和经验

…………………………………………………… 许善达 / 191

分税制改革三十年：回顾与展望

………………………………………… 贾　康　刘　薇 / 208

回眸分税制改革

…………………………………………………… 翁礼华 / 251

记述于手稿中的分税制改革

………………………………………… 中国财税博物馆 / 257

1994 年税制改革和分税制财政管理体制改革

…………………………………… 《中国税务》编辑部 / 265

1994 年前后财税改革的数据基础

………… 刘克崮　贾　康主编《中国财税改革三十年：亲历与回顾》节选 / 271

分税制改革三十年以来税制改革的回顾和展望

…………………………………………………… 刘　佐 / 288

税收改革

税月扬帆绘征程
谋篇布局韵无穷

组织实施新财税体制的前前后后

刘仲藜*

1993年初夏，党中央做出了实施财税体制改革的重大战略决策。改革的最初方案是财税部门经过大量研究和反复测算后提出的。之后，在国务院领导下，和有关部委用了几乎整个夏天的时间进行了研究和修改。当年秋天，时任国务院副总理的朱镕基同志带领财政、税务等中央部委60多人，赴17个省、市、自治区听取意见。12月，国务院正式发布实行分税制和新税制的决定。一场影响深远的财税体制改革自此拉开了序幕。

新方案出台了　我如履薄冰

中央审时度势对财税改革的问题拍了板，各地区、各部门的思想已经统一到了中央的重大决策和部署上，接下来的工作就是把中央的决策付诸实践，把方案变为现实体制，实现改革意图。完成具体组织实施工作，财政、税务部门责无旁贷。我时任财政

---

* 刘仲藜（1934～），浙江宁波人。历任黑龙江省副省长、党组成员，财政部副部长、党组副书记，国务院副秘书长、国务院机关党组副书记，财政部部长、党组书记兼国家税务总局局长，国务院经济体制改革办公室主任、党组书记，全国社会保障基金理事会理事长、党组书记，第十届全国政协常委、经济委员会主任。1994年财税体制改革时任财政部部长、党组书记兼国家税务总局局长。

部部长，1994 年初又兼任国家税务总局局长，应当说是这项工作的第一责任人。

组织实施过程中，我的心情就像等待卫星升空时一样。当时的宏观经济正处于经济发展过热的时期，固定资产投资失控，金融秩序混乱，通货膨胀严重，经济环境并不宽松。从改革方案来讲，尽管经过反复研究、调整，力求万无一失，但不到成功那一刻，心里始终没底。我担心方案中存在遗漏或不切合实际的问题，而财政制度、财政政策、税收政策又与经济发展密切相关，这些问题如果不能被及时解决，堆积起来会引发更大的问题，比如新财税体制影响经济发展速度、加剧通货膨胀、税收减少导致国家出现支付危机等，无论出现哪一个问题都是天大的事，都会造成财税改革胎死腹中，都会对党的执政能力和经济发展、社会稳定带来极大的消极影响。

重大改革举措和千头万绪的组织实施工作使我感到压力巨大。《礼记 · 中庸篇》讲："戒慎乎其所不闻，恐惧乎其所不睹。"我们当时坚持的就是"戒慎恐惧"。思想上奉行办实事、说实话、增实效；各项工作力求精益求精、周密细致、一丝不苟；所有微调措施力争瞻前顾后、谨思慎行，不轻举妄动。总之是如履薄冰、如临深渊，不敢有丝毫的麻痹大意。

注重实地调查

财税体制改革实施前后，我非常注意深入基层和实际，开展调查研究，以了解实际情况，掌握工作主动权；发现新问题，不断完善改革方案；寻找解决问题的关键；总结经验和规律，指导工作。由于身兼两职，很多改革的具体事务需要及时研究处理，加之投资、外贸和金融等体制改革同时启动，中央、国务院召开的各种会议不断，财税部门的负责同志又要逢会必到，因此我自己很难抽身远出调研。焦虑的心情至今难以忘怀。在这种情况下，我采取了“短、平、快”的调研方式，经常带两三名同志，利用周末到北京所属各县（现改称区）及附近河北的保定和涿州、天津的武清等地转一转。往往是早上不到七点就出去，很晚才回来。

在调研中，我印象深刻的是解决地方财政资金留用比例问题。分税制将75%的增值税和全部消费税上划中央，中央对地方实行税收部分返还。这一制度使财政资金在中央与地方之间大量流动。为了保证地方正常用款，避免资金无效流动，财政部为此制定了各地区的资金留用比例。地方财政每日按中央核定的资金留用比例从应上缴税收中预留一部分，作为“预抵中央税收返还收入”划入地方金库，用于地方财政日常支出，年底中央与地方之间再统一结算。我在河北调研时，涿州提出富裕地区执行中央的办法没有问题，但困难地区留用比例偏低，上缴中央后再返回地方，资金在途时间长，不能及时保证基层运转需要。他们提出的问题引起了我的注意。我想其他困难地方会不会也存在同样的问题。回京后我请当时地方预算司的同志马上了解情况，并要求他们根据各地区实际收入重新进行测算，合理确定地方留用比例。地方预算司的同志非常努力，几天后就将文件发了出去。至1994年底，全国初步建立了新的财政资金调度机制。现在看来，当时通过调查研究确定的调配资金的比例是有效而切合实际的，确保了分税制体制的顺利运行。

培训工作成效让我放心不下

改革准备工作繁多，包括新税票的印制、运输、保管以及计算机系统的添置和调试等，其中培训相关人员掌握新财税知识是最重要和最困难的一项工作，也最让我放心不下。

1993年7月22日，国务院总理办公会议决定，原定分步实施的改革改为一步到位，新财税体制1994年1月1日起施行。当时改革方案正在各地征求意见，尚未最终确定。这使我们面临两个问题：一是这么大量的人员培训至少需要几个月，如果等方案确定后再着手肯定会耽误改革进程，这是不能允许的，因此只能一边设计和完善方案，一边培训人员；二是改革草案不断变化，培训内容必须随着草案变化而随时变化，不断实行再培训。为落实国务院决定，总理办公会议后第二天，财政部和国家税务总局即联合召开全国财政税务工作会议部署财税改革的具体实施工作。特别要求在方案出台之前，各地财税机构要根据改革草案抓紧开展培训工作。此后，随着草案的不断调整，财政部和国家税务总局又多次召开全国性工作会议和电话会议，进行再动员和再部署，不断敦促各地财税机构做好培训等各项准备工作，确保新财税体制顺利实施。

新税制无论对征管员和纳税人来说，都是全新的内容。纳税人懂不懂，税收征管人员掌握了没有，特别是新的增值税需要抵扣包含在存货成本中的已征税款，过程比较复杂，如果征管人员对业务不熟练，操作不得当，很可能造成重复征税，而企业转嫁成本，将进而推动价格上涨。分税制也是一种完全不同于过去的财政预算制度，基层财政人员能否实现新税制和新预算体制的结合，正确分配中央与地方财政收入？这些问题是否已经通过培训解决，我心中没底。

为了了解培训效果，我到各地进行了调研。在天津市武清县一家企业，一位年轻的会计人员把台账拿出来，能够逐笔说明销项税和进项税的抵扣情况，税收政策把握很清楚，我心里踏实了许多。在湖北省宜昌市国税局，当我问及新增值税征收规则时，局长回答得十分圆满，当时大家热烈鼓掌，我也特别高兴。令人感动的是，当时全国各地、各行各业兴起了一股学习新财税知识的热潮，许多省的主要负责同志在百忙之中，主动学习和研究新的财税体制，把财税改革方案内容搞得很清楚。比如，安徽省委省政府领导同志来京，我借机向他们了解省里新财税体制的执行情况，在交谈中我惊奇地发现，他们对新税制和分税制的内容弄得比有些财税人员还明白，讲起来头头是道。但是喜中也有忧，比如我到北京郊区基层税务所调研时，征管员的回答就不尽如人意。我还记得在北京通县（现通州区）调研时，百货公司的财务人员反映企业税负比以前有所加重，我心中忐忑不安，问明情况后才知道原来他还不清楚期初库存商品可以抵扣的政策，虚惊一场。总的来说，尽管财税改革草案进行了多次调整，但绝大部分同志都能够随着草案的变化而不断更新自己的知识，基本掌握了新财税体制的基本内容，这说明我们的准备工作是扎实有效的。

按实践要求完善改革方案

改革方案虽经反复研究和模拟测算，但是否符合实际，需要经过实践的检验，并在实施过程中不断完善。为此，财政部和国家税务总局做了大量艰苦细致的工作。

有些比较大的政策性调整，我至今记忆犹新。比如，设计方案时认为，水电企业依靠作为天然资源的水力发电，直接按售电收入计征 17% 的增值税是合理的。后来，小水电企业反映税制改革后增值税负担增加较多，希望予以解决。我们及时进行了研究，发现税制改革前对小水电企业征收的是 5% 的产品税，新税制按 17% 征收增值税，又几乎没有进项税可扣，税负的确增加较多。根据实际情况，我们进行了调整，规定县以下小型水力发电单位生产的电力，可按简易办法依照6%征收率计算缴纳增值税。同样，科技部门反映有些科技产品的进项成本主要是无形资产投入，虽然难以量化，但也需从中抵扣部分税款，如果直接按销售收入征税，会加重科技企业税负。我们也专门发文解决了这一问题。

此外，改革方案中曾提出取消对农民征收农林特产税。尽管大家一致认为应该减轻农民负担，但改革方案出来后，许多地方表示实施起来有困难。记得朱镕基同志曾告诉我，至少有四个省的省委书记给他打电话反映，如果马上取消农林特产税，地方财政特别是农业县的财政将出现较大困难。经过反复权衡和综合分析，最终还是采取了两头兼顾的办法。一方面，充分考虑部分地区，尤其是农业县市70%～80%的财政收入来自农业税的实际情况，否决了取消农林特产税的方案；另一方面，为了减轻农民负担，将原产品税中农林牧水产品税与原农林特产税合并，统一征收农业特产税。另外，还规定农业产品增值税税率由17%降为3%。十几年前在设计财税体制时，我国的财政状况处于非常困难的时期，中央就已经开始谋划从税收制度上减轻农民负担，到了2006年，随着我国财政收入的大幅增长和财力的不断增强，全面取消农业税得以实现，也充分说明了分税制财政体制的成功。

预设困难谋成功

1994年财税体制改革当时，全国财政非常困难，中央财政尤其拮据，推出财税体制改革风险很大。而改革方案又由分步实施改为一步到位，培训、准备工作比较仓促，能不能按预定设想把钱及时、足额收上来，保证政府工作的正常运转，成了 1994 年第一季度，尤其是一月份关键的关键。

为了未雨绸缪应对不时之需，防止新老财税体制转换过程中税金不能及时入库，国家财政发生支付危机，在财税体制改革正式实施前，我专门找到朱镕基副总理，请他批准由财政向人民银行临时借款。他当机立断，破例批准人民银行临时借给财政部 120 亿元，存在中央金库，时限三个月，专门用于应对可能出现的支付危机。

1994 年 2 月 8 日，我记得很清楚，那天是农历除夕前一天，我和其他同志正在北京市慰问财税战线的职工，忽然接到国家税务总局值班室的电话。值班的同志兴奋地告诉我，一月份税收统计快报出来了，税改后收入不但没有减少，而且同比增长 61%，中央税收和地方税收也都按照新财税体制的规定分别缴入中央金库和地方金库。初战告捷，我心里的一块石头总算落了地。

第二天我专门到中南海，向国务院领导报告了这个好消息。回到部里，就叮嘱有关同志提前归还临时借款。财政收入实现了大幅度增长，大家终于松了口气。后来每月税收都在增长，全年收入抵掉期初库存扣税、能源交通基金和预算调节基金减收因素，还比上年增加了 900 多亿元，全国财政收入由此上了一个大台阶。

点滴感悟

财税体制改革的成功得益于党中央、国务院领导的高瞻远瞩、英明决策，凝聚了财税部门、专家学者的智慧心血，体现了地方政府和社会各界的理解支持。值得一提的是，在组织实施财税改革过程中，财政部、国家税务总局及时对地方提出的各种要求给予了函复，对某些特殊行业的财税政策进行了明确和细化，对某些不准确的理解和做法予以了解释、澄清和纠正，并根据实际情况对原方案进行了微调和完善，仅1994年第一季度就发出了80多个文件。这些操作性文件，确保了党中央、国务院的改革意图得以实现，保证了财税改革的效果。

我亲身参与了十几年前那场轰轰烈烈的财税体制改革，回忆起其中具体组织和实施工作，确有不少经验和教训。我国地域辽阔、各地条件差异大、区域经济发展不平衡、各个行业千差万别，改革除了要制定一套统一的、科学的方案，还应当把组织实施过程放在重要位置，否则，即使改革方案搞得四言八句，花团锦绣，也会变成一纸空文。党中央、国务院确定了方案，职能部门的主要任务就是负责组织实施，积极主动地把中央改革方略层层分解为实施策略、计划和任务；要在实践中检验并完善改革方案，处理好整体与个别、普遍与特殊、长远与当下的关系，实现方案与实际的结合；必要时采取渐进性和过渡性措施，确保改革具有较强的可行性和可操作性。

本文刊载于《中国财政》2008年第18期。

1994 年税制改革的指导思想

金　鑫*

1994 年，我国工商税制进行了一次重大改革。这次改革是在党中央、国务院直接领导下进行的。党中央、国务院对这次税制改革确立了正确的指导思想和方针政策，是保证改革成功的基本前提。这次改革是在党的十四大确立了在我国建立社会主义市场经济体制改革目标的要求下进行的。就税制而言，面临着逐步扬弃计划经济体制下的税制模式，建立一个符合社会主义市场经济要求的新税制。这无疑是一个艰巨的任务。改革是一个庞大的系统工程，它不仅要求税制结构的合理性、严密性，还要考虑执行中的权威性、可行性。改革要确定或者重申税制结构的基本框架，还要从根本上规范分配方式，理顺分配关系。所以说，这是一次整体性、结构性的改革。一言以蔽之，1994 年出台的税制改革，是经济转轨时期整个国家经济体制改革中事关全局的一项重大举措。经过实践和经济、社会发展的检验，证明这次改革是成功的，成效是显著的，影响是深远的。

1994 年的税制改革，具有明确的指导思想，这就是：统一税

* 金鑫（1929 ~2020），江苏海门人。历任财政部预算司处长、副司长、综合计划司司长，财政部党组成员、财政部税务总局局长；财政部党组成员、国家税务局局长；国家税务总局党组书记、副局长。1994 年财税体制改革时任国家税务总局党组书记、副局长。

法，公平税负，简化税制，合理分权。这个指导思想是在总结建国以来中国税制几经曲折的历史经验和教训而提出的；是长期实行计划经济体制转向实行社会主义市场经济体制的必然选择。

首先，税法必须统一。应当说建国以来我国的税法基本上是统一的，但在执行中出现了许多的随意性。改革开放之后，面临着一系列新情况、新问题，在简政放权、减税让利的情况下，出现了许多违背统一税法原则的思想和行为；也存在为解决一时一地的具体问题而采取的临时变通做法。在中央和地方之间、国家和企业之间利益分配上还存在着分配方式上犬牙交错的情况。在对外开放领域，一些地方为了引进外资，争相在税收上出台优惠政策。这一切，实际上都是对统一税法的冲击。市场经济本质上是法治经济，发展社会主义市场经济要求我们国家的税法必须统一。因此，无论是从思想上、理论上、法治上或工作上，建立一个全国统一的税法，制止各种对统一税法的冲击，便成为1994年税制改革的首要任务。

第二，税负应当公平。1953年的修正税制（实际上是一次税制改革），强调公私一律平等，受到中央领导的批评，于是重新制定了公私区别对待、繁简不同、公轻于私、工轻于商等原则。这一切发生在建国初期，同当时的政治、社会、经济的发展情况，同党实行的对私营工商业进行社会主义改造政策分不开。而在党的十四大以后，我们面临着一个崭新的事业——建立社会主义市场经济体制。市场经济的核心是竞争，没有竞争就不会带来进步。竞争必须是公平的，因此，在1994年的税制改革中，特别强调了公平税负，即各种不同的所有制主体都执行相同的税法和执行相同的税率。在流转税制设计上，要在社会再生产的领域中，从生产、分配、流通、消费都实行以增值税为普遍调节，以消费税为特殊调节的模式。这样做既充分体现了公平税负的原则，又可以从根本上解决重复征税的弊端。至于对某些商品加征一道消费税，这不是违背公平税负原则，而是对生产和消费行为的政策引导。

第三，税制需要简化。建国以来，我国在税种的设立上，虽然还谈不上庞杂，比起世界上的许多国家还要简化得多，但是针对不同所有制成分分别设置税种，配合短时期经济政策而设置较长时期内有效的特定税种等情况是客观存在的。为了提高效率，合理税负，适应社会主义市场经济发展要求，有必要进一步简化税制。取消那些过时的、不必要的税种；合并那些内容重复的税种；对那些虽有必要设立的税种，也要在计税方法、征管办法等方面进行简化。改革方案把原先的 32 个税种简化为 18 个是必要的。当然，在税收之外，一些地方政府和部门凭借他们的权力征收了名目繁多、数额庞大的各种收费，构成了人民群众的沉重负担。老百姓也很难区分税、费孰轻孰重，总之都是他们的负担。这个问题怎么办呢？我一直认为，税费改革是一项重要的政策，但是税费改革要真正收到实效，必须精简机构，减少国家供养人员，重新界定基层政权的职责，该管什么事，不该管什么事，管到什么程度，哪些由国家供养人员去完成，哪些由非国家供养人员去完成。这样才能税费统筹，规范政府组织收入的方式，从根本上减轻人民的负担。

第四，合理划分税权。我们的国家幅员辽阔，人口众多，行政体制和机构设置层次很多，在这种情况下，不十分强调统一是不行的，所以税法必须统一，但没有合理的分权也是不行的。我总的一个感觉是，中国这么大，没有思想上、政策上、法制上的高度统一是不行的，否则就会乱。同样地，正因为中国这么大，地区发展不平衡，情况复杂，不调动各地方在统一政策下的积极性和创造性也是不行的。我主张，建立比较完整的地方税体系，把那些经过整顿必须保留、具有某种税收属性的地方收费纳入地方税体系中。中央保证那些经过严格整顿、必不可少的收费留给地方，地方应当承担的各种责任和义务必须承担，而不把矛盾上交。我深知讲集中统一，又讲合理分权，看起来是矛盾的，但实际上它们是辩证的统一。

在税制改革的指导思想上还有两个支点：规范分配方式、理顺分配关系。应当说在我国的法律制度上，国家与企业之间的分配制度是有规范的，这种规范应当随着经济的发展、改革的深化而不断更新，而不应抱残守缺，固守原有的规定不变。从上个世纪70年代末开始的国家对企业减税让利，接着国家由于财政困难，又先后从企业筹集重点建设基金、预算调节基金，从而形成了犬牙交错的分配状况。这种现象，今天客观地、历史地来看，是当时为了寻求城市经济体制的突破，也是可以理解的，但决非长治久安之策。接着从80年代后期到90年代初期，全国各地各类企业掀起的“包税”“包财政上缴”的承包风，这是对企业分配方式的一次最大冲击。1994年的税制改革，它的重要目的之一就是要用依法纳税规范国家与企业的分配方式。由于中央坚定的决策，承包风终于悄然退出历史舞台。最近我看了一篇文章，文章中有这么一句话：“1994年税制改革最大功绩之一，就是在有条不紊、波澜不惊地实施新税制的同时对财政包干实施了釜底抽薪式的革命，用一种新的制度建设彻底否定了财税包干”。这一段文字对规范分配方式、理顺分配关系作了十分恰当、十分精彩的描述。

前面提到1994年税制改革是一次整体性、结构性的改革，为什么这么说呢？这是因为这次改革几乎涉及所有的税种，并且重新确定了工商税制是以流转税、所得税为双主体税种的结构模式。而在近期内，乃至相当长一段时期内，流转税会是我国税收收入的主体。有些学者多次提出中国应该跟西方发达的资本主义国家一样，把税收逐步过渡到以所得税即直接税为主体税种。我认为这在目前是不现实的。以流转税即间接税为国家税收收入主要来源、税制的主要税种，是中国税制的一大特点，也是一大优点。这是因为税收作为对社会总产品的必要扣除用于社会公共开支的一种主要形式和手段，它是强制性的。我国实行流转税的制度，把这一部分强制征收的税内含在商品价格之中，让税务机关面向千千万万的纳税人从他们的口袋里掏钱缴税的这种强制手段变为纳税人在购买商品或享受服务时自觉缴税，这是非常符合国情的一种简便高效的做法。

税制和税制改革，都涉及国家和企业之间利益的调整。与税制改革同时出台的财政体制改革，涉及中央政府和地方之间利益分配关系的调整。税制改革所涉及的问题是千头万绪的，所以我们说税制改革是一个庞大的、复杂的系统工程。

一项重大的改革有几个条件是不可或缺的。首先是对建立社会主义市场经济的改革目标要有从认识到实践的统一，它究竟要求我们把税制改革成什么样。其次要有正确的指导思想，要有对古今中外税制，特别是对我国几十年来税制的演变，以及发达国家和某些发展中国家税制建设所走过的历程深刻的研究；要有对税制改革实施方案周密的分析和测算，要有对利益各方统筹兼顾的安排，要有对新税制全局乃至细节缜密的论证，要确保税制改革方案具有很强的可行性；要调动和依靠强大的舆论工具，不断地、反复地、深入地宣传解释，让尽可能多的人了解和理解这次改革的目标和内容；要适时地提出和完成立法程序，及时制定法律和法规。这一切，在 1994 年税制改革中，根据党中央、国务院的指示，我们做了，所以才取得了成功。

回头来看 1994 年的税制改革，它还存在这样那样的不足，这也是需要认真加以总结的。税制改革如同其他一切领域里的改革一样，是一个未有穷期、不断探索、不断完善的过程，毕其功于一役是不可能的。根据政治、经济、社会发展变化的新情况，我们要善于发现新问题，提出符合当前实际、有利于今后发展的新的改革思路。

我坚信：我国的税制明天更美好！

本文刊载于《中国税制改革十周年》编辑委员会编写的《中国税制改革十周年（1994.1～2004.1）》（中国税务出版社2004年版）第216—218页。

见证财政体制改革

项怀诚*

我在财政部是小字辈，从年轻的时候开始就在部里工作。我在预算司干了十年，1982 年组建综合计划司，我就调到综合计划司当副处长，第二年入党，第三年提副司长，过了两年就提了副部长。人家说我，你是要么不动，要动你就是乱动。开玩笑嘛！反过来讲，我自己也很注意。我在财政部当副部长的时候，分管的司局领导，很多都是老同志。工作上有问题需要商量，我从来都是到他们办公室去，这样关系不就处理好了吗？所以，一个人的成长，和他的环境是分不开的。如果没有劲夫、吴波、丙乾等老部长们的培养，我不可能成长起来。我这一辈子，碰到了好领导、好政策，我都赶上了。

一、改革是共和国财政 60 年的主线

解放初期，是一个战时阶段。财政部缺钱，财政收入主要是征缴公粮，一切为了前线。到 1953 年以后，我们国家的工作重

---

* 项怀诚（1939～），江苏吴江人。历任财政部综合计划司副司长、副部长、党组副书记，国家税务总局副局长、党组副书记、党组书记，财政部部长、党组书记，全国社会保障基金理事会理事长、党组书记。1994 年财税体制改革时任财政部常务副部长、党组副书记，1994 年 6 月调任国家税务总局后，历任国家税务总局副局长、党组副书记、党组书记。

点第一次转移到经济建设上来了，国家财政处在建设阶段，就是毛主席说的两句话，“发展经济，保障供给”。在当时，财政基本上都是为了发展经济，保障供给。我们经常要计算每年的财政支出里面有多少钱、多少比例是用于建设的。大略地说，解放以后，我们事实上是无可奈何学习苏联。和美国谈不拢，还发生了朝鲜战争，中国只能“一边倒”，是被迫的。苏联派来了很多顾问，当时各部委都有苏联的顾问，财政部也有。苏联专家帮助中国建立苏联模式。其实，中国内部也在探索，陈云就对苏联的东西做了很多修改，不是完全照搬苏联的那一套。中国共产党有很多做法就是和苏联不一样，包括后来有一些证明是不对的做法，不就想走一条中国式的道路嘛？

从建国到改革开放之前，中国的财政体制经过了多次的调整和改革，有很多反复。财政体制的变化偏多，财政体制本身缺乏稳定。偏多到什么程度呢？平均三年就要变一次财政体制。从实践来看，最短的财政体制只使用了一年，最长的财政体制也只不过五六年。在这个体制中，主要是中央和地方之间的制度安排不稳定，处在经常变化之中。1956 年，毛泽东讲《论十大关系》。在十大关系里，一大关系就是讲中央和地方的关系。其实，原因不是干部的问题，不是人的问题，是制度的问题，是体制的问题，基本上是在分权和集权之间进行变化。用现在比较时髦的话讲，是中央和地方那种博弈关系。

可以说，前 30 年财政体制改革的主线，就是寻找中央和地方之间的一个合理的权力界限。集中到什么程度？用什么制度保证？我们摸索了 30 年，不同的时期都有它自己的特点，最后也没有找到一个最好的办法。但是，做了很多有益的尝试，包括分灶吃饭、包干制、总额分成，包括我们现在进行的分税制，在前 30 年都搞过。为什么当初搞这些东西没有成功，就是条件不具备。

因此，不能否认，改革是60年共和国财政的一个主线。在60年的时间里，财政始终是处在改革中间。前30年，已经做了很多探索、很多实践。但是条件不成熟、不具备，因为财税体制本身就不科学，没办法分税。但前30年的改革绝对不能抹杀，不能说中国财政改革就是后30年的事。事实上，前30年的经济体制改革，特别是财政体制改革，为后30年的改革进行了具有深远意义的探索，为后30年的改革打下了基础。

从大脉络上讲，60年的财政改革，实际上是由高度集中向分级分权转变的过程，是财政管理逐渐科学化、规范化的过程。当然，前30年，走来走去，走到了国民经济崩溃的边缘了嘛。都吃不饱肚子了，财政上已经非常脆弱了，赤字率很高了，很危险。那时的体制不好，工业产值增加很多，但效益不好；国民收入虽然增长很多，产品产量并不高，人民生活长期得不到改善；中国经济走上了一条消耗大、成本高、效益差的道路。

二、财政包干体制难以为继

在实行分税制之前，尽管在一段时间里面有变化，但是就其性质来讲，主要是实行包干的体制。有大包干的，也有小包干的，也有分税包干的，也有递增包干的。总而言之，不脱包干二字。那么，什么叫作包干体制，怎么产生的包干体制？实际上，包干体制是改革开放以后，为了解决激励机制不足，在没有完善的法制条件下产生的一种过渡办法。最早是从安徽的凤阳小岗村开始的农村大包干，“交够了国家的，留够了集体的，最后都是你自己的”。后来，就把这种包干的制度引进到企业里面，在企业进行了各种各样的包干制度。很多人觉得，包干的办法很好，也就引进到财政制度里面。当时，在中央政府和地方政府之间，也有一个重大的问题，就是怎么样使地方政府尽可能的放心，实行包干制度是可以部分解决这个问题的。在体制多变的情况下，包干体制能够起到调动积极性的作用。但是，它也有很大的局限性，表现在当时的财政收入上，财政收入增长的速度不是太快，中央财政增长的速度相对来说更慢一些。那个时候，一年财政收入能够增加一二百亿就不错了。

改革开放以后，我们实行减税让利，在这个政策的前提下面，把一部分财政收入有意识地让给企业，增加企业的活力。财政收入占 GDP 的比重是一个重要的目标。实行包干制后，财政收入占 GDP 的比重出现了逐年下降的趋势。1980 ~ 1990 年，国内生产总值平均增率为 9.5%，可是财政收入占 GDP 的比重逐年下降，1979 年财政收入占 GDP 的比重为 28.4%，1980 年就下降到 25.7%，到 1993 年下降到 12.6%。在这段时间里面，一共下降了 15.8 个百分点，大体上每年要下降 1 个百分点还要多。另一方面，在整个财政分配之中，中央财政的收入分配不占主导地位，中央财政不大能够起监控地方政府和地方收入的作用。中央财政占全国财政收入的比重，也是呈现一个下降的趋势。1984 年，中央财政占整个财政收入的比重是 41.5%；到了 1993 年，比重下降到 22%，倒二八开。所以，中央财政的发言权就相对比较小。老百姓有一句话，就是喊鸡还要撒把米呢，你手里没有几个钱，你让人家听你的很难。钱不是万能的，但是没有钱是万万不能的。政治上的权威如果没有经济的基础也是不行的。

1987 年，我到南斯拉夫去考察。当时，南斯拉夫有个副部长叫奥格奥夫斯基，是个经济学家，他跟我说，南斯拉夫财政收入占国民收入的比例太低了，才11%，他担心国家要出事了。果然，我回来了以后不久，南斯拉夫就出事了。奥格奥夫斯基有眼光，他的话提醒了我，这个比例关系是决定国家命运的，下降到11%，政府的职能要想维持都很难。改革开放以后，我们这个比例一年一年下降，下降到12%左右。

当然，中国的情况与南斯拉夫不同。我们除了预算内收入以外，还有一部分预算外收入与政府性收费，所以，在国家之间进行比较要慎重。但不管怎么说，财政收入占GDP的比重逐年下降，中央财政收入占全国财政收入的比例太低，财政部很窘迫啊。有人把中央财政叫作“悬崖边上”，一碰就掉下去，如临深渊。由于中央财政收入严重不足，从上世纪80年代至90年代初，甚至发生过两次中央财政向地方财政“借钱”并且借而不还的事。几乎所有的地方都在急呼缺钱：粮食收购财政亏损补贴资金不到位；重点建设资金不到位，很多重点建设卡着脖子，如铁路、港口、民航等。当时，连某些中央机关都已经到了不借钱工资发不出去的境地。当时，我的前任刘仲藜部长跟我开玩笑讲：“我现在背心都快给扒掉了。”他三次找朱镕基副总理，希望他批条子向银行借钱，朱镕基不允许。包干的体制已经到了非改不可的时候了。

1993年7月23日，全国财政、税务工作会议召开。朱镕基副总理来到会场，对所有参加会议的人员说：“在现行体制下，中央财政十分困难，现在不改革，中央财政的日子就过不下去了，（如果这种情况发展下去）到不了2000年（中央财政）就会垮台！”这表明，包干体制已经到了难以为继的地步，改革的方向就是分税制。

三、亲历分税制改革

实际上，分税制不是我们发明的，是很早就有的，世界各国普遍实行。到 1993 年我们搞分税制的时候，世界上大体有三种不同的分税制类型，第一种就是以美国、加拿大为代表的联邦式分税制；第二种就是以英国和法国为代表的集权式分税制；第三种就是以日本和意大利为代表的混合式分税制。当时，我们推行的分税制，相对来说，比较接近集权式的分税制，主要是财权相对集中。

1993 年，经济过热，通货膨胀率走高。当时，中央派了 13 个部长到了 26 个省市调查研究。部长们回来以后，写成了一个文件，当时写了 13 条，13 个部长一人写一条，拿到国务院讨论。当时，朱镕基是主管经济工作的常务副总理，他开玩笑说："13 条建议不吉利，加几条。"后来，又增加了 3 条，成了 16 条，这就是 1993 年中共中央的 6 号文件。这个文件非常重要，为经济体制改革打下了一个比较好的基础，对于分税制的展开起了非常大的作用。

1993 年下半年，我们几乎全部精力都扑到了分税制改革方面，做了很多准备工作，其中许多是非常紧急的。因为上上下下并不熟悉分税制，财政部部长刘仲藜在北京龙泉宾馆主持召开了一次体制改革座谈会，我当时是常务副部长，在会上有个发言，第一次比较全面地介绍了分税制。差不多同时，时任国家税务总局党组书记的金鑫，再次向中央汇报了工商税制改革的方案，并得到中央同意。在分税制改革方面，龙泉宾馆会议对统一思想非常有益。随后，工商税制改革和分税制改革就开始紧锣密鼓地进行。当时，无论财政部还是税务总局，两个办公楼晚上经常是灯火通明。那时已普遍使用计算机，大大提高了效率。在这一年，我还开了很多座谈会，包括纳税人的、地方政府的、专家学者的、海外一些人的，就工商税制改革和分税制改革听取各方面意见，这次可能是历史上历次改革中听取意见最充分的一次了。

11 月，中共十四届三中全会通过了《中共中央关于建立社会主义市场经济体制若干问题的决定》，要求进行财税体制改革，共有三项内容：一是把现行地方财政包干制改为分税制，建立中央税收和地方税收体系；二是改革和完善税收制度，推行以增值税为主体的流转税制度；三是改进和规范复式预算制度。这个决定意味着分税制改革正式开始了。

如果说，改革开放以前的 30 年，是在分权和集权之间不断进行博弈，到 1993 年进行分税制改革的时候，我们已经避开分权和集权的说法，因为掉进去以后，说不清楚；说我们要集权，地方一听就不干了。我们就换种说法，叫作“正确处理中央和地方的关系”，但这个话要最高层的领导人来讲，当时是江泽民。他说：“要适当地集权，因为中央财政太困难。”听说，邓小平和陈云两位老人家也赞成适当集权，增加中央财政的财力。江泽民先后多次分片主持召开了各省、市、自治区的书记、省长座谈会，宣讲政策，听取意见，消除误会。记得在当年 9 月，江泽民在广东的珠岛宾馆召开中南和西南两大区 10 个省的书记、省长座谈会，原先财政部没有随行任务，会上有位省长对分税制提出一些意见，因为涉及许多具体政策，曾庆红临时打电话通知我参加会议。我接了电话就直奔机场，当晚赶到广州。

分税制改革主要是朱镕基负责，他亲自带队，用了两个多月的时间，带领相关部门的同志，先后走了 13 个省，与地方政府面对面地算账，深入细致地做思想工作。每次去都是专机，一般是五六十人，最多的一次80多人。朱镕基说过："到地方去征求意见，核心问题是财政。"所以，他对财政部特别宽容。在严格控制随行人员的前提下，却对财政部网开一面，愿意去几位就去几位，先后随镕基同志到各省市征求意见的同志，有刘仲藜、刘克崮，姜永华、王立峰、许宏才等，除了广东、海南，其他地方我都去了。每次随行都不轻松，经常加班加点，有的时候通宵达旦，车轮大战。事后，镕基同志曾经半开玩笑地说过："那段日子是东奔西走，南征北战，苦口婆心，有时忍气吞声，有时软硬兼施。总算谈下来了，我自己则掉了五斤肉。"

我们与朱镕基之间也有争论，主要是对1993年为基数有疑义。朱镕基就分税制改革调研去的第一站是海南，第二站是广东，财政部部长刘仲藜随行。这是决定实施分税制改革进行调查研究、交换意见中最重要的一次。以1993年的财政收入为税收返还基数，就是广东省汇报工作时提出的。后来，中央政治局常委会研究决定，以1993年为税收返还基期年，这在当时是个非常大的政策。事实上，我和仲藜同志都不同意以当年为基数。坦白讲，对于中央政治局常委会的决定，我当时在思想上并没有理解，坦率说是有点保留意见的。当然，财政部对于执行党中央的决定是没有任何问题的。财政部门比较务实，从技术操作层面考虑问题多一些。说白了，就是担心地方在数字上弄虚作假，担心钱在1993年都收光了，都成了地方政府的基数了，以后年年要给它。担心今年收入上去了，明年又下来了，无以为继怎么办？实际上，宣布以1993年为基数的当年后几个月，确实出现了一些异常情况。一些地方把死欠都收起来了，企业大量向银行贷款交税，甚至连倒闭的企业都把以前的税补齐了。凡此种种，造成了1993年后四个月财政收入大幅度增加。据1993年地方财政收入月报统计，这一年地方财政收入全年增长966.63亿元，增长率为40.2%，其中9～12月地方财政收入增长756.95亿元，比上年同期分别增长了51.8%、62.5%、86.1%、121.3%。这是从来没有过的，确实也是反常的。对于这种现象的出现，朱镕基也非常重视。当年第四季度，他曾布置多次检查，还做出了凡违规操作不合理的基数可以扣除等政策。

以1993年为税收返还基期年，各地当年财政收入基数猛涨上去之后，对1994年的财政收入有没有影响呢？这是我最担心的，因为我是分管预算的副部长。1994年1月份的时候，我是忧心忡忡，寝食不安。到了2月8日，1月份的财政收支报表出来了，1月份收入277亿元，比上年同期增长106亿元，增长62%，这是从来没有过的速度！我高兴得不得了，一块石头终于落地了。按照财政部的惯例，农历大年初二、初三部党组历来是要开会的。那年的春节是2月10日，我向仲藜同志提议，1月份情况太好了，今年春节就不要开会了吧，仲藜同志欣然同意。我是在不经意中，把财政部的优良传统给破坏了。这其实是表明当时的一种心情。

财政收入数据显示，1994年每个月的财政收入都比上年同期增加，全年财政收入增长了869亿元，比上年增加20%，是以前历史上少有的。自1994年实施分税制以来，到2007年已经14年了，财政工作发生了天翻地覆的变化。财政收入由1993年的4349亿元，增加到2007年的51300亿元，14年平均年增3354亿元，平均年增长19.3%。这一切，充分说明了1994年的分税制改革功不可没。可以毫不夸张地说，这是一次广泛而深刻的改革，它奠定了中国特色改革的基础。

现在回头看，我对于以1993年为基数的政策已经心悦诚服。这个政策说明，在推进重大财税改革时，必须要取得地方政府的强有力支持。这是必要的妥协，这个代价必须付出。这一让步，争取了民心，统一了思想，保证了分税制改革的顺利推行。因为这场宏观经济体制改革如果进行不下去，社会主义市场经济就是一句空话，它是为社会主义市场经济奠基的。对中国来说，它是经济发展、长治久安的基础。朱镕基说过一句话："对财税体制改革取得的成功，怎么评价都不过分。"我们党内历来有一个传统，就是不过分强调个人在工作中的作用。但在我看来，朱镕基肯定是一个伟大的人物，是一个伟大的改革者。他的领导能力对我教育很深，我也为能有这个机会追随他左右，一起来完成财政税收的改革，感到非常光荣，非常荣幸。

四、财政改革的重点从收入转向支出

1998年，我接替了刘仲藜，出任共和国第八任财政部长。我和刘仲藜的关系非常融洽，长期打交道，是老朋友、老伙计了。1994年，我调到国家税务总局任党组书记、副局长，刘仲藜是财政部部长兼税务总局局长，但是税务总局的工作由我主持，全权负责。到了1998年，刘仲藜任国务院经济体制改革办公室主任，我调回财政部当部长。

我上任的时候，恰逢亚洲金融危机。根据党的十五大精神，实行适度从紧的财政政策，并力图缩小财政赤字。但那时经济形势不好，朱镕基总理有一个比喻说："我使劲踩油门，但经济就是上不去。"我记得，当时大街上到处都是"大减价""跳楼价"，商品卖不出，生产过热，银行贷款也没人贷。1998年6月，我在《人民日报》发表了一篇文章，提出了财政政策转型的想法。一般来讲，财政政策见效比较快，货币政策的传导机制长一些、慢一些。当时，我国的基础设施比较差，可以加大投入。当然，各方面还有些不同意见，但我感觉确实又不能拖了，在北方过了11月以后就霜冻了，基本什么工程建设都不能做。很快，6月份之后，高层就做出了决策。当时，是以基础设施建设为主要投资方向，包括水利、机场、农村电网、高速公路等。另外，粮库缺乏，安排建设了不少大粮库。在之后几年，这些基础设施都派上了大用场。当时的情况是，财政手里没多少钱，要实行积极财政政策，压力很大，最后国家决定发1000亿元国债。

我开始主持财政部工作以后，和党组同志一起研究认为，1994年以来，财政收入稳定增长的机制已经初步建立起来了，收入方面的改革是继续不断完善的问题。改革的重点应当转移。后来，先后研究和提出了财政支出的十项改革，包括现在实行的集中支付制度、转移支付制度、政府采购制度等。

财政改革要与时俱进，要不断推进，不能毕其功于一役的，而且永远要有改革的思想。要有长期改革的思想，改革是千万不能停的。例如，在分税制改革的时候，我们和镕基同志之间还有一些争论。争论的问题是，增值税的税率定在17%，还是19%？所得税怎么定位，究竟是共享税，还是中央税收？当时，朱镕基就提出来："增值税基本税率17%，个人所得税先交给地方。企业所得税随企业的隶属关系走，中央企业交中央，地方的交地方。"我们这些人多多少少都有一点知识分子的毛病。改革的时候，我也看了很多书。所有的本本上都讲，所得税是应当共享的嘛，不应当归一家。朱镕基是当家人，我们之间有争论，最后当然是胳膊拧不过大腿了。我这个人也不是非常固执的人，我保留意见，就那么执行了。现在回想起来，他当时讲的几句话是很有道理，第一，现在中央企业、地方企业这么复杂，分配关系很复杂，你三天两头算得清账吗？搞不清楚，做不到，不如先按隶属关系走，以后情况变化了，条件成熟了再调整嘛！个人所得税将来是个大的收入来源，你现在先交给地方，让它好好收，收多了以后再收回来。现在把它共享了，这个钱就收不上来。

本来，中央企业与地方企业性质是清楚的。后来，企业之间互相参股、合并，还有和外资合营的，就分不清中央和地方了。企业所得税应该交给谁呢？已经不清楚了。我们不断地给朱镕基反映，朱镕基也说："看样子，企业所得税和个人所得税的改革要启动了，你们做方案。"2002 年的夏天，他去检查长江的水利设施，我作为随行人员跟着他去了。一路上，他每天晚上看我们的方案。第一个方案他不同意，拿回来了，我们连夜再改。第二天又送上去，又改。中间我们有个争论，就是所得税变成共享以后，中央和地方怎么分配，比例是个什么比例。开始也有些不同意见，后来统一了，第一年对半分，第二年开始六四分。所得税收入分享改革是中国继 1994 年分税制改革后，财政管理体制方面的又一次重大改革，是非常成功的。

朱镕基是个追求完美的人，一般是不会轻易赞扬一个人的。他说过："你们财政工作是最好的。"2003 年到他卸任的时候，说："不能这样说话了。不能再表扬项怀诚了，再表扬他就要翘尾巴了。"这说明，他已经很满意了。我认为，这是表扬财政部，表扬财政干部，我不能贪天之功。其实，财政没有什么了不得了。做得好坏，主要看对每一个时期的中央工作重点，能不能配合得好，也就是政治敏锐性要强。我当部长，他有时候还批评我，说："你们财政部就是缺少政治观点，也缺少经济观点，只有财政观点。"什么叫没有政治观点，就是不从政治上来考虑问题的；什么叫没有经济观点，就是不从整个的经济来考虑问题。再说得白一点儿，就是站得低。当然，我也有些不服气。我跟他说：“其实，真正和你一条心的还是我们。只有我这儿平衡了，你才能平衡；我这儿不平衡，你那儿数再多也没用。”

五、从事财政改革的体会

在我担任领导职务期间，参与了财政多项改革，体会很多，笼统地说有这么几点。

第一，财政体制改革要正确地把握财政和财权的集中程度。在集权和分权之间找寻一个合理的比例关系，这是我们体制改革的核心，是几十年来的财政体制改革始终围绕的核心。每一个时期，是不完全一样的。有的时候要相对集中一点，有的时候可以相对分散一点，都是为时代服务的。比如说，解放初期，朝鲜正在打仗，中央提出来“边抗、边建、边稳”的“三边”政策。在这个时候，政府就要集中了。集中一点儿，人人都理解。到改革开放前，政府的权力过于集中了。企业没有活力了，地方没有活力了，所以就要分散一点儿，来激发、调动企业和地方的积极性。从这个度看，50 年代的统收统支是对的，80 年代的适当分散、调动积极性也是对的，因为历史背景不一样。我认为，在财政收入中，中央政府至少要保持55% ~60%，这是中央政府实施宏观调控必要的基础。手里没把米，连鸡都叫不来。现在，有些人对宏观调控不以为然。我认为，必须要有宏观调控。当然，宏观调控要适应不同历史阶段的要求。我们这样一个国家，离开中央政府的宏观调控必乱，至于说中央政府的宏观调控是紧了还是松了，是正确的还是不正确的，是正调控还是反调控，那是另外一回事，但是调控一定要有的。

第二个体会，财政体系要相对地稳定。多变不是办法，会造成上下互相猜忌，地方上没有稳定的预期。所以，在一个时期里财政体制要相对稳定，这是一种制度保证。改革追求的是制度创新，相对稳定的财政体制应该是我们追求的目标之一。

第三个体会，财政体制改革是经济体制改革的一个侧面。财政改革不能过于强调，更不能说它就是最大的改革，它是配套改革的一个方面。所以，财政改革既不能滞后，也不宜孤军深入。就跟打仗一样，一定要照顾大局。你是突破口，但是决定胜负的，不是你这个突破口；决定胜负的是全面改革，是集团军，不是一个方面军。

第四个体会，财政体制的调整实际上就是利益的调整，是利益分配关系的调整。任何调整都涉及方方面面利益的增减，所以一定要非常慎重。稍有不慎，就会伤及中央、地方或地方的一个层面。从这个意义上讲，我是主张财政体制要实行渐进的改革，缓缓而行，稳步前进。我也知道有的经济学家，对缓缓而行、稳步前进有不同的看法。我们这些人不是经济学家，是做实际工作的，一招不慎就可能造成很大的影响。所以，宁可谨慎一些，不要冒进。宁可保守，也不激进。我们做财政工作的干部，经常被认为是保守分子。我觉得，这很正常。我从来不讳言，也不害怕人家说我保守，我就是缓缓而行，渐进原则，稳步前进，稳步推进。

第五个体会，财政改革要有长期打算，不要期望毕其功于一役。我们搞成功的这一次财政改革，是由前30年的历届老同志为我们打下了基础，我们现在的任务是为后人打基础。一定不要冒进，不要超越现实。同时要与时俱进，要不断推进财政改革。

第六个体会，重在制度建设，要有制度创新。什么叫作改革？就是改革制度，建立新的机制。我自己的工作中就有些体会，我做分管预算的副部长时，每次到总理那儿去开会，都觉得总理太难当了，一年财政增加一百多亿，大部分都是地方的收入，中央的部分增加很少，国家计委一屁股就坐掉几十亿，剩下的没几个钱，总理很难当，经常为了没有钱发愁。穷家难当啊。我经常觉得工作做得不好，有愧于领导的信任。李鹏总理召开会议，要我们想办法能不能多收一点钱，这件事情在我脑海里印象很深。当时财政收入上不去的一个重要原因就是减免税太多，谁都可以当家作主减免税，越权批准减免税人家说你思想解放，不同意减免税人家就说你保守。所以财政和税务部门的压力就很大。1992 年的 6 号文件，把减免税写清楚了。我当时想，有没有一种制度本身就对减免税有限制的作用？经济学家跟我说，世界上就有现成制度，就是增值税。我就到欧洲去考察增值税，觉得增值税确实是有道理的。是在增值环节收税，前面已经交了税了可以抵扣，这是一个非常好的抵扣法。这样就引进了增值税，确实起到了很好的作用。所以，改革一定要把精力放在制度创新上，红头文件也好，领导英明也好，都是一时的。人去政怠，人亡政息。而制度相对稳定，所以改革要重在制度建设。我很重视制度，原来财政部不断地有人来要钱，而且来的人越来越多，来的规格越来越高，我就给他们做解释，我们追求的是你来我也给这么多，你不来我也给这么多，一句话，按制度办事。同时要建立正确的机制。包产到户就是解决了一个机制问题。为什么在集体劳动的情况底下出工不出力呀？因为干多干少一个样，没有激励。包产到户以后，就有激励机制了。我们分灶吃饭，不就是这样吗?！收得多了以后就归你嘛，按照体制来分的嘛。虽然是两个很不同的领域，但是内在的改革机制是一样的，都是为了建立一套有利于发挥积极性的激励机制。我一直主张税收方针应该是“低税率、宽税基、严征管，重惩罚”，也就是说，税率要低，税基要宽，征收要严，惩罚要重。我觉得，偷税和小偷是一样的，而且比小偷还可恶，小偷偷的是个人，税收偷的是国家，等于把手伸到了所有人的口袋里，这是不能容忍的。世界上偷税漏税的人都身败名裂，一些国家的议员为此引咎辞职。人家已经形成一种传统，认为偷税是最可耻的。我们现在还远远没有建立起严格的惩罚机制，关键是观念没有跟上。我们错位得厉害呀，我们的厂长申请到政府的减免税，回到厂里全体职工敲锣打鼓欢迎。要是在外国肯定是笑话，因为这只能说明企业家的无能嘛，你不是个合格企业家，才要国家减免税。

一个好的财政体制有这么几个衡量的标准。第一，要能够调动两个积极性。第二，要体现合理的分配或调节，要体现国家发展过程基本的分配关系。第三，要保证财政收入在经济发展、流通扩大的基础上稳定地增长。第四，分配要日益合理化，财政的分配要能够逐步地体现公共财政的理念。第五，财政体制的改革结果有利于中央政府的宏观调控，在中国没有调控必乱，所以政府的调控是必不可少的。最后一条，财政改革要支持、促进其他经济体制的改革，包括税收、金融、物价、能源等体制改革。财政体制改革是构建社会主义市场经济体制的一个部分，而不是它的全部，所以既不能单兵突进，也不能拖人后腿。

我到财政部工作将近 50 年，其中有一半的时间是做财政部最基层的干部；后来的 20 多年，走到财政部领导岗位上。但不管是当一般干部也好，还是做副部长、部长也好，从中国财政 60 年历史来说，我都不是决策者，只能说见证了一部分历史。因为有各种局限，对历史的偏见都是避免不了的。如果说，这一代人在思想上完全是市场经济的，实际上是说假话。我们这些人身上永远留着计划经济时代的痕迹。这种痕迹是少一点还是多一点，在于我们从计划经济走向市场经济的过程中，对中央的精神理解是深一点还是浅一点，跟中央的步伐是快一点还是慢一点，对自己的要求是高一点还是低一点，如此而已。当然，也有一个悟性问题。

口述者：项怀诚

访谈者：马国川

时　间：2009 年 6 月 24 日、30 日

地　点：北京金融街全国社会保障基金理事会

本文刊载于中国经济体制改革研究会编写的《见证重大改革决策——改革亲历者口述历史》（社会科学文献出版社 2018 年版）第 514—527 页。

1994 年财税改革的背景与决策过程

许善达*

1984 年，我从中国农业科学院农业经济专业研究生毕业。这一年，财政部税务局升格为财政部税务总局，需要扩充人员。在研究生学习期间，我研究了农村金融和农村税收的课题，而税务总局缺少熟悉农村经济的业务干部，1985 年就把我调进税务总局。此后，我一直在税务系统工作。

一、1994 年财税制度改革的背景

谈 1994 年财税改革，首先需要回顾改革开放初期，从计划体制下的财税制度向市场取向的财税制度的改革过程。改革开放以前，我国税收体制演变的一个基本特征就是税制的不断简化。到 1978 年，全国只有工商税、工商所得税等 13 种税。其中，国营企业只缴纳工商税，集体企业只缴纳工商税和工商所得税，农村一般缴纳农业税、屠宰税。那时，国家财政收入的主要来源并不是税收收入，而是国营企业上缴的利润。税收及税收工作在国

---

* 许善达（1946～），山西广灵人。历任国家税务局税制改革司副司长，国家税务总局政策法规司副司长、地方税务司司长、稽查局局长、总局副局长。1994 年财税体制改革时任国家税务总局政策法规司副司长。

家政治经济中的地位和作用都大大地弱化了。

1978年召开的党的十一届三中全会拉开了改革开放的序幕，税收体制改革也在改革探索中起步。适应对外开放、引进外资的需要，涉外税制成为新时期税制改革的突破口。根据邓小平提出的利用外资可以办合资企业的战略设想，1979年7月全国人大审议通过《中外合资经营企业法》，使外商来华投资的权益有了法律保障。在新的形势下，处理外商投资企业与国家间的关系，如果还按国营企业那样通过上缴利润的方式，显然已经不适应发展的需要。参考世界各国的税收惯例，在维护国家利益的前提下，我国很快制定出《中外合资经营所得税法》《个人所得税法》《外国企业所得税法》。其中，《个人所得税法》虽然没有在法律名称上标明有关涉外的任何字样，但因为规定了“工资、薪金所得，按每月收入减除费用800元”的标准，事实上征税对象已经把在内资经济组织中就业的人排除在外。上世纪80年代初期设立的这三个涉外税种，是中国对外开放的强烈信号，对吸引外商直接投资、开展对外经济技术合作具有重要的作用。与此同时，以涉外税制为起点，国内税制也沿着向市场经济发展的方向迈出了改革的步伐。

改革开放初期，国内税制进行的最重要的一项改革是国营企业的利改税。这项改革从1979年开始在湖北等地的部分国营企业试点。在前期试点的基础上，1983年全国国营企业推行了第一步利改税，国营企业由完全上缴利润变为税利并存。也就是说，对国营企业的利润先征收一定比例的所得税，然后根据企业的不同情况，对税后利润采取多种形式在国家与企业之间进行分配。虽然对企业来说，上缴税和上缴利润并没有多少本质区别，但从税种的设计上，国营企业有所得税了，这是一个性质上的根本变化。它改变了传统计划经济体制下国营企业与国家间只上缴利润这样的分配方式，属于市场化改革的性质。随后，1984年国营企业又进行了第二步利改税，将税利并存过渡到完全的以税代利，税后利润留给企业使用。利改税后，税收收入成为财政收入的最大来源。随着改革开放的向前推进，个体、私营经济获得发展的空间，与之相应，到了1986年开始有个体工商业户所得税，后来又有私营企业所得税。应该说，这几个税都是随着市场化的改革进程一步一步产生的。

总的来看，从80年代初开始，我国长期以来形成的单一税制开始被打破，一套内外有别、以流转税和所得税为主体、其他税种相配合的税制初步建立起来。其中，内资与外资企业被区别对待，分别适用于不同的税法。在内资企业内部，也是多种税并行。如内资企业所得税，按照企业的经济性质和产权关系，划分为国营、集体、私营企业所得税和个体工商业户所得税。每个税法的内容都不一样，税率、扣除等也不相同。在这种税制下，不同性质的企业，税负不统一。总体上是外资税负轻，内资税负重，而且内资企业内部税负也是不统一的。这对于企业间的公平竞争非常不利。关于差别税制的争议在以后日渐强烈。

1986年，曾经设计过价税财联动的改革方案。在国家和企业的分配关系上，这个方案坚持了第一步、第二步利改税的方向，但是没有从根本上改革计划经济下的价格体制。它最核心的一条是，价格必须是计划价格。因为税收是国家定的，财政盘子也是国家定的，所以价格也必须是计划才行。只有价格是指令性的，才能和税财联动起来；如果价格是波动的，税和财就联动不了。因此，要想实现这个方案，最重要的条件是，保证价格不能完全跟着市场波动，这样交多少税，财政收入多少，才能确定。否则，这个方案就无法测算，无法设计，也无法实施。在这一年秋冬，价税财联动的改革方案尚未出台就胎死腹中了。

80 年代中后期，为了调动地方和企业的积极性，保证财政收入的上缴，承包制被引入到解决国家和企业之间，以及中央和地方之间两个重要的财税分配问题上。其中，企业承包制的代表是首钢，地方财政收入承包制的代表是江苏省。从 1987 年开始，全国掀起第一次企业承包热潮，企业与政府一对一地签订承包合同，将税收、贷款、利率、税率、外汇额度、价格、原材料供应等统统包下。

在当时，对企业实行承包责任制是存在争论的。财政部出于缩小承包制范围的考虑，提出只能承包所得税，不能承包流转税。因为流转税（产品税、增值税、营业税）在税收收入中占的比重较大，是国家对经济进行宏观调控的重要杠杆，如果连流转税都承包，就难以保证财政收入的稳定增长。国务院接受了这一意见，1988 年 5 月发出《关于加强税收工作的紧急通知》，强调不能把流转税承包给企业，已经列入企业承包范围的要纠正。此后，国务院又在多个文件里强调了这一点。但是，事实上，不包流转税的规定执行不下去。如首钢，就承包了流转税，而且首钢的承包文件也是国务院批准的。

承包制实施后，虽然发挥出一些短期效应，但由于制度固有的弊端，问题很快就显现出来。一是政府财政收入事实上比按照税法征收的收入减少了。承包制设计的一个目的就是减轻企业负担，调动企业积极性。但由于承包合同的签订，是通过企业与政府一对一谈判完成的，企业负担的减轻常常就变成了没有规则的减轻。谈得好，减得多；谈得不好，减得少。二是造成国家宏观调控政策的全面放松。如企业包贷款，贷款额度、利率高低、贷款期限等，全部包在企业与政府签订的合同里，银行只能按照合同给企业贷款，利率说多少就多少。在这样一个状况下，政府很难根据经济形势的变化及时调整宏观经济政策。另外，在当时的税制下，减免税政策随意性很大，连县级政府都有减免税权。当时的税法有一条，说企业有困难的可以酌情给予减免。如何定义“有困难”，实际上是个随意性很大的问题。事实上，企业怎么都能找到“困难”。结果，全国到处减免税，税法失去了刚性，财政收入就收不上来。

承包制带来的诸多问题，根源在于制度上的困境。一方面，被“包”死的税收，使财政收入难以随经济增长而同步增长；另一方面，地方的财政包干制，使中央难以分享地方经济发展的成果。特别是1989年以后，我国的经济增长速度趋缓，这些问题愈发难以消化。制度的决定性因素，以及经济形势的变化，使得财政，特别是中央财政，在80年代末、90年初陷入严峻的危机之中。那时，财政收入占GDP的比重、中央财政收入占全部财政收入的比重连年下降。前者从1984年的23%下降到1992年的13%，后者从1984年的41%下降到1992年的28%。与此同时，财政开支却大幅增长，财政资金不到位的情况屡屡出现。中央财政成为名副其实的“要钱”财政。在全国各省加上计划单列市三十几个地区中，只有十几个省区按承包是给中央交钱的，其他都是向中央要钱的。当时，中央财政预算司经常做的一个工作，就是催促这十几个地方把钱从地方金库划转到中央金库来。财政功能的弱化，使得中央政府对宏观经济的调控能力进一步被削弱。正是这场财政危机，加上苏联解体给中国的警示，促使中央下决心要进行财税体制改革。

二、1994年财税体制改革的方案设计

恰逢其时，1992年初，邓小平在武昌、深圳、珠海、上海等

地视察并发表谈话，使改革开放的春风再次强劲吹起。党的十四大确立了社会主义市场经济体制的改革目标后，各项改革按照社会主义市场经济的要求迅速提上日程。在财税体制改革方面，中央研究决定进行税制改革和分税制改革。当时，部署的改革重点还有国企改革、汇率改革、外贸改革等，但财税体制的改革无疑是焦点。经过十余年的探索，将要进行的财税体制改革，已不再是旧体制的延续，而是要求在总结以前改革经验教训的基础上形成一个新的体制。

1993 年，中央决定进行财税改革，把解决中央与地方政府的财政关系，放在经济体制改革的首位。根据国家税务总局制定的税制改革方案，拟在 1994 年实施直接税和地方税制改革，而对间接税（其中最重要的一项是增值税）改革则放在 1995 年。国务院批准了国家税务总局上报的改革方案，但变更了日程，即直接税和间接税改革都放在 1994 年，地方税改革则放在 1995 年以后。国务院变动的原因主要是，经过对宏观经济和政治形势的分析，中央政府和地方政府有了一个共同的认识，那就是必须尽快改革中央政府和地方政府之间的财政关系，决定从 1994 年 1 月 1 日实行分税制，以适应当前最紧迫的需要。

我记得非常清楚，1993 年 8 月 1 日到北戴河开会，参加会议的有财政部、体改委的人，我是作为税务局的人员参加的。会议主题是讨论财税改革方案，核心就是针对承包制已经暴露出的种种问题。然而，为了减少改革的争议和阻力，凝聚共识，时任国务院副总理的朱镕基同志多次同参与改革的同志说：不允许你们写任何文章针对承包制，你们不要掀起一个意识形态争论，咱们就是按照废除承包制这个思路去研究方案去推进改革，但不能打笔墨官司。要从实际问题出发，说政府收入太少了，中央财政收入太少了，不符合市场经济机制，从这个角度宣传改革的必要性。虽然提出不争论，但在设计财税制度改革方案时已经下决心要废除承包制。这是一个重要的转折。

现在回想一下，在1993年决定税制改革方案的时候，设计方案的指导思想是参照世界市场经济国家税制的基本原则，作为设计新税制、改革旧税制的原则的。当时，我们提了四个原则：依法治税，公平税负，简化税制，合理分权。应该说，这几条是符合市场经济国家税制的一般原则的。但是，在设计时，还有另外一点在原则里没有写，事实上我们是这样做的。这就是，以治理通货膨胀为主要的政策方向。为什么没有写？因为在当时这是不言而喻的。从1992年下半年开始经济过热，1993年中共中央6号文件，第一条就是治理通货膨胀。所以，方案的设计是根据治理通胀这一基调来考虑的，把对投资征以重税，作为整个税制改革设计的政策方向。至于税制结构，从什么领域拿钱，拿多少钱，这是我们设计税制改革方案要考虑的问题。现在，大体整理一下看，至少对这几个重要税制，是按照对投资征重税这个方向设计出来的。

在上世纪80年代中期，同意流转税不能承包，可以承包所得税。意思就是，放所得税，抓流转税，到了朱镕基主管经济工作时期也是这样。1994年税制改革的时候，就是增值税归中央，所得税由地方收。一个原因是，所得税征收的难度比较大；另一个原因是，所得税占整个税收的比重也很小，只占百分之十几，而流转税最高占到70%。当时的思路是，中央抓大头，小头给地方。按隶属关系，中央企业的所得税归中央，地方企业的所得税都归地方。其实，就是考虑收入规模，收入规模对于整个决策是有重大影响的。

分税制的主要内容是，在中央与地方之间合理划分财权和事权，其中，中央与地方政府间的收入按税种进行划分。为改变中央财政失控的局面，决定将全部税收中比重大的增值税按75∶25的比例进行分配。当时，很多地方与中央讨价还价，提出的都是要降低中央在该省的分成比例。镕基同志指出，如果各个省都各定一个不同的比例，那和承包就没有分别了，那我就天天和省委书记谈判吧。因此，必须坚持全国统一比例，省里的困难可以通过转移支付来解决。按照这样的设计原则推行分税制，不随便开口子，事实上把国家与企业、中央与地方的承包制给废除了。

实行分税制，面临一个重要问题，就是以哪年为基数。最后，确定以1993年为基数。这个意见，是广东省的谢非提出来的。1993年9月，朱镕基就宏观经济体制改革下去调研，第一站是海南，第二站是广东。在广东调研期间，谢非对朱镕基说："小平视察南方的时候说，广东要追赶四小龙，广东的改革开放应该走在前面。所以，广东省委、省政府把这个作为一个重要战略。政治局关于分税制改革的决议上说，要保证地方既得利益，在增量上调整中央和地方的关系。1993年1月份到9月份，广东省的收入是增长的。如果中央要以1992年为基数的话，那我1993年增长的部分，地方已经得到这部分，中央就要拿一块去，那就影响我们的既得利益了。"

当时，政治局的决议没有具体说是以1992年还是1993年为基数，只是说保护地方既得利益，增量调整，存量不动，这个原则是大家形成的共识。关于基数，后来出现了三种意见，一种意见是以1992年为基数。过去，财政部调整体制，从来都是当年测算，以前一年为基数，第二年开始干，这是一个惯例。以1992年为基数也是依照这个惯例，1993年测算，以1992年为基数，从1994年开始执行。第二种意见是以1993年为基数。这是广东的意见。还有一种方案是以1993年9月份为基数。也就是说，从今年"十一"到明年"十一"，这样等于全部是新增量的，地方的既得利益保证了。但是，从今年“十一”到明年“十一”，不是一个财政年度，况且各省收上来的进度也不一样。当时，这三个方案讨论来讨论去，最后朱镕基决定，同意广东省的意见。

我觉得，朱镕基是个政治家。当时，他有一句话是这么说的：“1993 年，各省把基数做大了，1994 年或者增量少了，或者没增量。但是，至少我把制度先改了。如果因为争论基数，这次方案通不过，改革就得延期一年。我宁可在以 1993 年为基数的问题上给你让一让，地方同意改制度，以后再有增量，那我就拿大头了。”从工作程序上讲，当时的财政部领导觉得，这样搞不符合惯例。同时，他们还有一个担心，怕地方政府为了做大基数弄虚作假。后来，也确实出现了一些问题。当然，最后他们对这个决策是心悦诚服的。我也觉得，这个决策是非常英明的。如果当时为基数问题和地方政府谈不拢，把矛盾弄到江泽民那里去，不用说，所有的地方大员都会支持广东啊，因为这对地方有利的嘛！倘若真出现这种情况，国务院出了一个所有地方政府都反对的东西，那就不好办了。当然，熊掌和鱼兼得是好的，但是能得一个也不错啊，而且这两个里头先要改革制度。制度改了以后会有钱，制度不改，现在要点钱，下次钱又没了。在这个问题上达成协议后，财政部担心 1994 年财政收入会减少。经过朱镕基同意，先跟银行借了大概几百个亿，放在中央财政账户上，怕钱收不上来，没钱开支。结果，出人预料！我记得特别清楚，第一个月下来，总共收了 500 个亿。大家都高兴得不得了啊！借银行的那些钱就不用了。大家对改革的担心，也全没了。第一个月就显示出这个制度的优势，这是谁都没想到的。

1993 年 4 月，国家税务局更名为国家税务总局，并升格为国务院直属机构。其后，国务院发出通知，组建中央和地方两个税务机构，规定国家税务局系统实行国家税务总局垂直管理的领导体制，省级地方税务局实行地方人民政府和国家税务总局双重领导、以地方政府领导为主的管理体制，并划分了两个税务机构的征收范围。按照规定，增值税的征收权在国家税务局。这是一个非常重要的组织措施。正是因为中央政府拥有了这个征税权，否定企业承包制的增值税才能最终获得成功，否定财政承包制的分税制才能实现预期目标，中央财政收入才能得到真正保障。

因此，废除承包制是1994年财税体制改革最本质的内容。从这个角度看，1994年改革非常成功，废除了两个承包制，扭转了“两个比重”下降的局面。首先，是财政实现增收，财政收入占GDP比重逐年下降的局面得到扭转。财政收入弹性系数（财政收入增速与GDP增速之比）改革前小于1；1995年、1996年时接近1；1997年以后大于1。这表明，财政收入的增速快于经济增速，财政收入占GDP的比重开始上升。其次，是中央财政收入占全国财政收入比重下降的局面得到扭转。1994年中央财政收入占全国财政收入的比重，即从1993年的22%提高到55.7%。这是1994年改革的成效。

三、增值税发票的重要作用

应该说，在推行新税制取代承包制的工作中，增值税专用发票的制度发挥了极其重要的作用，而这一点可能至今也并没有被很多人所了解。

国外有两种增值税扣除办法，一种是查账扣除，一种是发票计算扣除。我们选择了按发票计算扣除。采用这个办法，除非你生产的产品只卖给最终消费者，那实不实行增值税无所谓，因为处在最终环节消费的消费者不需要再扣税。否则，只要你的企业生产中间产品，而购买你这个产品的企业实行增值税的话，一定会要求你也实行增值税。因为如果你不实行增值税，开不出增值税发票，买者就不能在增值后再次卖出商品时扣税，这样它就会去买能出具增值税发票的企业的产品。像首钢这样作为承包制代表的企业，面临同样的问题，即实行增值税才能保住市场，不实行增值税就保不住市场。因此，他们表示坚决拥护税制改革，要实行增值税。采用发票扣税的制度，就把企业承包制给废了，无论是谁都得按发票计算交税扣税。这是我们搞税收业务的同志，按废除承包制设计出来的，这个是核心。

早在80年代初期，一些同志看到增值税的最大优点是避免了重复征税，就提出引进欧洲国家（以法国为代表）实行增值税的主张。当时，这一主张曾被一些人认为是，打开开放之窗以后，从西方国家飞进我国的“苍蝇”。经过若干年的讨论，从80年代中期开始，财政部决定由税务总局进行增值税试点。在试点中，一个特别重要的任务是，要通过试点的检验来决定，我国增值税是实行以发票计算征税制度，还是实行查账征税制度。表面上看，这是个税收技术问题，与税制改革的战略无关，但事实上并非如此。后来的实践表明，发票制度的建立，在推行新税制的工作中发挥了非常关键的作用。

增值税是欧盟先搞的，法国是最早搞的，他们是查账征收。我们了解过，他们的效率很低。他们的发票是注明税种，然后按账去算的。企业自己可以设计发票，自己填，上面必须有税种，全国并不统一。我们为什么没有采用这个办法？因为这个东西只是个记录，相当于一个凭证。从1984年第二步利改税，到1993年这十年间，我们做了很多种试点，有的企业试点用的是发票征收，有的企业试点用的是查账征收。那个时候，我们没有经验，什么都试试。试的结果是，查账征收简直就是说不清，张三算是一个数，李四算又是一个数，张三第二次又算出一个数。所以，最后决定用“以发票计算征税”的制度。

这个制度规定是这样的：购货方在完成了合法交易后，要求销货方提供增值税专用发票。这张发票上会注明销货方应该缴纳的增值税款。购货方可以凭此发票，在缴纳自己销售货物后的应纳税款时，得到此发票所注明的税款的抵扣。事实证明，这个方法是最符合我们中国的国情。虽然它成本要高一点，但是减少了被骗情况的发生。现在，企业都接受了这个东西，甚至有的企业做生意时，如果对方不能给开专用发票，就不跟他做生意了。

设计新的税收制度要解决的问题很多，从制度上废除国家与企业之间的承包制，是不可或缺的内容。鉴于国务院多次发布的不允许承包流转税的指令执行不力，因此，如果没有一个制度性的机制，仍然仅仅依赖行政命令去废除承包制，是不可能取得预期效果的。新税制的设计，必须为中央的政治决策提供税收技术支持手段，而增值税计征办法的选择就完成了这个政治使命。以发票计算征税的制度形成了一个机制：如果一个销货方企业不能向购货方提供增值税专用发票，购货方就无法从税务机关获得相应税款的抵扣。可以肯定地说，这样销售方企业就无法销售它的货物。换句话说，一个企业如果要让购买方购买自己的货物，它就必须注册为增值税的一般纳税人，从而有权从税务机关领取增值税专用发票。

1994 年实施新税制后，很多企业都面临新税制和承包制之间的选择。如果实行承包制，不登记为增值税一般纳税人，就不能取得增值税专用发票；如果登记为增值税一般纳税人，取得增值税专用发票，就不再实行承包制。继续实行承包制，没有增值税专用发票，就意味着失去市场。这就是通过税收制度的技术方法形成了废除承包制的强有力的机制。如果我们选择查账征税的办法就不具有这样的功能了。

1994年初，在全国各地推行新税制的热潮中，在北京市和石景山区税务局的安排下，我和税务总局的几个工作人员搭乘一辆面包车去首都钢铁公司，会见公司负责同志。因为增值税条例是国务院颁布的，而首都钢铁公司的承包合同也是国务院批准的，像过去首钢并不执行不允许承包流转税的国务院文件一样，首钢也可以继续执行国务院批准的承包制，而不执行国务院颁布的新增值税条例，况且这一轮承包还没有到期。我们会见首钢负责同志，就是听取首钢对新税制和承包制的选择。如果首钢选择新增值税，我们就要安排有关一般纳税人登记、增值税专用发票的领购使用等一系列相关工作；如果首钢选择继续实行承包制，这些工作就都用不着了。在去的路上，一些同志对首钢会不会选择新增值税还有些担心。我提出，打一个小赌：首钢一定会选择新增值税。首钢一位负责同志带领财务部门的工作人员会见了我们。果然不出所料，在我们讲清来意以后，这位负责同志告诉我们："经过学习党中央和国务院有关文件，首钢充分地认识到党中央和国务院实施新税制的深远意义，首钢完全拥护，坚决执行。从1994年开始，首钢不再执行承包制了，完全按新税制执行。"此语一出，原先会议室多少还有点儿拘谨的气氛，顿时烟消云散。同去的市局和区局的税务人员立即表示，尽快协助首钢办理有关的税务手续，为首钢执行新税制提供最好最快的服务。

在回程中，我感到一阵轻松。首钢这个曾经提出过"承包为本"的口号，全国推行承包制的典型都纳入新税制的体系了，其他实行承包制的企业也就不会有什么大问题了。至此，朱镕基等国务院领导同志交待给我们推行新税制取代承包制的任务总算完成了。仅是税务系统从领导到最基层的几十万工作人员，为了完成这项改革就花费了多少年的心血！

四、金税工程：增值税的生命线

1993 年，朱镕基就说，你们要搞信息化来监管这个发票。1994 年实行新税制后，就开始启动金税工程第一期的工作。当时，航天部的航天信息股份有限公司搞了一个防伪识别系统，有一个密码系统，用扫描仪扫描发票，还原成那几个数，如果是假的，一还原就不对了。电子部的长城计算机软件与系统有限公司搞了个交叉比对系统，就是采集信息，上网比对，看那边是否报税。长城比对系统的信息从哪来呢？它是让企业填表，企业往外开发票时填一张表，收发票时也要填一张表。然后，税务局雇一些小姑娘，把这些信息录进系统。当时选了 50 个城市，选了一部分企业，建立数据库，上网比对。这个系统比对的前提是什么？是纳税人是诚实的。他诚实，才能把信息告诉你；可是他要真是诚实，就不去骗税了。他报给你的全是正常的，不正常的他不给你报。假如我是个企业，我有 10 张发票，我知道有一张是假的，我肯定填 9 张，那一张假的我不填，因为这个发票跟我交税不相干啊！这样一来，对不准确的信息进行交叉、比对，发现不了毛病。而真正发现问题的，倒是一些录入错误。当时，一张发票有 170 多个数，要敲 170 多个键，只要敲错一个键，比对这张发票时就出错了。这个系统运行了几个月，因为没效果，纳税人不愿意干，税务局也有成本。最后，大伙儿说，社会上那么多骗税的发票，结果你这个系统查出来一份没有？后来这个项目就停了。我当时觉得，停止这个项目，意味着分税制受到了挑战，但是要搞也很难。当时，国际货币基金组织的专家都说：这玩意儿不灵，你们不要搞了。

1994 年实施新税制后，当年的情况还好，这些骗子还不懂呢。从 1995 年开始，一直到 1998 年，如何骗税，都学会了。张三学会后传给李四，李四学会后传给王五。特别是浙江、广东那边，有的一个村好多人都跑出去干这种勾当了。当时，我测算的是，1994 年的税款征收率才 50% 多一点，到 1995 年、1996 年，降到了 40%，天天都在破骗税案件，包括给税务局行贿买发票等，好多税务干部就裹进去了。全国这么多税务干部，面对这么多要骗税的人，他们的糖衣炮弹天天打，哪能都顶得住啊！结果，全国所有的省，没有一个省没有骗税案子的。由于这是和 75∶25 中央、地方分税制联系在一起的，所以从利益上讲，在这种犯罪行为中，地方政府变成了受益方。像浙江、广东都是大案，汕头等地的骗税，都是地方政府组织的。国税局局长的任务是到省局、总局要退税指标，要到指标以后分，这个头儿多少万，那个头儿多少万，自己找亲戚成立个贸易公司，然后，就去弄假发票，说你出口要退税，我给你退税。骗税犯罪的严重程度已经到了不能容忍的地步。

以 1997 年的金华案为例。当时，我是稽查局长，去查这个案子。这个案的一些数字特别能体现问题：1995 年 3 月至 1997 年 3 月，浙江省金华县 218 家企业虚开增值税专用发票 65536 张，价税合计 63.1 亿元。其中，销售额 53.9 亿元，税额 9.2 亿元，已抵扣税款 7.42 亿元，虚开的发票流向全国 36 个省、直辖市、自治区和计划单列市的 28511 家企业。调查表明，这个案子是金华县政府策划的，所以，金华县县委书记、县长都判刑了。当时，他们对那些卖假发票的人说："我给你发票，你最好卖到外省去，在咱们县可不许卖，在本省里也不许卖。"因为如果卖给当地，当地就受损失了。在这些发票中，有的本身就是假发票。因为我们有制度，税务局管得很严，他到税务局买发票，买不来，就自己找印刷厂印。虽然发票上都有防伪标识，但只有专家才能识别，一般企业的识别能力很弱。像这样的发票，号码都是假的。下边税务局不知道号码是真的假的，结果就给抵扣税款了。还有一种发票，本身是真的，但内容是假的。

1998年，金人庆当局长，最大的问题是通货紧缩，出口上不去，收入困难。所以，朱镕基最关注的是收入，税务总局的力量也都是放在收入上，就把金税工程放在一边了。到了1999年，形势稍微好一点，收入的压力减轻了，朱镕基又开始反复询问金税工程的进展情况。说实话，税务局对这个事有点儿挠头，金人庆也很为难，搞了那么久，不成功；不搞吧，总理又老是盯着。李岚清后来说，他曾经都想过，如果金税工程再失败，发票管不住，大家都在骗税，那么全社会就搞成犯罪的社会了，那增值税就得退回去，退回到产品税去。如果增值税要退了，分税制也没了，那这个后果就极其严重了，这在中国那就是政治地震。虽然社会上对这件事没有说得那么严重，但是领导上已经对这个事非常重视了。

1999年底，我当了国家税务总局副局长。一上任，金人庆就把这个事交给我了。因为我是清华大学自动控制系毕业的，懂点儿计算机和信息化工程。我对金税工程一期的情况了解一点。我认为，从设计上，它是有制度缺陷的。当时，我有个设计思想：我们税务局是个大机构，流程多，不要一个人什么都管；我管卖发票，你管认证发票真假，他管比对。这样，纳税人收买一个人没用，后边还有环节呢，不可能同时收买十个人吧？而且，有的事是基层干，有的事是上级干，基层被收买了，上级还管着你呢！在不同部门之间，不同层级之间，一个单位不同人之间，互相制约，互相监督。这就是我设计的基础。我接手金税工程以后，让设计人员先搞一个总体方案出来，要求是在逻辑上能够成立，技术上能够支持，管理也能实施。设计人员反复研究，反复讨论，我也和他们一起讨论。大概花了八个月的时间，最后拿出一个总体方案。

2000年8月，国务院以科技讲座的名义，听取税总和海关的方案汇报。事先，国务院办公厅询问："税总由谁汇报？"他们说"海关是一个处长汇报"。我说："税总是我汇报。"我认为，这个汇报太重要了，汇报要是失败了，那后边就别干了。一定要把方案说清楚，说严密，最后让领导人能够同意这个方案，因为要他同意拨钱嘛！那天，我在汇报时，说明了这个方案的逻辑分析，技术上怎么支撑，等等。汇报完后，我觉得在座的部长，包括国务院领导，有人听得懂，有人听不懂。但是，他们没有人说这个方案哪有问题的。我觉得，像朱镕基、李岚清他们，还是比那些没有自然科学基础的人强一些。朱镕基说："你这个方案还说得过去啊，听起来是可以的，那你准备怎么办啊？"我说："我的工作计划是，明年1月1号，全国七省四市投入运行；7月1号，全国投入运行。"他又问："还有什么问题？"我说："问题有很多。有一条，按照预算，财政部欠我金税工程二期拨款8.5亿还没给。现在到年底还有四个多月，全国要建网啊，是要花钱的，资金必须按时到位。"当时，财政部是高强参加会，但高强不管预算，楼继伟管预算。朱镕基就说："好，我告诉你们啊，明天就把这个钱给税务局打过去。税务局要完不成，不要让他拿这个钱不到位当理由。"他讲这话时，是冲着我说的，实际上还是让财政部拨钱。散会以后，秘书长王忠禹对我说："老许，今天你可捞着了。这个8.5亿，总理都说到这个份上了，财政部不能不给你了。"我说："钱是给我了，军令状也在我脑袋上。"

会后，高强向楼继伟转达了朱镕基的话，楼继伟说："财政部拨款是有制度的，这钱怎样花的，我们要审核的，我们是要管的。"但是，他们还是很快给了5亿多，扣了我们两亿多。快到年底了，大概11月的时候，我催他们赶紧落实。我说："明年1月1号金税工程能不能成功不知道。如果你钱给了我了，要没成功，我去领罪；如果你要不给我钱，最后不成功，那我在给朱镕基打报告的时候我得写上一笔，说财政部没有执行总理的指示，到现在钱不够，这是我们没有成功的原因之一。"后来，他们把这个钱就拨过来了。这说明一个问题，当时，大家对这个事真的是没有信心，财政部没有信心，税务局也没有信心。朱镕基可能认为，逻辑上是说得通，实际行不行他也不知道。但是，他认为，我讲的还是挺有道理的。所以，听完汇报后，他说："刚才汇报的不错呀，税务局还是有人才的。"这句话是对我汇报的肯定，因为他原来从来没有听到一个人这么汇报金税工程。他觉得，至少我的方案跟他的思路能对得上，还是可行的，他是满意的。

我们的专用发票是流转税司的人设计的，使用发票扣税的办法是1993年决定的。1994年出台新增值税，到2000年底，全国使用专用发票的有40万户企业，包括了全部的百万元版用户、10万元版用户和部分的万元版用户。那个时候，要不要全面推行专用发票，我们还没有下决心。为什么呢？因为金税工程是2001年1月1号投入运行的，这个发票一部分是为金税工程服务的，金税工程能不能成功还不知道，如果全面推行，每个企业为此要花1万多块钱啊！当时，发票贵，打印机也贵，全国1万多户，要花1个亿啊！如果强迫企业都配备了，最后金税工程不行，就麻烦了。后来金人庆说："10万元版以上统统用，不用不行；万元版的有多少，先用多少。我们先把这个网络的系统运转起来，用好了再扩大范围。"为这个事，我跟航天部公司的老总发生了很大矛盾，因为他是要卖税控机的呀！我说："我现在顾不上推广，我得先监控这个系统运行得好不好。现在，重点不在推广上，而在于把网络系统运转好。”他们为这个事对我有意见，向金人庆和项怀诚反映。我听说，他还给朱镕基、李岚清写信反映。金人庆同意了我的意见。后来，我们又运行了一段时间，整个系统运行比对相符能达到99.9%了。到了2003年的7月份，才开始全面推广专用发票。

金税二期实施的这一套东西，对整个税务系统的税务干部来说，冲击是非常大的。当时，我定的设计原则是，从进入这个税务系统开始，任何人不能修改数据，包括所有的地方税务局长。要修改，只能在总局修改，只有一把钥匙。我对信息员说：“这把钥匙在你手里，不经我批准，任何人不能动这个数据库。”就这一条，很多人都不赞成，说：哪有这样干的？实际问题多得很，都按你这一个系统能解决实际问题吗？全国一刀切啊？这个不行，必须让我省里有权修改数据。有的地方直接找金人庆反映不同意的意见。二期实行以后，北京市的发票报税率是最低的，88%，北京市税务局长不承认，说是99%。他说：“你的数据有错误，我得修改。”他就找金人庆要这个权力，金人庆很聪明，说：“这个事要跟老许商量，得全国统一。”湖北省的税务局长找到信息处主任，要求改数据，没有得到同意，他就自己改，结果数据库瘫痪了，没办法报告总局。我说：“我发了文件，说明不许改数据。你为什么改？”他说：“是一把手让我改的。”我说：“要全国通报。”最后，把他奖金也停掉了。有了那么几次以后，各省的局长知道了，数据不能改，总局把这个控制得死死的。当时，我跟金人庆说：“这个事要控制不住，假设各省都能改数据，那咱们的比对就没有意义了。”因此，这样的规定对整个税务工作的模式、工作的理念是一个很大的冲击。首先，必须在制度设计上能够把住这个关口，技术上能够实现，保证所有的环节都能堵住。第二，推行下去有阻力，要能够顶住压力。像省局长、市局长，他们哪能接受这个啊！

可以说，没有金税工程的成功，新税制站不住，这是李岚清的结论。新税制站不住，分税制也就站不住了。当然，领导人并没有公开讲这个话。实际情况是，没有金税工程，新税制变成一个不可操作的，变成一个被人家攻击的对象，那也就失败了。当然，如果没有新税制，也用不到金税工程，这两个东西确实是相辅相成，互相推动的。后来，我们请 IMF 派团评估我们的金税工程，他们迟迟不来，因为他们过去说过这个东西不行。后来，他们有一个考评团来看我们的征管系统，我负责接待他们，我说："我们给你加一个任务，是不是把我们金税二期也评估一下。"一开始，那个团长同意了，等评估快结束的时候，他说："我们最后研究的结果，对金税二期不写评论，我们没有把握。"

朱镕基总理曾经把金税工程喻为"增值税的生命线"。它是运用高科技手段来加强税收征管和监控、防止税收流失、遏制增值税发票犯罪、巩固税制改革的一项全国性工程。金税工程由防伪税控开票、防伪税控认证、增值税计算机稽核、增值税发票协查管理四个子系统组成。2007 年，我们的金税工程，具体说是"金税工程增值税征管信息系统"项目，荣获 2006 年国家科技进步奖二等奖。评奖的时候，我们申请的是一等奖，但是由于我们缺乏国际上的评估意见，所以给我们定了二等奖。作为部委主持的项目，这是第一个获奖的。我们刚申请的时候，一开始，科技部不接受，说："我们这儿没有一个部委来申请奖的。"我们解释说："这个项目，航天部在其中做这一块，长城做这一块，我们税总是总体设计。"他们也知道，这个项目得到国务院领导包括朱镕基、李岚清和曾培炎的肯定。后来，他们同意了。

关于金税工程，我曾经写过一篇论文。评奖的时候，我把这篇文章交上去了，我的论文的题目是《金税工程——一项政治体制改革的实践》。我在论文中说，金税工程在技术上是有突破的，业务上也是有突破的，但是首先是政治体制改革。要没有这方面的突破，技术设计、业务设计都是不可能实现的。后来，我这篇论文也评上奖了。我觉得，这是一个理念问题。如果不是按这种理念去设计，去限制权力的滥用，最后是不会成功的。

金税工程成功以后，给税务局长们解除了一个担忧。原来，经常出骗税案子，多少税务干部被人收买了，被抓起来了，被枪毙了。当时，朱镕基提出，虚开增值税专用发票骗取国家巨额税款就是盗窃国家金库，罪恶严重，对这样的犯罪分子不杀不足以维护全国人民的利益。全国人大通过了一个刑法修正案，虚开增值税发票，最高可以判死刑。全国一共判了 100 多个死刑，判无期的、20 年的就更多了。我们监察局有个统计，即使在 1997 年、1999 年那样严厉打击的情况下，税务干部介入增值税骗税案的数量仍在不断增长，到了 2000 年是最高峰。而到了 2001 年推行金税工程以后，数量开始掉头向下。到现在，基本上没有人担心税务干部涉入骗税案了。

五、税制改革方案遗留的问题

应该说，税务总局一开始设计的是一个相当规范的市场经济下的税制：没有营业税，无论商品还是劳务，所有行业都征收增值税，而且是消费型增值税；企业所得税不管外资还是内资企业全部统一。

1993 年 8 月，镕基同志在北戴河研究税制和分税制改革方案时，这两个方案碰到了很多问题，其中税制改革方案方面主要三项：一是关于增值税抵扣问题。原来的设计方案规定购买机器设备税款可以抵扣。但有意见提出，1993 年上半年投资过热，通货膨胀严重，如果允许抵扣，会更加鼓励投资。现在，加强宏观调控，限制投资是必不可少的。因此，购买机器设备的税款不能抵扣，增值税不能实行消费型，只能实行生产型。这个意见后来被采纳，原设计方案倒退了一步。二是关于企业所得税统一问题。1994 年以前，我国的企业所得税划分为国营企业所得税、集体企业所得税、私营企业所得税和外商投资企业所得税。这种按照经济性质划分所得税的制度，无法处理股份制企业的所得税问题，不利于公平竞争，跟市场经济改革方向不一致。当时，税务局提出的建议是，无论内资还是外资都合并成一个企业所得税。在讨论时，对合并内资企业所得税没有分歧，但对合并内外资企业所得税有不同意见。一种意见强烈主张，如果外资企业所得税不能优于内资，会妨碍引进外资战略的。在这种形势下，只好先统一内资企业的所得税，内外资企业的则暂时不统一，而且还要把内资企业所得税税率设计得相对高些，连工资也不能全部在税前列支。在内外资企业两套所得税税法下，内外资企业所得税税负水平相差一半。三是关于保留服务业的营业税问题。营业税重复征税，税负重，出口不退税，绝不是一个好的税种。最初的方案设计也没有营业税，而是所有行业都征收增值税。但后来讨论分税制方案时，如果把原有的产品税和营业税都改成增值税，那地方政府的固定收入就会减少得过多。为了得到各省对分税制的认可和支持，使分税制能够正常运行，只好继续对服务业征收营业税，并把营业税收入划给地方，以保证地方政府的固定收入中有一个较大规模，并且随着经济发展可以持续增长的税种。这是当时服务业营业税没有列入改革而留在增值税外边的一个主要原因。

这三项可以说是 1994 年财税改革的遗留问题。因为当时各种制约条件，没有办法按照一个正常的规范的税制一步改革到位。到 2001 年以后，财税部门才研究 1994 年要改没改的那些事。

第一，是增值税转型问题，即允许购进机器设备税款抵扣增值税。在生产型的增值税中，机器设备税款不能抵扣，这相当于不鼓励企业进行技术改造，与我国鼓励企业提高技术水平、增加科技含量的方针是有矛盾的。所以，首先提出要实现增值税转型。2003 年，国家实施振兴东北老工业基地的战略。为支持东北工业改造，国家提出的政策中有一条就是增值税转型，即允许购进的机器设备税款抵扣。但允许抵扣，又不提高税率，必然会造成税收收入的减少。据当时东北三省一市测算，实施增值税转型后将减收 300 亿元。可见，解决好减收的问题，已经成为政策能否顺利推出的重要因素。为此，中央决定，中央财政减收的由中央承担；地方减收的部分，中央财政给予适当补贴，但地方一直希望中央能够补贴得更多一些。后来，财政部与东北三省一市的主要负责同志协调这个问题，达成一个共识，即为购买机器设备税款抵扣设置一个前提，如果今年税收有增量，增加的部分可以抵扣；如果没有增量，可以先不抵扣，等有增量时，再抵扣。这个办法从税制规范上说，并不是一个理想方案，但这样做，可以减轻财政压力，可以获得地方政府同意增值税转型方案。这个政策实行以后，实际减收的数量大大低于当时测算的数量，一年只减收 50 亿，在中央和地方财政可以承受的范围内。再加上税务局征收管理也没有出问题，更增强了中央和其他地方政府推进增值税转型的决心。经过中、西部两次扩大试点范围，从 2009 年 1 月 1 日起，消费型增值税在全国全面实行。从 2003 年算起，一共经历了六年时间。

第二，在 2003 年提出增值税转型的同时，合并内外资企业所得税问题也提了出来。由于一些原因，2007 年才获全国人大审议通过，自2008年1月1日起施行。2009年，开始收2008年的企业所得税，这又是五年时间。两税合并后，内资企业的所得税负担大幅度下降，内外资公平竞争的环境得到进一步改善。2009年推出的这两项税制改革，都是具有减税内涵的改革，对于中国率先走出国际金融危机具有积极的意义。

第三，2009年以后，在财税改革遗留的三个问题中，还剩下营业税改增值税的问题。关于这个问题早就有讨论，但实施起来有几个阻力。一是减收问题。营业税是地方税，增值税是中央和地方共享税。营业税改为增值税，要减少地方政府的收入，地方愿不愿意，能不能承受？二是，取消营业税后，地方政府将失去一个随着经济发展而增长的税种，地方税体系失去主体税种。三是组织征收问题。营业税是由地税局负责征收，增值税归国税局征收。营业税改为增值税后，如果还由地税局征收，再建一套金税工程的成本很高；如果划给国税局征收，那地方政府是否愿意，地税局是否愿意？另外，营改增后，是否还按75∶25比例在中央和地方间分配，也是讨论的一个主要问题。当时，意见达不成一致。但是，营改增又是十分必要的。在“十一五”规划所有指标中，只有“服务业增加值比重”、“服务业就业比重”和“研究与试验发展经费支出占国内生产总值比重”三项没有达标，其中服务业占据了三项里的两项。要促进服务业的发展，在财税改革上最必要的一件事情，就是要把营业税改成增值税。

2009年，上海根据国务院意见，决定加快发展现代服务业和先进制造业，建设国际金融中心和国际航运中心。而要建设“两个中心”，营业税改增值税是一个必要条件。在讨论中，关于组织问题，由于上海只有一个税务局，地税和国税合署办公，因此这个方面的问题不大，其他关于减收、分成等，也是争论比较大的问题。最后，时任上海市委书记的俞正声决定，减税完全由上海承担，不向中央要钱，但有一条，改的这部分增值税，不实行 75∶25 比例分成，都归地方所有。这个意见，因为照顾到中央和地方的利益，得到了国务院批准。自 2012 年 1 月 1 日起，在上海交通运输业和部分现代服务业，率先开展了营业税改征增值税改革试点。改革后，政策的洼地效应很快就显示出来，相邻地区服务业的许多业务被吸引到上海。半年之内，上海进入改革领域的新办企业就有两万多户。

上海的改革，对加快营业税改增值税改革起到了很大的推动作用。全国陆续有一些地区给国务院打报告要求进行试点。这些地区主要有两类，一种是像北京这样的，虽然受上海洼地效应影响不大，但因其服务业基础相对较好，期冀获得上海这样的好处；另一种是江苏、浙江、安徽等上海周边地区，由于上海的洼地效应利益受损，希望改革后能够将洼地填平。虽然营业税改增值税改革取得一定积极进展，但由于其对中央与地方间的关系以及地方与地方间的关系都有较大的影响，触动的利益范围较广，改革全面推开还需假以时日。

可以预料的是，按照现行政策营改增之后，原增值税实行中央和地方 75∶25 分成，而营改增的增值税 100% 留给地方。这样，同为增值税，却是两种分成比例的局面不可能长期维持，必然也必须在某个时点上修改成为统一分成比例的增值税。这就派生出一个新问题：如何为地方税体系设计一个主体税种。唯一的选择是，在零售环节征收消费税，并和车辆购置税一起调整为 100% 的地方固定收入。回想当年，由于我们税务局没有能力在零售环节征收，而只好改在生产环节征收消费税，现在终于可以让消费税回归零售环节了。

到今天，尽管 1994 年财税改革遗留的问题还没有彻底解决，但这也恰好证明，改革是一项复杂的系统工程，很难一步到位。

为减少新体制出台的阻力，在坚持改革方向的同时，改革的方案设计、改革的具体措施、改革的时间表都是可以调整的。假以时日，随着实践的发展，方案、措施上的那些缺陷慢慢都会校正过来。

口述者：许善达

访谈者：薛小和、鲁利玲

时　间：2009 年 6 月 3 日

地　点：中国注册税务师协会许善达办公室

整理者：薛小和

本文刊载于中国经济体制改革研究会编写的《见证重大改革决策——改革亲历者口述历史》（社会科学文献出版社 2018 年版）第 550—570 页。

亲历 1994 年前后的中国财税体制改革

刘克崮 *

始于 1978 年的改革开放，开辟了中国历史的新纪元。在财税、金融、计划、投资、外贸、外汇等宏观经济领域的各项改革中，财税体制改革居于中心地位。1994 年前后进行的财税体制改革是制度性和历史性的重大改革，它理顺了国家与企业、中央与地方的分配关系，建立了适应中国特色社会主义市场经济发展的财税制度体系框架，形成了持续规范的财政增收机制，推动了全国统一市场的形成，促进了经济结构调整、地区协调发展和现代企业制度的建立，因此是制度性的奠基。它是 30 年财税改革的高峰，是建立制度体系的分水岭，此次改革之前是“探索”，之后是“补充、完善”，因此是历史性的变革。它暂时放弃了一些局部和细节的问题，集中解决了基础性和主干性的问题，因此又是框架性的改革。1990 年初至 1996 年末，我在财政部工作，先后任财税体制改革司副司长和税政司司长，直接参与了 1992—1993 年准备、1993—1994 年进行的国家与企业分配关系改革、工商税制改革和分税制财政体制改革，以及 1995 年准备、1996

* 刘克崮（1947 ~），山东莱西人。历任财政部财税体制改革司副司长、税政司司长，辽宁省省长助理兼财政厅厅长、副省长，国家开发银行副行长。1994 年财税体制改革时任财政部财税体制改革司副司长、税政司司长。

年实行的关税和进出口税制改革的全过程。

一、改革的背景：艰难探索，路在何方

1978 年改革之前，我国实行“大一统”的财政体制和统收统支的国有企业财务制度，这主要是为了适应当时的生产力发展水平和特殊的国际国内形势。但随着经济社会发展，这种体制“集中过多，统得过死”的缺陷暴露出来了。中共十一届三中全会以后至 1992 年，为适应经济体制转轨的需要，以对地方和企业放权、让利、搞活为主线，形成了两个包干体制：一是企业承包制，国家与企业的分配关系改革；二是财政包干制，中央与地方的分配关系改革。

实行企业承包制，放权让利，增强了企业活力，加快了企业发展，但也出现了诸多负面作用，主要有：一是不规范，不利于企业转换经营机制；二是不公平，不利于企业平等竞争；三是不稳定，不利于兼顾国家、企业和个人利益关系，不利于调动三者的积极性。产生这些问题的根本原因是人们对国家的双重身份和双重管理职能认识不清，即国家既以社会管理者的身份行使社会经济管理职能，又以国有企业财产所有者身份行使国有资产管理职能。

对地方放权让利的财政包干制，扩大了地方权力，增加了地方财力，激励了地方发展经济的热情，在改革开放初期的经济社会条件下发挥了积极作用。同时，也有负面效应：一是不规范、不稳定。二是过度强化了地方利益，形成了地区间的市场分割，阻碍了全国统一大市场的形成，影响了经济结构和发展。三是造成“两个比重”不断下降。地方减免税政策自主权过大，加上企

业承包制的负面作用，导致财政收入占国内生产总值的比重逐年下降。在收入增量分配方面，地方多了，中央少了，中央在全国财政收入中的比重越来越低，严重弱化了中央的宏观调控能力。20世纪80年代末90年代初，就发生过三次中央财政向地方财政“借钱”的无奈之举。此时担任国家财政部部长的王丙乾说，我现在穷得只剩下背心和裤衩了。1992年，在他之后接任的刘仲藜则说，我连背心都没有，只剩下裤衩了。1993年，时任国务院副总理的朱镕基对刘仲藜说：你这个财政部长真是囊中羞涩呀！这一时期，国家在少数地区和企业中进行了“税利分流”的国家与企业分配关系改革试点和分税制财政体制改革试点，但没有得到社会各方面的认可。

在关键时刻，1992年春邓小平视察南方，吹响了新一轮经济体制改革的号角，中国改革开放的步伐再次加快。1992年秋中共十四大召开，提出“建立社会主义市场经济体制”的改革目标，强调了市场的“基础性作用”，明确了改革的大方向，并针对财税体制改革提出了要“统筹兼顾国家、集体、个人三者利益，理顺国家与企业、中央与地方的分配关系”两条主线，从而指明了相应的解决办法，即逐步实行“税利分流”（全称是税利分流、税后还贷、税后承包）和分税制，明确了财税改革的方向和任务。1993年初，财政部党组会讨论1993年财税体制改革工作计划时，基于中央的新精神和全国实行承包制的企业中有1/3到1/2的企业第二轮承包合同1993年到期的情况，我提出1993年是扩大实行“税利分流”改革的最好时机，财政部要抓住机遇，调整政策，把“税利分流”改革推向全国。当时分管财税体制改革司的财政部副部长项怀诚开玩笑地对我说：“今年要是能把‘税利分流’推开，我给你发奖金！”

1993年3月，中共十四届二中全会提出，“八五”后三年

“要加快税利分流和分税制改革的试点，逐步理顺国家与企业、中央与地方的分配关系”。5月16日，中共中央决定当年10月召开十四届三中全会，主题是讨论《关于建立社会主义市场经济体制若干问题的决定》（简称《决定》）。随后，中央成立了《决定》起草小组。6月3日，中办召集各有关部门开会，传达江泽民总书记的讲话，部署财税、金融、投资、外贸、外汇、企业、农村、社保等专题的调研工作。财税方面，主要有国家与国有企业利润分配改革、分税制财政体制改革、工商税制改革和复式预算改革。我随项怀诚副部长参加了此次会议。

中央布置改革调研的会议开过之后，几大改革方案的研究工作同时启动。中央决定让朱镕基负责几项重大改革方案的领导工作。7月中旬形成了国家与国有企业利润分配改革、工商税制改革和分税制财政体制改革三个初步方案，并在7月22日分别召开的全国财政工作会议和税务工作会议上进行了讨论修改。朱镕基在会议开幕讲话中指出，一定要进行全面的改革，财税体制改革在一个省搞试点是搞不下去的，要改革就全国推行。要充分认识加快财税体制改革的必要性和紧迫性，加快改革的进程。1994年1月1日，三项重大财税体制改革都要在全国推行。中央成立了财税改革领导小组，刘仲藜任组长，金鑫、项怀诚任副组长，国家计委、经贸委、体改委、中国人民银行等部门领导参加。7月28日，朱镕基专门听取了财税三项改革方案的汇报，并对方案修改做了重要指示。8月3日，项怀诚向《决定》起草小组汇报了财税改革的三个方案。8月2日至12日，国务院在北戴河召开专题会议，朱镕基主持讨论财税、金融、投资、外贸、外汇等五项改革方案，国务院各有关部门领导参加。我随刘仲藜部长、项怀诚副部长全程参加了这次会议。参加会议的还有谢旭人、姜永华。8月12日，财税方面的国家与国有企业利润分配改革、工商税制改革和分税制财政体制改革三个方案全部获得通过。8月23日，国务院常务会议讨论并原则同意这三个改革方案。9月2日、3日，中央政治局常委会听取并同意了财税改革方案。

二、国家国有与企业利润分配改革

（一）“税利分流”改革试点

国家和国有企业分配关系改革的主要方案，本来一直被称为“税利分流”改革，其主要内容是：（1）降低所得税税率，强化所得税制；（2）取消税前还贷政策；（3）取消国有企业调节税税种；（4）实行税后上缴利润承包。1988年重庆市率先进行了改革试点，同年，湖南省益阳市、福建省厦门市也相继试点。王丙乾倡导，刘仲藜、项怀诚先后推动，财政部财税体制改革司司长吴翠兰、副司长陆兵组织实施。我于1990年加入这个团队。

据不完全统计，截至1991年3月，已有27个省市（包括计划单列市）总计约1900家国营企业进行了试点。试点兼顾了国家、企业和个人三方利益，其结果是积极的。首先，“税利分流”将企业上缴国家利润的方式分为所得税和税后利润两种不同的形式，理顺了国家与企业的基本关系。其次，试点促进了企业所有权和经营权的分离，有利于企业转换经营机制，建立规范的企业制度，既增加企业的活力，又能提高企业自我约束能力。最后，“税利分流”改革的趋势是统一各类企业所得税和规范国有企业税后利润的分配方法，有利于给企业创造公平竞争的市场环境。但是，“税利分流”试点后期也暴露出诸多问题，如国家给企业的留利较少，加重了部分试点企业的负担，“税后还贷”削弱了一些企业的技术改造能力等。

（二）企业财务会计制度改革先行

财务会计制度是财税体制和制度的重要组成部分。在国家与企业分配关系改革中，财务会计制度改革是先行者。财务会计制度改革不仅是企业公平竞争、横向联合的需要，也是企业转换经营机制的迫切需要和保障所有者权益的客观要求。企业财务会计制度改革的目标是建立一个适应社会主义市场经济要求的新的财务会计体系，为理顺和规范国家与企业利润分配关系奠定财务会计制度基础。

我记得制定《企业财务通则》的意见是我的老领导、财政部财税体制改革司原司长吴翠兰于1991年率先提出来的。我赞成她的这一颇具创造性的重要意见。当时，她向王丙乾部长专门做汇报，得到首肯，由财政部公交司牵头、有关司参与共同制定。会计准则是以会计司为主研究制定的。1992年11月30日发布了《企业会计准则》和《企业财务通则》、13个行业会计制度和10个行业的财务制度（简称“两则两制”），1993年7月1日起施行。新企业财务制度的基本体系由《企业财务通则》、分行业的企业财务制度和企业内部管理规定三个层次组成。新的企业会计制度体系包括《会计法》以及其他会计行政法规、《企业会计准则》、行业会计制度以及企业内部的会计核算制度四个层次。

当时江泽民和朱镕基都非常重视这项改革，他们的办公室都曾直接给财政部有关司打电话要过“两则两制”文本，看后都给予了极高评价，这充分说明这项改革的重要意义。

（三）所得税改革紧随其后

在20世纪80年代末全国企业大面积实行承包制时，“税利分流”改革已开始在重庆等城市的部分国有企业中试点。虽然试点在规范关系上取得了明显成效，但实际推行的情况并不理想。除外部客观条件不成熟外，财政部想同时实现“理顺”和“增收”，而企业担心“谁试点，谁吃亏”也是重要原因。1992 年秋，中共十四大明确了“逐步实行‘利税分流’和分税制”的方向。在总结历史经验的基础上，1993 年春，我主持财税体制改革司工作，在研究制订新的“税利分流”改革方案时，调整了思路：（1）淡化增加收入的目标，把转换机制和理顺关系放在首位。适当降低所得税税率，减少税后利润上缴，保证企业的总负担水平不变或略有下降。（2）在实行“税后还贷”政策的同时，着重解决企业技术改造的资金问题，允许企业加速折旧和把研发费用、奖金等计入成本。在取消调节税的基础上，取消“两金”（国家能源交通建设基金和国家预算调解基金，它们都是对企业利润征收的），并适当减少企业税后上缴利润。我和财税体制改革司的史耀斌、余治华，经过两个月的努力，按照国有工业企业、国有大中型企业、全部国有企业和全部测算企业四个口径，分别按 35%、33% 和 30% 三种税率，测算了三套改革方案，对相应的增减收情况进行了精确计算。我们建议取 33% 的税率方案，企业负担与改革前比总体持平，略有下降。刘仲藜和项怀诚对这个方案都比较满意。我在当年 7 月全国财政工作会议上做了《国家与国有企业利润分配改革方案》的汇报，得到肯定。8 月 2 日，朱镕基在北戴河召开会议，听取我们的汇报。我们 7 月 30 日提前赶到。根据全国财政工作会议上各部门的意见、建议和财政部领导的指示，我们再次对方案的设计进行了测算和调整。我记得，那几天北戴河天气很热，房间里没有空调，身上直冒汗。我们开着窗户挑灯夜战，一边写稿子，一边打腿上的蚊子。最终在北戴河会议上，通过了改革方案，企业所得税税率被确定为 33%。

（四）税后分利无限延期

对于税后利润是否还要上缴财政的问题上，我们的最初意见是应该上缴。方案新稿出来后，刘仲藜部长让我先去征求国家经贸委企业改革司司长蒋黔贵的意见。蒋黔贵说，经贸委最关注的是“税后还贷”给企业的技改资金带来困难，要求改革方案兼顾企业的发展，鼓励企业产品创新，支持企业技术改造和设备更新，提高企业竞争力，“不能竭泽而渔，要放水养鱼”。我向她说明，方案：一是进一步降低了税负，从原所得税税率55%降到35%，又降到33%；二是取消“两金”；三是落实财务制度，允许机器设备加速折旧和研发费用据实税前列支。蒋黔贵最后表示这个方案大体可以，但仍要求我们考虑取消或减少企业的税后缴利。反复沟通后，我们达成一致，调整为：保留企业缴利的原则，改革初期可以适当少缴，确实困难的企业可以不缴。我和她谈了两个多小时，最后她表示经贸委的要求基本达到了。我告诉她，刘仲藜部长想当面向国家经贸委主任王忠禹和副主任陈清泰交换意见。她表示，他们那里由她先去汇报。第二天在朱镕基主持的改革方案讨论会上，国家经贸委领导的表态是积极的，认为财政部认真考虑了他们的意见，方案总体不错，建议对税后缴利问题适当考虑，有些细节可再改进，同意在全国实行。最后，朱镕基以改革大局为重，为争取经贸委和企业对改革更加充分的支持，决定企业税后利润暂时都不上缴财政。

三、工商税制改革

工商税制改革是国家与企业分配关系改革中的重要组成部分，改革内容繁多，动作很大，是这三项改革中操作最复杂、工作量最大的一项。但因“税利分流”改革已解决了理顺和规范国家与企业分配关系的根本问题，所以工商税制改革方案在研究和决策讨论过程中涉及机制性内容的争议不多，涉及征收操作和技术上的问题不少。这项改革的指导思想是：统一税法，公平税负，简化税制，合理分权，理顺分配关系，保障财政收入，建立符合社会主义市场经济要求的税制体系。改革的内容主要包括：（1）统一内资企业所得税；（2）建立以增值税为主体的流转税体系，对内外资企业普遍实行价外计征的增值税基础上，对少量消费品征收消费税，对劳务和销售不动产征收营业税，对小型纳税人实行简便征税办法；（3）统一中外个人所得税。

这项改革的方案制订工作虽然主要由国家税务总局承担，但重要税收政策和文本都是由财政部和国家税务总局共同研究、由财政部党组会决定后，报国务院批准的。当时金鑫是财政部党组成员、国家税务总局局长。财政部里主要是财税体制改革司参与了改革，改革司工作人员与国家税务总局的杨崇春、张忠诚、许善达、陈杰、郝昭成等经常接触，为部领导的决策提供了情况和意见。我们在和国家税务总局讨论方案时涉及的较为重要的问题主要有五个：

一是税制结构以所得税为主还是以流转税为主的问题。有一种意见认为，欧美国家普遍实行以所得税为主的税制结构，这代表了改革的方向，中国也应以所得税为主。但我们认为，基于当时的国情，所得税的征收对会计制度、会计信息披露程度、会计人员的诚信度和征管水平要求很高，现阶段让所得税“挑大梁”是靠不住的。最终确定了以流转税为主的税制结构，改革增值税和营业税，开征消费税。

二是关于确立以增值税为主的流转税体制的问题。主要考虑以下两点：（1）只要是销售就征收增值税，方法简便易行，特别适合中国国情；（2）仅就产品在每一生产环节的增值部分征收，消除了上下游产品间的重复征税，有利于促进企业生产的专业化发展，提高了效率和竞争力。

三是关于产品普遍征收增值税的问题。将部分原来实行产品税和试行原增值税的工业产品全部纳入新增值税的征收范围，对增值部分难以确认的劳务和不动产，仍然征收营业税，这样安排比较合乎实际。

四是简化增值税税率的问题。增值税的出台，在减少税种、简化税制的同时，大大增加了测算的工作量和确定新税率的复杂性。因此，增值税税率的确定问题是我们研究讨论最多的问题。原来的产品税有 285 个税目、21 档税率，原来的增值税有 13 档税率，税目税率繁多，征管困难。我们和国家税务总局一致认为应该实行一档税率。

五是增值税税率定多少的问题。增值税是最大的税种，覆盖面宽，税额巨大，税率的定位极为重要。税务部门因为只有全国逐级汇总的统计报表数据，难以细分到行业、产品和企业上。精确的增值税率定位的测算，是由财政部财税体制改革司依据全国企业财税普查资料完成的。我和王征、朱振民一起研究测算方案，频繁地向刘仲藜和项怀诚请示汇报，具体测算工作是由王征、朱振民和谭崇均等承担，他们在黑龙江省政府驻京办事处连续加班工作了半个多月，才有了完整、准确的数据分析和方案测算结果。当时我们用 1992 年的财税普查资料数据做静态算账，将老产品税、增值税的总体税负，以同口径折算为新增值税的总体税负，平均价内税负在 14.3% 至 14.4% 之间，换算为价外计征的增值税，大约是 16.8%，四舍五入就是 17%。为了确保 17% 税收不失，财政部从既规范转制又适当增收的角度提出新增值税税率定在 18% 的建议，国家税务总局和经贸委的意见为定在 16%。

我记得是10月的一天，朱镕基主持会议，专门研究增值税税率问题。财政部是我陪刘仲藜部长参加的，国家税务总局是总经济师张忠诚陪金鑫局长参加的。在听取三个部门汇报后，朱镕基说："你们三家对税率定位的观点不同，我可以理解，但你们提到的数字根据有的也不同，是何原因？"张忠诚回答说："我们测算所依据的基础数据都是从克崮那儿来的。"在了解到基础数据的可靠性后，朱镕基心里踏实了。这时，我感觉他心中已有折中性的倾向了，但并未当场表态，而是要刘仲藜再与国家税务总局和经贸委领导协商确定。过后一两天，刘仲藜部长在财政部进行了三方会商。开始，三方表态都与上次一样。他先晓之以理，而后提出折中的建议，并重点说服国家税务总局，取得了一致意见，国家经贸委最终也同意采用17%这个折中且税负持平的税率。

四、分税制财政体制改革

分税制改革，狭义上是对中央和地方财政进行分税的制度改革，广义上是理顺中央和地方分配关系的改革，包括分税制改革和转移支付制度改革，是为了理顺各级政府间的财政分配制度。1994年的分税制改革主要解决了中央和省级政府之间的财政分配关系问题。对省以下的几级财政分配体制的问题，财政部没有时间精力深入研究，只给出了原则性、指导性意向，具体由各省自己定。

分税制改革的指导思想是：正确处理中央与地方的分配关系，调动两个积极性，促进国家财政收入合理增长；合理调节地区之间财力分配；坚持统一政策与分级管理相结合的原则；坚持整体设计与逐步推进相结合的原则。

分税制改革具体内容可以用六个词来概括：分权、分税、分机构、返还、挂钩、转移支付。前三个是改革的主体内容，后三个是辅助措施。

“分权”定支出，是划分、明确中央和地方政府的事权，相应确定财政支出范围。

“分税”定收入，是按税种划分各自的财政收入范围，将全部税收划分为中央税、地方税以及中央与地方共享税。

“分机构”建体系，是将原一套税务机构分设为国税、地税两套税务机构，分别负责征收中央收入和地方收入，建立了相对独立的地方财税工作体系。

税后“返还”，是为了实现改革方案中的“保存量，调增量”的原则，确保地方既得财力。将实行分税办法后 1993 年中央从地方净上划的消费税全部和增值税的 75%，全额返还给地方，并以此为以后中央对地方税收返还的基数。

系数“挂钩”，为的是使中央给地方的税收返还数与中央实得“两税”的增长同向不同步，既使地方税收“返还”增长，又逐步提高中央收入占财政收入的比重。1994 年后税收返还数额在 1993 年基数上逐年递增，递增率按全国增值税和消费税平均每增长 1%，中央财政对地方的税收返还增长 0.3% 的系数确定。

“挂钩”是怎么提出来的？这里有个小故事。过去中央财政对少数民族地区实行年增长 10% 的财政补助政策，几年下来因中央财政收入年增长率只有 4% 至 6%，无法承受，就取消了这个政策，变为定额补助。少数民族地区要求中央继续给予递增的政策补助。至 1993 年，财政部尚未找到解决这一矛盾的办法。这与分税制设计中遇到的“返还”是定额、“死面”还是增长、“发面”的问题是同样的。在 8 月上旬北戴河会议的一个晚上，刘仲藜、项怀诚、姜永华和我一起研究分税制方案时，我想出

“增长加挂钩控制”的方法，并在小黑板上画了一个示意图，其核心是将地方“返还”的增长率控制在中央“两税”（增值税和消费税）的增长率之下。这个意见被采纳。随后大家又议出事前确定两个变量之间关系的“系数”概念。具体的系数定位，最初建议为1∶0.5，财政部向会议汇报时提议为1∶0.3，朱镕基听取汇报后同意了。这个方法如持续实施，返还地方的增量在总增量中的比例是逐年递减的。这不仅是因为两个增长率一大一小，还因为两个分母的大小差也是不断扩大的。系数挂钩这个技术方法的采用，破解了分税制方案设计中必须同时满足“分税”、“存量不动”、双方都是“发面”、中央的比重逐渐提高四项约束条件这一难题。

“转移支付”，是确保分税制改革成功的重要保障措施。中央通过分税制集中的财力，不断加大对落后地区的转移支付，能缓解区域经济社会发展的不均衡，促进地区间协调发展和中华民族大家庭的和谐与安定。

五、昼夜兼程，“游说”各方

财税三大改革内容多、动作大，涉及各方面利益。为此，朱镕基在北戴河会议上提出要到各地方宣传解释。中共中央政治局常委会于1993年9月3日通过财税改革方案后，信息传播很快，一些地方反应强烈，主要是针对分税制方案，认为这个方案比较“紧”，对方案有一定的抵触情绪。朱镕基果断决定，立即带领中央各有关部门负责同志赶赴地方，与地方党政领导对话，宣传财税体制改革意义，说明改革方案，听取意见，改进完善。

1993年9月9日到11月21日的74天里，朱镕基带队，先后走了海南、广东、新疆、辽宁等17个省区市（包括计划单列市）。我和姜永华先后陪刘仲藜部长（海南、广东2站）、项怀诚副部长（其他8站），全程参加了这次重要的宣传沟通工作，谢旭人也参加了几站。

第一站去的是海南，专机一起飞，朱镕基就对全体随行人员发表了充满激情和强烈责任感的重要讲话，他在强调财税体制改革的重大意义、本次出行的使命后，还与全体随行同志“约法三章”：一是不要盛气凌人，要虚心听取意见，耐心解释方案；二是不放弃每一个细节，仔细摸清地方的具体困难；三是不参观游览，不到外面住宿，不接受任何吃请送礼，一个包、一把扇子都不要拿。海南一站，比较轻松，沟通顺利，气氛和谐。最关键的一站是广东。广东的财政包干体制运行力度一直较大，对地方经济作用也大，因此其对分税制的理解也有些吃力。头两天他们明确要求继续实行包干制，经反复解疑释惑，他们开始认真考虑，但提出了两个要求：一是基数问题，方案是以1992年为基数，广东省提出要用1993年为基数，主要理由是1993年全省经济和财政增长快，符合中央保既得利益原则；二是希望原有对企业的减免税政策保留几年或取消后，增加的税收，几年内不参与体制分配，留在地方。后面这个要求中央作了让步，同意5年内留给地方。争议最大的是基数问题，刘仲藜和我们工作班子都不同意以1993年为基数，主要原因是财政从未也不能以未发生的数字为基数，担心地方在数字上弄虚作假，会产生极大的不规范行为。为了缓解矛盾，我曾提出即便以1993年为基数，也应该按照1993年1月至9月的实况换算为全年数据的建议。但是，为了最大限度地争取地方对财税体制改革的支持，朱镕基同意了广东省的要求，把1993年的收入数作为基数。

确定以1993年收入数为基数后，带来了各地与中央在1993年后4个月的争基数和1994年的保基数的“博弈”。1993年后4

个月的地方财政收入急剧上涨，分别比上年同期增长约60%、90%、110%和150%，带动全年地方税收增长50%多。1994年1月，税收同比增长60%，以后几个月同比增速不断下降。为防止全年税收出现负增长的情况，财政部在1994年春紧急召开会议研究对策，在对1993年“查基数挤水分”与“同心同德向前看”两种对策之间，最终选择了后者，确定以各省1993年“两税”增幅的1/3为本省1994年“两税”增长目标，完不成的扣减返还基数，完成的按1：0.3正常返还，超额完成的按1：0.6奖励返还。财政系统用自己的这一超常智慧，缓释了“超常基数”的后遗症。事后想来，我认为让基数保改革是正确的。

在整个过程中，出乎大家意料的是中西部地区一些省份一度反应消极，主要是这些省份对方案没有完全搞明白。如认为占当地收入比重较大的烟酒消费税划为中央税会使地方收入骤减。我们向他们解释：第一，以前的消费税已经含在返还基数里了；第二，这个返还数以后每年是增长的；第三，中央从中西部省也集中了一部分收入，依此项规则，从发达地区集中更多收入，再以转移支付的形式支持西部地区。经过说明，他们很快就理解支持了。

调研期间的随行人员，包括各有关部门，如财政部、国家税务总局、中国人民银行、国家计委、国家体改委、国家经贸委的领导和主要司局长及业务骨干。朱镕基的行程和每天的日程都安排得很紧张，一般每到一处，晚上8点先与财政等部门领导碰头，有时姜永华和我陪同参加，谈到晚上10点到11点。然后刘仲藜、项怀诚领着我们再讨论落实朱镕基的指示，调整思路和方案，一般要到半夜。接下来工作班子再根据这些意见重新测算，一干就干到次日凌晨四五点钟。早上8点将调整后的方案及测算结果准时送给朱镕基。上午9点开会，北京来的全体同志与地方主要领导同志和各有关部门负责人等见面沟通。随后几天是分层次工作会商。朱镕基与省委书记、省长和退下来的老书记、老省长谈；刘仲藜、项怀诚与省长及管财税的副省长谈；我们陪部领导与财政厅长谈。事后，朱镕基曾经半开玩笑地说，自己那段日子是东奔西走，南征北战，苦口婆心。有时忍气吞声，有时软硬兼施。广东一站最艰苦也最辛苦，财政部姜永华和许宏才、夏光（以后几站还有王立峰）等几乎连续三四天通宵工作。在离开广州的前一天晚上，朱镕基同志到宿舍看望大家，曾动情地说："党是不会忘记你们的，人民是不会忘记你们的，你们的功绩将载入史册！"

六、战前准备与最后抉择

北戴河会议后，在奔赴各地宣传解释方案的同时，财税部门根据中央的决定和朱镕基的部署，集中力量起草法规。国家税务总局的工作量最大，张忠诚带队在北京昌平封闭工作了几个月，起草法规。1993 年 10 月 31 日，第八届全国人大常委会第四次会议通过了《关于修改〈中华人民共和国个人所得税法〉的决定》的修正案，统一了内外个人所得税，从 1994 年 1 月 1 日起执行。1993 年 11 月 14 日，中共十四届三中全会通过了《决定》。11 月 25 日至 26 日，国务院总理办公会议和国务院常务会议先后审议并原则通过了增值税、消费税、营业税、企业所得税、资源税、土地增值税 6 个税收暂行条例，12 月 13 日正式发布（除资源税条例外），从 1994 年 1 月 1 日起实施。1993 年 12 月 25 日，国务院发布《关于实行分税制财政管理体制的决定》，从 1994 年 1 月 1 日起在全国实行。同日，国务院发出了批转国家税务总局《工商税制改革实施方案》的通知；财政部发布了增值税、消费税、营业税暂行条例的实施细则。1993年12月29日，全国人大常委会通过外资企业适用新的增值税、消费税、营业税条例的决定。11月30日，财政部发布资源税条例实施细则。

税收法规在公布方法上也作了重大调整。在此次财税体制改革之前，所有国家税收政策都是以内部“红头文件”的形式逐级下发的。1993年改革准备工作高峰时我向刘仲藜部长建议，有两种人必须及时知道税收政策：一是基层征税人；二是所有纳税人，应该将税收法规政策公开化。重要的税收法规在《人民日报》和《经济日报》等大报上公开刊登，“一竿子插到底”。财政部实施细则也应直接见报。同时，财政部和国家税务总局联合，一个月出一期《税收法规公告》，刊登最新税收法规和政策，一年出一本《中国税收制度》，将当年有法律效力的税收制度汇编，中外纳税人一翻就知道中国现行的税制。这些建议均被采纳，大大提高了财税体制改革的准备和实施工作的效率和质量，同时也形成了一个良好的政务公开机制。

1994年前后的改革，既有国家与企业分配关系的调整和工商税制的改革，又有中央与地方分配关系的调整和税务征管机构的分设（1993年末，中央决定将各省区市税务局分设为国家税务局和地方税务局，1994年内完成），内容纷繁复杂，直接涉及地方、企业和个人的利益，再加上准备时间比较短，以及1993年已经出现经济过热和物价上升的情况，改革风险确实很大。1993年12月中旬的一天，大约是新税收法规见报公布的前两天，部领导专门找到我，说有的同志提出增值税改革风险较大，建议延缓一两年实施。主要考虑：一是分税制等多项财税重大改革同时出台，不确定因素太多；二是准备时间仓促，怕队伍操作不到位，影响当期税收收入；三是改革出台的时机不好，目前物价已经明显上升，预计1994年还会走高，担心税制改革会推动物价上升或有人将物价上升归罪于税制改革。想听听我的意见。

我回答说，财税体制改革要坚定不移，按原计划继续推进。这些改革已经说出去了，政府要有形象，不能说变就变。改革的方向没有错，没有重大的风险。针对有些同志的疑虑，我重点说明了三点：第一，增值税的决策是完全正确的。增值税是一个非常好的税，我们作了详细调研，国际上已经有 59 个国家实行了增值税，还有 30 多个国家已经决定实行，正在准备中。增值税又非常适合中国国情，方向上没错。我们不会犯该不该干的错误，只存在时间上早一点或晚一点的问题。第二，增值税改革不会推动物价上涨。我们测算设定的 17% 的税率是适中的，新老税制转换中税负是平的。我们依托的数据和算的账是可靠的，没有问题，总体上不会增加企业负担。如果物价上升，那是其他因素的作用，绝不能算在增值税改革的头上。第三，增值税改革不会影响财政收入。一是虽然说名义税负变化是平的，但取消减免、加强征管，收入会增加。二是准备确有不足，可能会出现政策设计不周和队伍操作不熟的问题，但可以采取措施予以弥补。我向部领导表示，我们应发挥中央决策迅速、组织有力的优势，随时发现问题，随时研究对策，迅速组织实施。同时我建议新年后一上班，我们就去调研，把因实施准备时间不足而产生的问题随时解决在萌芽状态。最后，我对部领导讲了几句话：这几项重大的财税改革，财政部喊了多少年，始终没有推出去，现在是实行财税体制改革千载难逢的机会，有中央的决定和邓小平同志的支持，有江泽民总书记的领导和李鹏总理的支持，加上朱镕基副总理的勇气、魄力、作风和方法，财税部门一定要抓住历史的机遇，把这几项意义重大的改革推出去。过后两天，新的税收法规先后都见报公布了。我能深切地感到，全国上百万的财税干部都被动员起来了，投入进去了。此后，再也没有听到干不干的质疑声音，大家都在想着、忙着把事情干好。项怀诚在财政部任副部长和常务副部长期间，分管财税体制改革司的工作，是我的直接领导，在他 1994 年 5 月离开财政部、调任国家税务总局领导之时我去看他，他对我说："这几年在财税改革所有重大问题上，你的判断都是对的。"

七、顺利实施，平稳过渡

1994 年 1 月 1 日，财税体制改革的大幕拉开，历史上范围最广、内容最多、动作最大、影响最深的三项重大财税体制改革在全国全面实施。三项改革同时推出，涉及各级政府、所有企业、广大民众的切身利益。由于准备时间确实太短，大家有许多担心，特别是对增值税的实际操作和 1994 年 1 月的财政收入状况心里不踏实。财政部领导最揪心的事，还是财政收入问题，是各部门最基本的支出能否得到保证。当时分管预算工作的项怀诚副部长说，他是"忧心忡忡、寝不安席"。刘仲藜部长则请朱镕基破例批准财政向中国人民银行临时借款 150 亿元，以备"万一"。1994 年 2 月 8 日，1 月的财政收支报表显示收入 277 亿元，比上年同期增长 106 亿元，增长 61%，这是令人兴奋的数字。看到简报，项怀诚心里的一块石头落地了。刘仲藜第二天就向朱镕基报告了情况，接着就把借的 150 亿元还了。财政收入数据还显示，1994 年每个月的财政收入都比上年同期有所增长，全年增加了 869 亿元，比超高速增长的 1993 年还增长了 20%，是历史上少有发生的。改革得到了实践的检验。

新税制的实施情况如何，是从上到下为更多人关注的问题。1994 年 1 月 8 日财政部的同志就兵分两路直奔现场调研，刘仲藜亲自带队去河北廊坊调研，我带一队在北京就地调研了三天。我们很快给部领导报出了一份《新税制实施情况反映》，随后又报了一份《北京市新税制运行情况调研报告》。朱镕基见到报告后，立即批示：请财政部、国家税务总局准备有关情况和解决意见，近日听汇报。2月17日，朱镕基亲自主持会议，听取财税、经贸和体改部门关于财税改革出台后的情况、问题和解决意见的汇报，肯定“总体情况是顺利、正常的，各界反映是好的”，“实践证明改革方案是正确的”，要求财税部门继续深入调研，及时解决改革中出现的各种问题。同时果断作出决定，作为过渡措施：（1）对税负变化过大，企业难以承受的少数行业给予特殊过渡政策；（2）对国家过去批准的减免税政策，在一定时限内，有选择地保留一部分，以保证改革的顺利实施和平稳过渡。

税制改革在处理新老税负问题上的思路是“维持原（名义、总体）税负，取消减免税”。由于原产品税分285个产品、21档税率，原增值税13档税率，原外商企业适用的工商统一税40档税率，上述三税合并统一为新增值税后，所有行业和产品统一执行17%的一档税率，因此，对于具体行业和产品来说，税负是有升、有降、有平的，而行业、产品之间的价格传递和转移是需要时间的。为解决一些当期税负上升过大、自身难以消化的企业的困难，财政部门按照朱镕基的指示，先后下发了83个过渡性政策文件。主要内容是：对1993年12月31日以前设立的外资企业增值税新增税负5年内“先征后返”；将农产品、金属矿和非金属矿采选产品的增值税税率由17%减为13%；对企业的期初存货已征税款，在5年内分期抵扣增值税；对副食品企业批发业务增值税新增税负在一定期限内“先征后返”；对高新技术企业按15%税率征收所得税；对校办企业、民政福利企业和新办劳动服务就业企业，减征或者免征增值税或所得税等。

八、进出口税收政策的改革和调整

在1994年出台的各项重大改革平稳运行后，1995年春，中央决定加快对进口税收政策的改革和调整，目的是进一步降低进口关税总水平，取消过多的不平等的进口税收减免规定，按照社会主义市场经济体制的要求和国际通行规则，建立统一、规范、公平、合理的进出口税收政策体系。这次改革和调整的内容主要有三项：一是大幅度降低进口关税总水平；二是对进口设备和原材料一律按法定税率征收关税和进口环节税，取消各种不规范的减免税政策；三是降低出口货物退税率。这次改革在构思和实践两个方面，都使得1994年前后的财税体制改革更加完整。

1. 实施“国民待遇”原则的总体思路

国务院副总理李岚清负责这次进出口税收政策改革和调整的领导工作。1995年5月19日，李岚清召开小型会议，布置“国民待遇”和出口退税问题的研究工作，参加者有时任国务院副秘书长的金人庆、国家税务总局副局长卢仁法和我。李岚清强调，“九五”期间要继续保持执行对外开放这一重大方针，进一步改善投资环境，缩小东西部发展差距和内外资企业政策差异，积极遵守国际惯例，同时进一步解决财政问题，主要是进出口税方面的财税问题。我和卢仁法承担了“国民待遇”和出口退税问题的研究任务。我向刘仲藜部长汇报请示后，找了税政司的王刚一起调研。经过40天的艰苦工作，完成了《关于“国民待遇”和内外资企业政策问题的研究报告》，在征求国家税务总局意见后，呈报财政部和国务院领导。该报告阐述了“国民待遇”原则的内涵，指出“国民待遇”一般是强调对外国产品即贸易相关的措施不能给予低于本国产品、企业的待遇，不排斥给予外国投资者高于内资企业的待遇。报告还分析了我国相关经济政策存在的主要问题：(1) 一些税种存在大量的减免税政策上的差异；(2) 若干税种存在内外资企业适用范围不同的问题；(3) 在“市场准入”、公共设施收费等方面仍存在较大差异。报告提出了改革的基本思路和进出口税收政策的调整意见，并具体拟定了 1996 年的进出口税收调整的建议方案。建议将名义税率总水平由当时的 36% 降至 22%，同时全面清理各种进口税收减免政策，提出除少数符合国际惯例的减免税政策予以保留并以法律形式明确之外，对其他减免税优惠政策原则上一律取消。

2. 大幅降低进口关税总水平

为了适应改革开放和对外经济贸易发展的需要，从 1992 年 1 月起，我国在实施新的关税“税则”的同时，开始下调关税总水平。经过 1992 年、1993 年两次自主降税之后，关税总水平由 42% 下降到 35.9%。但从总体上看，“税率高、减免多、税基小”的问题仍然突出。这次改革决定于 1996 年 4 月 1 日开始进行第三次自主降税，将税率下调至 23%，下调幅度达 36%，为历次关税自主降税幅度最大的一次。

3. 取消进口税收减免税政策

改革开放以来，国家制定了一系列进口优惠政策，对扩大外贸、吸引外资、引进先进技术发挥了重要作用。但是随着改革的深化和社会主义市场经济体制的建立，特别是 1994 年财税改革之后，这些政策的负面作用日益显现。1995 年 12 月 26 日，国务院下发《关于改革和调整进口税收政策的通知》，决定自次年 4 月 1 日起，对新批准设立的外商投资企业投资总额内进口的设备和原材料、国家新批准的技术改造项目和重大建设项目进口的设备，全国各类特定区域进口的各类物资按照法定税率征收关税和进口环节增值税、消费税等税，同时取消对加工贸易、补偿贸易进口加工设备免征关税和进口环节税的规定。这次改革和调整进口税收政策是我国深化改革、扩大开放的又一项重大举措。

4. 降低出口货物退税率

在出口退税问题上，有关部门的意见分歧较多。为了更好地判断和制定退税政策，我和财政部税政司赵杰、许永现在深入系统研究的基础上，于1995年7月向部领导提交了《适度退税：改革出口退税办法的主思路》的研究报告，指出：（1）出口货物以不含税价进入国际市场是国际通行做法，但《关税及贸易总协定》只是规定允许出口退税，并不是规定必须退税，是否和如何退税由国家自定。（2）我国的退税率大大超过了增值税的实际税负水平（1994年的增值税实际税负水平为12%，小于退税率14%）。（3）我国对出口产品的政府税收支持率偏高。根据1994年的统计分析数据，我国税收支持率大约为世界平均水平的三倍，加重了中央政府的财政负担。（4）超量的退税，人为压低了出口产品的成本和价格，在低于进口国同类产品当地成本价时，进口国对我产品征收反倾销税。如此这般，我国财政向出口企业减让的财政收入，相应地转为进口国的财政收入。鉴于以上分析论证，报告建议对出口货物实行适度退税政策，并辅之以强化管理的配套措施。退税率可设定在法定税率的1/3至1/2的位置上。

我结合刚刚结束的美国考察实况，将上述观点先后在国家经贸委副主任俞晓松、金人庆、国务院常务副秘书长何椿霖分别召开的会议上作了汇报，得到普遍认可。1995年8月初北戴河会议期间，朱镕基主持会议研究出口退税问题。会前约10分钟，何椿霖也提前来到会议室，他走到我身边，悄悄地跟我说："我向镕基同志汇报了，刘克崮去了趟美国，形成了一些关于出口退税的新观点。他听进去了。"随后的会议在听取和讨论经贸委和财政部的汇报后，做出了降低出口退税率的决定。国务院于1995年10月6日出台《关于调低出口货物退税率的通知》，文件规定：煤炭、农产品出口退税率维持3%，以农产品为原料的产品出口退税率由10%调减为6%，其他货物出口退税率由14%调减为9%。

九、改革成效

1994年前后的财税体制改革取得了巨大成效，主要有以下五个方面：

（1）建立了新的财税制度体系。

改革的直接成果，就是建立了适应社会主义市场经济发展的新的财税制度体系的基本框架。分税制改革理顺、规范、稳定了中央和地方的分配关系，调动了中央和地方两个积极性，为地方间的有序竞赛创造了基础条件。在财务会计“两则两制”基础上进行的国家与国有企业利润分配改革、工商税制改革和进出口税改革，兼顾财政增收和企业发展，理顺、规范了国家和企业间的分配关系。

（2）创造了企业转制和公平竞争的良好环境。

企业财务会计制度、内资企业所得税和内外资企业流转税的统一，公平了税负，规范了秩序，为企业平等竞争创造了良好的市场环境；促进了政府社会公共管理和国有资产管理双重职能分离，国有企业所有权和经营权分离，减少了政府行政干预，促进企业眼睛向内、加快转换经营机制、提高经营管理水平。同时，促进了多种所有制经济的共同发展，激发了微观经济的发展活力。

（3）促进了统一市场的形成、经济结构的优化和地区的协调发展。

分税制改革，消除了企业所有制归属决定地方税收的弊端，引导地方政府着眼于搞好经济发展规划，加快基础设施建设，改善公共服务，筑巢引凤，支持企业加快发展；促进了企业横向联合、专业化分工、做强做大，加快了建立全国统一开放市场体系的步伐。

（4）增强了国家的财政实力和宏观调控能力。

中央和地方财政收入快速增长。1993年到2007年，全国财政收入增长了10.8倍，年均增速19.3%；全国财政收入占国内生产总值的比重，也由1993年的12.3%提高到20.6%，大大增强了国家的财政实力。同时，中央调控能力显著提高，中央财政收入占全国财政收入的比重由1993年的22%提高到2007年的54.1%。中央对地方的财政转移支付快速增长，为中央调节地区间的利益差提供了有力支撑。2007年全国地方本级支出的近37%，来自中央财政的转移支付；其中中西部地区本级支出的54%，来自中央财政的转移支付，终结了中央向地方“借钱”的历史。

（5）支持了其他各项经济改革。

国家和企业、中央和地方分配关系理顺了，国家财政实力和宏观调控能力增强了，极大地支持了企业、农村、金融、投资、外贸、外汇、价格、社会保障改革和公共财政的建立，也促进了教育、科技、文化、卫生和国防事业的发展。

实践证明，这次财税体制改革是十分成功的，是具有基础性、根本性、方向性和制度性的改革。对于这次改革，朱镕基给予了高度评价。他在2002年12月25日接见全国财政工作会议代表时说：“1994年进行的财税体制改革……是建国以来力度最大、成效显著、影响深远的改革，决策科学、设计周密、实施有力、运行平稳，财政收入大幅度增长，为经济和社会发展提供了强大的财力支撑。”他还曾经幽默地说：“应该给那些在财税改革中做出突出贡献的同志每人挂一个大奖牌。”

十、成功经验

1994 年前后财税体制改革的巨大成功，为我国今后的各项改革提供了丰富经验。

（1）正确的决策。

一是中国经济体制改革的目标明确，那就是建立社会主义市场经济体制。1992 年春邓小平南方谈话提出这一思想；江泽民在中共十四大报告中郑重宣布，代表审议通过，体现了全党的意志。二是财税体制改革的根本任务明确，那就是统筹兼顾国家、集体、个人三者利益，理顺国家和企业、中央和地方的分配关系。党的十四大报告阐述得非常清晰。三是理顺两大关系的主要方式明确，那就是国家与国有企业利润分配改革、工商税制改革和分税制财政体制改革。这是中共十四大立论、中共十四届三中全会阐述、中共中央集体决定的。

（2）强有力的领导。

改革自始至终得到了中央领导的高度重视，江泽民总书记多次主持中央政治局常委会议和其他会议，听取改革方案汇报，就改革方向、思路、制度和政策等问题，作出了一系列重要指示，并在改革方案酝酿形成的关键时刻，亲自出面，直接而广泛地与地方党政主要领导对话沟通，统一认识，改进方案。中央政治局常委、国务院总理李鹏在 1993 年的全国人大和全国经济工作会议上，突出强调了要加快推进财税体制改革。中央政治局常委、国务院常务副总理朱镕基是财税体制改革的前线总指挥，亲临一线，与财税部门的领导和工作人员一起调查研究、设计方案、组织实施，面对面地与地方、部门的负责同志沟通商讨。他抓住改革的主要矛盾，以财政基数来换取地方支持分税制改革，以暂时放弃税后利润上缴换取企业支持国家与国有企业分配关系改革，以有限保留减免税政策来缓解改革初期过大的压力。

（3）好的改革方案。

在中央领导的直接指导下，财税部门提交了国家与国有企业利润分配改革、工商税制改革和分税制财政体制改革三个高质量的改革方案（还提交了很好的财务会计制度改革和进出口税改革调整方案）。这些方案紧紧抓住并创造性地兼顾了国家、集体、个人三者利益，理顺了两个关系这一改革的本质和核心的问题。方案既借鉴了国际经验，符合基本经济规律，也适合中国的国情；体系完整科学，依据充分准确，操作简便可行。需要特别指出的是，财政部财税体制改革司组织的全国企业财务和税收普查资料，有力地支持了这三项重大改革方案的测算工作。这套资料起源于20世纪80年代初两步"利改税"，陶省隅、吴翠兰、陆兵等几任部司领导着力推动，发展于20世纪90年代初的"税利分流"改革试点时期。每年通过各省的财政、税务和中央工业部门三个系统100多个单位，调查、收集、汇整数据。1989年之前是上报手工报表，1990年起改为计算机录入、软盘上报。每年末开一个调查布置会，下一年初春开一个上报审核会。我在1990年至1996年负责此项工作，具体由王小峰、王征、朱振民组织运作。这套分户的企业财税资料是全世界独一无二的，数据巨大、翔实、细微、精准。例如，1993年改革高峰时使用的1992年的普查资料，将企业分地区、行业、产品、隶属关系等，收集、汇整出两套财务和两套税收资料：①43个省市、24个中央主管部门的36875户国营工业企业和30622户国营商业企业的1381万多条财务普查数据；②全国54752户预算内国营工业企业和集体工业企业的70451个产品的798万多条税收普查数据；③全国21276户城镇集体工业企业的200多万条财务普查数据；④全国抽样的1600户乡镇集体工业企业财务税收资料的10多万条数据。合计税收约占全国的80%，利润约占全国的98%。

财政部财税体制改革司开发了专用的分析测算信息系统，可以将数千万条的基础数据按照目标要求，掰开了，揉碎了，进行各种组合、测算和分析。1993年至1994年进行的国家与国有企业利润分配改革七项措施综合利益的增减，所得税33%的税率、增值税17%的税率，以及分税制改革中，在老税制转变为新税制基础上的各省市的返还基数和中央与各个地方的利益综合关系，都是用这套资料测算的。世界银行的财税专家在听到我们改革的测算所依据的基础数据的规模和质量时，深表惊讶和敬意。

（4）兼顾利益，各方支持。

分税制改革方案是经过江泽民和朱镕基与地方党政负责同志直接对话、沟通确定下来的。各省市区特别是有代表性的广东、上海、新疆、贵州等地区，都对方案提出了积极的建设性的修改建议，支持和拥护中央决策。国家和企业分配关系改革以及工商税制改革，得到了国家经贸委、体改委等有关部门以及地方和企业的理解和支持。

（5）精心操作，平稳过渡。

这次财税改革方案，从确定到实施，时间非常短暂。财税系统广大干部职工以高度的责任感，积极热情地投入这场历史变革洪流中。他们超常发挥，齐心协力，夜以继日，精心运作，坚持原则，灵活变通，将改革全面推出，顺利实施。我们的研究、决策、操作运行动作之快，让外来投资者很不适应。1994年初我到上海浦东新区调研时，时任管委会主任的赵启正对我说："你们改革的动作也太快了，税法刚公布十几天就实行了。"有一批在上海常驻的外商1993年12月中旬回国，1994年1月初回上海后目瞪口呆，冲着赵启正大发牢骚说："我们才回家十几天，就过了个圣诞节，回来一看，怎么税法全变了？"

任何改革都不能解决所有问题。在这场大变革之后，财税部门又适时推进了所得税转为共享税改革、完善转移支付制度、在东北地区试点固定资产购置增值税抵扣、统一内外资企业所得税等重要举措，还实行了部门预算、集中支付和政府采购改革以及建立公共财政体系等。这些都是对1994年前后财税体制重大改革的补充、完善和发展。完善增值税制度，改革省以下分税体制和完善地方收入体系等新的改革，都在酝酿准备之中。实践无止境，改革创新无止境，财税体制改革将继续推进中国经济社会科学、健康、持续发展。

本文刊载于曲青山、吴德刚主编的《改革开放四十年口述史》（中国人民大学出版社2019年版）第455—481页。

亲历分税制改革

姜永华*

我是1990年3月进入财政部的，财政部的部长是王丙乾。当时，由于财政部的干部青黄不接，司局长中有好几个都已经超过了60岁，因此，从地方上选一批40岁左右的副司级干部到财政部工作，准备接班。我来之前，在北京市东城区当过常务副区长，调任财政部后，任地方预算司副司长。

我到财政部工作后，感受最深的有两点。第一个感受是，财政部的司长是真正干实事的。财政部作为国家的综合管理部门，社会经济发展中的各种矛盾和问题都需要司长们首先拿出方案，才能进入决策层。因此，我感到，司长的责任重大。第二个感受是，我国的财政实在是太困难了。王丙乾当部长的时候，曾经戏言："现在，我穷得只剩下背心裤衩，谁再想剥夺，也没有多少东西了。"当时的中央财政非常空虚，需要靠向地方借债过日子。我进入地方预算司后，对中央的困难体会很深。因此，我当时的感觉是，压力很大。实际上，我的这两种感受，也是后来进行分税制改革最基本的现实条件。在责任重大的后面，是我国改革与发展中面临着一系列问题，要求我们建立起符合中国国情的财政

* 姜永华（1947～2017），山东人。历任北京市东城区常务副区长，财政部地方预算司副司长、司长。1994年财税体制改革时任财政部地方预算司司长。

体制，来维护好、推进好改革开放的大好形势。在压力重大的后面，是中央财政面临的一系列困难，需要我们建立起新的财政体制，协调好中央与地方的关系，使中央有更多的财力，来推进改革开放的进程。当时，大家谈得比较多的是“两个比重”偏低，就是财政收入占 GDP 的比重偏低，中央财政收入占财政总收入的比重偏低。“两个比重”偏低，固然是改革财政体制的主要原因，但财政部准备搞分税制，是进行了一系列深入细致研究后形成的。除了这一主要原因外，还有更多的因素，这些因素都体现在改革的进程中。

我认为，对分税制改革，需要从两个历史阶段来进行考察，一是 1992 年的分税制试点改革，二是 1994 年正式实施分税制财政体制改革。这两个改革，相隔时间不长，但在改革压力和内容等方面，都有很大的不同。

一、分税制改革试点

实际上，搞分税制改革，财政部是早有考虑的。根据当时中国财政的现实状况，从国际上经验来看，王部长认为，分税制是一种比较成熟的财政体制模式。因此，在 1989 年 7 月 18 日召开的国务院常务会议上，他就提出：“对地方实行包干，好处是可以调动地方增收节支的积极性。但弊病也不少，一是容易助长地区封锁、重复建设；二是每年增收部分中央拿不了多少。所以，我们主张搞分税制，但近两年可先过渡一下，并做一些小的调整。”王部长这个发言，实际上阐明了财政体制改革的基本构想。在此之前，我国的财政体制基本上是包干制的模式，它是从建国后形成的统收统支基础上演化过来的。按照当时的思路，在统收统支基础上，不断地向地方放权让利，逐步从中央集权的财政体制转向地方权力不断增加的一个演变过程。放权让利和包干制，是改革开放初期的一个基本特点。在财政体制上的放权让利和包干制，使得中央对地方包死，地方增收再多，中央也只是拿到一块，而地方的权力越来越大，最后形成了“诸侯经济”。而对企业的放权让利和包干制，一方面，让企业有了自主权，积极性得到了充分发挥；另一方面，通过包干制，政府对企业包死，企业利润增加了，但上交给政府的还是那么多。用王丙乾的话讲，就是“两个包死，越包越死”。这是当时财政部面临的最大问题，也是财政体制面临的最大问题。

为了解决这些问题，财政部想了很多办法，但在财政体制的调整上，基本上仍是按照放权让利的思路进行改革，只是在中央与地方的权力分配上，通过谈判的方式，进行多次的调整。比如，1988 年实施的多种形式的财政包干办法，重新洗牌，不同的地区搞不同的办法。这种体制所导致的问题是，各地都在“收入往下做，支出往高抬”。说是五年一变，往往是一年一变；今年刚说五年一变，明年就变，有的是执行半年就变。整个财政体制一直是在无穷无尽的变化中。王部长关于分税制的思路，就是要突破原来的财政体制改革路径，使我们财政体制得以走出原来放权让利和包干制的怪圈，并真正开始与国际接轨。这是分税制财政体制改革中最根本的前提。

1990 年，由于中央缺乏调控能力，很多省的财政都十分困难，向财政部叫苦。在当年的财政工作会议上，王部长就提出，能不能从几个省搞分税制试点。这样，开始了推进分税制的改革试点。此时，正值我们这批从地方上选调上来的司局长们刚刚进入财政部，王部长对我们寄予了很高的期望，对我们提出了几点要求。我印象较深的几点：一是要继续发扬我们在地方工作时的精神，把地方上好的经验带到财政部；二是要充分发挥我们了解地方的优势，深入调查研究，使财政工作更能符合中国的国情；三是要坚持改革开放，深化财政改革。王部长是搞预算出身的，因此，他对预算工作特别熟悉，也特别关心。我到地方预算司后，他交代我的任务，就是研究财政体制，思考财政体制的改革。

财政体制改革的核心，就是调整中央与地方的分配关系，这是我们地方预算司的主要工作。因此，关于财政体制改革的任务，就落在我们司里。王部长提出搞分税制试点，是在当时中央没有同意的情况下开展的。因此，他对这项改革十分重视，要求我们先开展调研，再提出改革的方案。通过试点，把方案做得更细一点，争取试点得到中央的同意。根据王部长的指示，我们地方预算司开展了一系列调研。在调研中，我们既被基层面临的一系列困难所震撼，也被广大人民对党和国家的热爱所感动。有很多感人的故事，至今仍历历在目。我们下到百色地区的时候，上到山去，看到当地人都穿着树叶做的衣服，这对我触动很大。我们到沂蒙山区，爬到山梁上，遇到一位老太太，她当年是妇女主任，组织妇女支援前线，送军鞋。解放这么多年了，家里头就是一间四面漏风的破房子，炕上铺了一堆草。夏天没有被子，人就睡在草堆上；冬天政府发了一床被子，到春天就剪掉了，给家里每个人做了裤头，给女子做个背心。因为没办法种菜，锅里头是用白薯面打得很硬的薄饼，整天就吃这个。水是从山下挑上来的，要走很远的山路。我们去的时候，正赶上下雨，山路很滑，再一晃荡，到了家里水就没剩多少了。然而，当我问她有什么困难时，她却说，没有困难，还在感谢党，感谢毛主席，而且是特别发自内心的。当时，我跑了很多很多地方，没有人跟你喊困难，这就是老区的情况。

最典型的是战区。1991年夏天，在海南开完会，我就直接到广西中越边境去调研。因为之前广西总是来人，到部里反映他们的困难，我就向迟海滨部长提出来要下去看看。迟部长说：“你不能去。现在就上缴这么点儿钱，哪有钱解决他们的困难？你去了，就要解决问题；解决不了，不如不去。”但是，我还是想去看看。本来计划去两天就回来，结果去了以后，就回不来了。因为看到第一个县有很多问题，就去第二个县，第三个县，一下子跑了七个县。那是在十万大山里头跑，每天早上7点以前出发，晚上10点钟才回来，中间就在下面吃饭。6月份，天气非常热。我们用一天时间把一个县跑完，晚上就商量工作，就这么一个县一个县地跑。

此后不久，我又去过云南边疆，这也是战区。没有想到的是，我1991年去的时候，当地竟然没有医院，连卫生所也没有。村里的房子没有人回去住，还是住在山上当年的临时房屋里。没有学校校舍，小孩儿没有学校上。更要命的是，战争留下的地雷没有被清除。因为没有钱排雷，很多地雷还都在呢，弄不好，人踩上去就会爆炸。很多老百姓去种地，走在路上，雷就踩爆了。我们去的时候，中途就碰到过一次，当地领导对我很负责任，事先派人去排雷。一眼望去，到处仍然是弹痕累累，残垣断壁。看到这些情景，我每天都有一种心里滴血的感觉。当年打仗的时候，老百姓都去参军了，有的孩子还不满16岁，每个家庭都做出了贡献。

除了这些困难地区外，我们还对一些经济比较发达，但财政比较困难的地区进行了调研，如青岛、武汉、重庆、宁波、大连、沈阳，天津等。这些地区，经济都比较发达，但在财政包干体制下，他们上缴中央的比例都比较高，财政十分困难。特别是青岛，当时的上缴比例和武汉差不多，武汉留成16.4亿，青岛留成16亿，就比武汉少一点儿。当时，青岛市长俞正声反映了青岛存在的问题，他说："这个体制让我交这么多钱，我这个地方受不了，特别困难。"他带我们做了广泛深入的调研。从工厂到学校，从欠账比较多的国企到若干个棚户区。在青岛调查，我感觉青岛的确是欠账太多了，工厂破旧不堪，到处是危房、漏房。当时，河水都污染了。因为 1978 年以来，青岛的印染、造纸、轻纺行业发展很快，河全都污染了。这些污水要是排到海里去，后果不堪设想。青岛基本上没有暖气，就是烧煤炉取暖，在城市上空有一层很厚的雾霾。同时，还有大量的棚户区。朱总理在上海当市长的时候，我跑过上海所有的棚户区，但我没想到青岛也有棚户区。青岛的棚户区非常大，连成片，几代人住一小间房子，挖地三尺，地下一层，中间一层，上面再盖一层。街道也十分破旧。所以，当时就给青岛定了一条，五五分税。这样，青岛就从原来的 16 亿留成增加到 50 亿。除此之外，中央又对它的老工业基地改造一年给 1 个亿，再从资金调度里头给他 1 个亿。总而言之，是让青岛的工作尽快启动。

青岛之后，我们还去过武汉和宁波调研。当时，宁波的财政也十分困难。从调研的情况看，宁波属于另一种类型。改革开放以后，宁波以民营经济为主。到 80 年代中期以后，国防口搞三产，军队也搞三产，包括国家机关都搞了三产以后，浙江的民营企业优势就没有了。因此，在 80 年代末，宁波的经济就下去了。当时，它的收入是负增长。辽宁是朱镕基（时任国务院副总理）1990 年清理"三角债"时抓的点儿。他发现，辽宁作为老工业基地，特别困难，就让我们部里给辽宁 7 个亿。当时，部里没有那么多钱，就借给辽宁 7 个亿。但老这样借也不行，最后就说干脆给它变一下体制。为此，我们专门到辽宁进行了调研。重庆也是很困难的城市。它是个山城，历史积压的问题挺多的，它的上解比例也很高，但相对那几个单列市低一点。不过，重庆的人均财政收入是最低的，也非常困难。还有天津，是王部长亲自带队调查的。这样，前前后后，我们一共调查研究了13个省。根据这些调研的情况，我们地方预算司专门向财政部党组做了汇报。提出了两个基本的观点：一个是中央调控能力极度下降，地区差距比较大，中央财政无力调度；二是一些地方的日子的确过不下去了，需要通过财政体制改革，进行必要的调节。

1992年6月，财政部发布了《关于实行“分税制”财政体制试点办法》。在这13个省中，选择了9个省和单列市，作为分税制改革的试点。8月，召开全国财政工作会议的时候，与这9个试点地区定基数，随后正式下发通知。[①] 因为是6月份发的试点办法，所以到1993年6月对头一年，然后接着走到1994年1月1号，做全国的分税制。

在这次试点中，新疆是试点中唯一的少数民族地区。当时，新疆收入和支出的缺口差60亿以上，每年都在增加。然而，中央给全国少数民族和困难地区的补助一共103亿，是个死数；民族自治法规定，每年要随财政收入增长而增长，你这个“定补”就不能满足这个要求。尤其是因为民族问题，新疆很不稳定，经常出现一些突发事件，边境上策反的事挺多的。所以我们就想通过分税制试点，使新疆的财政体制改变一下，使中央多留一点儿的钱给当地政府。试点的时候，没有一刀切，中央和地方的共享收入“五税”（即产品税、增值税、营业税、工商统一税和资源税）给它留八，中央留二。新疆二八分成的原因，就是考虑民族地区要实行特殊政策，其他8个地区的试点都是五五分成。因此，这次试点，也叫“五五分税”试点。在这个试点中，大多数试点地区是按照中央地方五五分成的办法确定体制的。这个试

① 即《财政部关于分税制财政体制试点地区中央与地方共享收入缴库问题的通知》（财预字〔1992〕96号）。

点，既是我国 1994 年实施分税制财政体制改革的背景，也是分税制财政体制改革的最初尝试。这个试点尽管执行的时间不长，但为 1994 年的改革积累了丰富的经验。

二、分税制改革的决策过程

1. 分税制改革方案的前期准备

1994 年，搞分税制改革，最大的背景，就是 1992 年小平同志的南方谈话。当年 10 月，中央在十四大明确了建立社会主义市场经济体制改革目标。因此，分税制财政体制改革也必须围绕着建设社会主义市场经济体制这一根本目标来实施。这是一个最基本的背景。在十四大会议上，江泽民明确指出："要深化分配制度改革，统筹兼顾国家、集体、个人三者利益，理顺国家与企业、中央与地方的分配关系，逐步实行税利分流和分税制。" 1993 年 3 月，在第八届全国人民代表大会第一次会议上，李鹏作政府工作报告，进一步明确，要积极改革和健全税制，改革财税体制，理顺中央与地方、国家与企业的分配关系。改革的方向是实行中央与地方的分税制和国有企业的税利分流。中央的决策，为财政部在分税制试点基础上，进行分税制制度设计奠定了基础。

在这个基础上，从 1993 年 4 月开始，财政部进入了分税制财政体制设计的前期准备阶段。我们地方预算司，作为主管财政体制的职能司局，在进行分税制财政体制的方案设计前，做了如下几方面的工作：

首先，对中国的国情进行了深入的分析。小平同志的南方谈话，特别强调中国国情。我们在分税制试点改革时开展的 13 个省的调研中，已经深刻体会到改革适应中国国情的必要性。我们地方预算司在学习小平同志南方谈话的基础上，围绕着财政体制改革，对中国国情进行了自己的总结，提出了5条国情特点：一是人口众多，管理难度大，财政体制改革必须考虑全体人民群众的根本利益；二是地域辽阔，政府层次多，财政体制改革必须充分考虑各级政府的既得利益；三是地区发展不平衡，人均财力悬殊，财政体制改革必须促进区域协调发展；四是二元经济结构显著，公共资源分布不均，改革必须促进公共服务均等化；五是经济转型与利益矛盾调整难度大，改革必须有利于化解各类矛盾。这5个国情分析，既是我们对13个省调研后的总结，也是在财政体制改革中对中国国情的思考。

第二，对当时的财政体制进行了进一步的深化分析。当时，财政理论界和实际工作者已经就"两个比重"下降问题开展了激烈的讨论，王绍光和胡鞍钢的一本专著《国家能力分析》专门从财政的角度，分析了"两个比重"下降的原因，我们地方预算司专门对这些研究成果进行了整理。在此基础上，结合分税制的试点改革，专门对包干制财政体制进行了分析，提出了包干制财政体制的一些问题，认为这一体制是造成"两个比重"下降的根本原因，要改变"弱中央、强地方"的局面，必须从财政体制改革入手。

第三，对国际经验进行了全面的总结。在分析国内财政体制的同时，我们也主动地对国际上的财政体制进行了研究分析。王部长搞分税制试点时，借鉴的就是国际经验。刘仲藜接替王部长任财政部部长后，同样十分重视国际经验的借鉴。因为我国没有搞过分税制，因此，必须借鉴国际经验。为了借鉴国际经验，我国向世界银行第三批经援贷款中争取了600万美元，对分税制财政体制的国际经验进行了专题研究。我们财政部的很多司局参与了这项研究，如综合司、预算司、改革司等。在这个研究中，我们采取请进来、走出去的办法。一方面，请国外专家到我国来，召开了几十次的研讨会，介绍国际经验，探讨国际经验与中国国情结合的方法；另一方面，我们派出了一批财政部的干部，到澳大利亚、德国、日本等分税制财政体制搞得比较规范的国家去学习。这项研究最后形成了一个很薄的小册子，主要介绍西方国家分税制的做法，送给中央政治局和有关领导作为参考。应该讲，这项研究对于推进分税制财政体制改革是有十分重要的作用的。世行在对其经援贷款的评价中，对这一项研究做了十分高的评价。世行官员说，在他们所有的经援贷款中，用的最好的就是中国分税制研究，成果最显著，对中国的制度改变起了很大作用。

第四，进行测算。分税制改革是一种和原来的包干制完全不同的改革思路。因此，必须要把原来包干制下各地的利益分配格局转化为分税制下的利益分配格局，这就需要用数字说话。财政部历来重视数据，重视测算。按照王部长的话说，财政就是管数字的，算账，是财政工作的基本功。为了把包干制转换为分税制，必须通过算账来解决。由于没有模式可以套用，因此在转换过程，需要通过不断地调整来找感觉。可以讲，开始测算时，首先就是找感觉，西方的分税制这么分，如果我们要做的话，怎么在原来分税制试点的基础上，像国外一样，全国统一起来，而且必须使各个地区能够接受。所以，你必须要有感觉。在开始找感觉的时候，一会儿一个，今天拿出来一种分割法，明天一看，可能弄不成，马上就拿掉了。在这个过程中，总是不断地变化。因此，我们司里先后做了四十多套方案，进行测算。

在以上工作的基础上，我们地方预算司的工作，就是根据中央的部署，按照财政部党组的要求，进行分税制财政体制方案的细化设计。

2. 分税制改革方案的设计与决策

从1993年4月中央正式决定分税制财政体制改革，到1994年正式出台，一共才8个月时间。再加上1994年的调整期，加起来也只有20个月时间。可以这样说，分税制财政体制改革方案的设计过程，实际上就是中央不断决策的过程。

1993年4月，中央政治局常委会决定，成立若干体制改革方案起草小组，全面落实十四大提出的经济体制改革任务。会议同时批准了税制改革的基本思路。6月，在玉泉山会议上，江总书记指示，由朱镕基总理负责各项改革，财政部负责税制改革专题的调查研究，并决定部里成立分税制改革领导小组，下设办公室。其他各项改革，如投资、金融、外贸和国有企业等，都相应成立设计改革的机构。

朱镕基总理十分重视分税制财政体制改革，他自始至终亲自领导这场改革，并投入了他的全部智慧和辛勤。7月23日，在财政工作会议上，他对财政体制改革提出了四点意见：第一，改革在1994年全面推行，不再搞试点。第二，实行分税制和分别征收，组织两套税务征收机构。第三，划分税种，保证中央必要的、固定的支出。第四，要淡化企业承包制和利税分流的矛盾。同时，朱总理公布了财政和税务改革的时间表。他说："我们准备根据中央财经领导小组的决定，马上成立财政和税制改革领导小组，小组请刘仲藜同志负责，再请计委、经贸委、体改委、税务总局这些部门负责同志参加。还要调一些熟悉国内外财税制度，又懂得法律，能够动笔头子的人来讨论，设计起草财政税制改革方案。昨天，在泽民同志那儿讲了，一个半月以内就要拿出初步方案，向国务院、向中央财经领导小组汇报，然后向政治局常委汇报。我们希望，在9月份能够完成最后的方案，向政治局汇报。9月份以后，组建机构、明确职责、开始行动。到年底开中央三中全会的时候，宣布金融、财政、投资体制全面改革，这样明年 1 月 1 日就可以实行新体制了。”朱镕基总理的这段话，标志着分税制财政体制改革正式启动。至此，分税制改革方案的设计正式进入倒计时。也就是说，从此时开始到年底之前，我们必须完成方案设计、调研论证、确定方案到形成文件，以保证 1994 年 1 月 1 日正式运行。

机构正式成立后，我们地方预算司就立即在前期准备工作基础上，提出了分税制财政体制改革的基本思路。7 月 29 日，朱总理听取了我们的专题汇报，明确了这次改革的基本思路是：在税制改革的基础上，进行分税制改革。改革的核心，是以流转税为主导税种，流转税中又以增值税为主。将关税，海关代征的增值税、消费税，中央企业所得税，金融企业所得税，铁道等部门集中缴纳的收入划作中央税；将增值税、资源税、证券交易税划作中央与地方共享税；其他税种作为地方税；对作为共享税的增值税、资源税和证券交易税，通过测算，形成中央与地方的分配比例。

8 月初，根据朱总理的指示，我们到北戴河进行封闭式的方案研制。在北戴河期间，五大改革（即金融、财税、投资、外贸和国企）的方案研制小组都集中在那里，各自封闭测算，相互之间也进行交流，对各项改革之间的关系进行调整。当时，吴仪负责外贸改革，周小川负责金融改革，洪虎、蒋黔贵负责国企改革。印象最深的是我们与蒋黔贵的交流，她这个人特厉害，在交流过程中，对我们增值税税率提出了很多意见。按照她的意见，增值税税率只能是 4%，这样，国家就没多少钱了，改革就会很困难。结果就争来争去，我们说 16%，她就不干，说：“你们这么弄的话，企业就死了。”在北戴河的时候，许善达也经常跟我说：“如果增值税定高了，就把企业搞死了。”他也不太同意定得太高了。在北戴河期间争论的最多的几个人，后来我们都成了好朋友。也正是因为这些交流和争论，我们在测算中，深感责任重大，一个小小的错误，就可能会对社会经济发展产生很大的影响。因此，像增值税的税率最后定为17%，我们是付出了很大努力的。

在北戴河期间，我们的工作就是按照朱总理提的要求进行测算。在这个过程中，中央对一些可以明确的问题进行决策。给我的印象是，当时，朱总理听其他改革的汇报比较少，主要是听分税制的汇报，经常把我们找去开会，基本上只要一开会，就是研究分税制。在这些汇报会上，中央对分税制的几个主要内容做出了决策：第一，以1992年为基数。第二，确保地方的既得利益。第三，形成了税收返还的初步框架。为了确保地方既得利益，就必须在中央地方共享税中，给地方一个返还。就是说，定基数保证了地方的既得利益，但如果运行起来增量都给中央，地方就没有底气了，因此还要给地方一块增量。当时，朱总理说："干脆起个名，叫税收返还。税都由中央征收，收完以后再给你地方返一块，要定个系数，地方要有积极性。"这就是税收返还这一概念的来源。第四，初步形成了税收返还的系数。当时，在北戴河定的系数是1∶0.5，即中央财政收入每递增1%，中央返还地方递增0.5%。为什么定这个比例呢？因为当时地方的基数很低，才708亿，按照1∶0.5运行起来，中央和地方拿的增量都没有这么多。第五，要给地方转移支付。当时，没有设立给地方转移支付的规范制度。也就是说，钱拿到中央以后，困难的地方怎么办呢？以前的做法是，困难的地方税都留在当地；现在中央拿走一块以后怎么办？就一定要在原来定补的基础上再给一块。这个补助怎么给呢？为此，我们就参照国际经验，搞了个因素法的转移支付框架。选择了农业大省、老工业基地、老少边穷等五个因素，按照这些因素，拿出一块增量给地方。但是，不管怎么算，中央的增量还是很少，不够分的。所以，朱总理最后说："从地方再开一刀。”就是按照基数，从富裕地方再压5%的支出，都交到中央，中央再把它转移支付给困难地区。第六，建立两套税务机构。当时，我们还没有像现在这样强大的计算机信息系统，因此，为了提高税收效率，有必要按照税收的属性，把税务局分为国税和地税局。中央税由国家税务局征收，地方税由地方税务局征收。第七，明确了配套改革的内容。当时定的配套改革包括会计制度改革、国有资产管理改革、外贸体制，以及财政自身的一些配套改革。因此，可以讲，通过北戴河会议，形成了分税制财政体制的基本框架。

8月中旬，北戴河会议一结束，我们就开始进一步细化方案。最终形成了三个方案，即共享税地方和中央按20∶80，简称二八方案；30∶70，简称三七方案；40∶60，简称四六方案。8月30、31号两天，在总理办公会上，我们向国务院汇报，提出了这三套方案，供国务院领导选择。结果，会议一讨论，统统选择了二八方案，没有人同意四六和三七方案。为什么呢？因为即使按照二八方案，中央拿的增量也没多少，第一年几十亿，第二年、第三年不到100亿。尤其是参加讨论的都是国务院总理、副总理和国务委员，没有一个人是管地方的，国务院的各个口都觉得这点儿钱不够分。出现这样的结果，是我没有想到的。说心里话，作为地方预算司的司长，我特别害怕他们选二八方案。事先，我坚持一定要拿四六和三七方案，不拿二八方案，如果国务院同意三七的话，我们可以退到四六和三七之间。但是没想到，最后讨论的结果都倾向于二八。这主要是因为，我们那个账算到2000年中央能拿多少增量，一年一年地拿，他们觉得中央拿的增量不过瘾，所以大家发言都同意二八。讨论到最后，在总结的时候，朱镕基对我们说：“这样吧，你们回去，干脆拿一个七五、二五方案，提交给中央政治局讨论。”这就是说，在朱总理的脑子里，是考虑到地方的利益了。看样子，他本来想选三七，但听到大家的意见，就折中了一下，定了一个七五、二五。在他看来，选择二八中央拿得太高了，地方肯定不接受；而选择三七或四六方案，中央又接受不了。所以，就定在了二八与三七之间，即七五、二五。

这样，我们回来后，又按照七五、二五比例重新测算。一个省、一个省，一个税、一个税，都要重新变。在刘仲藜部长的带领下，经过三天多的昼夜奋战，终于完成了任务。9 月 3 日，我们向中央政治局提供了两个方案：七五、二五方案和四六方案。这主要是担心只拿一个方案，就又回到了二八方案上，要再拿一个四六方案垫底。实际结果和我们预想的差不多，在政治局讨论的时候，基本上就是围绕七五、二五方案，四六方案根本就没有讨论。就这样，经过中央政治局常委会研究决定，分税制改革的方案顺利通过了。中央确定要到地方进行广泛调研，充分听取各地区意见。

方案通过以后，刘部长回来给我们进行了传达。政治局会议最后定的是，第一，这个方案原则通过了。第二，这么大的举动，要从地方拿这么多的钱，有一定困难。为了使地方与中央同心同德，要下去调研、考察，听听地方的意见。重点是听富裕地区的意见，因为富裕地区的增量大，中央从那里拿得最多。

3. 朱镕基带队赴地方“谈判”

为了使中央通过的分税制财政体制得到地方的认识和理解，减少改革的压力和阻力，从 9 月 8 日起，由朱总理带队，五大改革方案起草小组的人跟着，就五大改革特别是分税制中中央与地方的分配关系，一个省一个省地协调，像一些商业银行的行长，铁道部、交通部的部长都去了。我们上了飞机以后，朱总理对大家提的要求非常明确，约法三章：一是不要盛气凌人，虚心听取意见，耐心解释改革方案；二是不放弃每一个细节，细致地摸清地方的具体困难；三是不参观游览，不到外面住宿，不接受任何吃请送礼，一个包、一个扇子都不要拿。后来的情况也是这样，我们每到一个地方只是工作，我们住的地方也就是工作的地方。在整个调查考察中，在每个地方都是吃自助餐。

第一站是海南，我把海南之行叫作“热身”。实际上，第一站选择海南有三个目的：第一，是向省领导介绍一下中央、国务院关于五大改革的思路。第二，研究解决当前的资金问题。这一年的7月份，通货膨胀非常厉害，每个银行都发生了挤兑现象，造币厂天天开足马力印票子。当时，海南到处都是房地产，建设规模极度膨胀，资金缺口很大。总理要求海南往下压。同时，他还讲了分税制，想听听海南的意见。第三，海南是个新建省，有很多现实问题需要解决。例如9月9日洋浦港封关，总理会见了于元平先生，看了开发区，但主要还是前两个目的。

当时，海南省财政厅厅长刘桂苏按每年60%的增长进行测算，如果实行分税制，尽管海南上划的收入很低，但她对中央拿走很多有意见。我们跟她讲，通货膨胀下来以后，你的增长能到百分之十几就不错了。她不信，要求中央给海南一些特殊政策。为了说服她，我们就按增长30%的比例对海南进行了测算。其实，这已经是很高的增长速度了，但她仍然有意见，搞得总理很生气。海南第一站就碰到了这个问题。实际上，通货膨胀治理以后，海南房地产下来了，1994年、1995年财政收入都是负增长，1996年上了一点点儿，但仍然很低。

第二站是广东。我们去广东的时候，把深圳的有关领导也叫来了。所以，在广东是和两个地方算账：广东和深圳。9月12日下午4点，我们刚下飞机，朱森林和谢非就来看总理，给总理送来一份材料，就是他们自己算的账。这本账的主要意思是：到

2000年，中央拿多少增量，拿得很高，广东解决不了。他们说：“小平视察南方时说，广东要赶‘四小龙’，包干体制不变。搞分税制以后，我们就没法赶‘四小龙’了，小平提出的既定目标就实现不了了。”这话说得挺厉害的！同时，也表明他们的态度，广东不同意实行分税制，他们想在2000年以前仍然搞包干制。于是，总理把我们叫去，让我们看他们这个账，究竟是怎么样算的。总理说：“如果到2000年我们真拿人家这么多钱，人家没有自有财力了，把地方搞苦了，这个分税制就不搞了。明天，我们就打道回府吧！”我看了广东的账以后，说：“其实，账不是这样算的。”朱总理说：“如果不是这个账的话，那你今天晚上必须给我拿出账来。因为我们要定下来，明天是打道回府，还是继续开会谈分税制。”

9月12日的晚上，我带着两个处长整整测算了一夜。算到后半夜，其中一个人说：“姜司长，我再也不跟您出来了，再也不搞分税制了，这不是人干的活儿！”因为一个数对不上，全国的数就乱了。乱了以后，再一个省一个省地调整，把所有的省调整完了，才能得出广东的数。因为你要算全国的总量，每个省都有特殊情况，一个省没加进去，这个数就不对了。当时，电脑运行很慢，他们紧张得不得了。总理和刘部长也是一夜没有睡。凌晨两点，总理打来电话问：“你们算出来没有？”3点又打电话问。刘部长就守在我们身边，我说：“刘部长，你去睡觉吧，别在这儿看着了。”刘部长说：“好，好，我走吧。”可能是因为我有太多的惊险阅历，当时就跟这两个处长说：“没事，肯定能弄好。实在不行，我就把这个数打进去，让它出一个东西，其他的以后再说。先算大账，算完大账再说。”就这样，一直算到第二天早上8点，我带的这两个人走路都打晃了，脸色蜡黄蜡黄的，终于把账算出来了。刘仲藜拿到我们算的账，立即去找总理说：“姜永华他们一夜没睡觉，终于算出来！”总理一听就乐了。他后来总是说：“我们中央军还是很棒的，能打胜仗！”我们拿出来的账，主要是说明，蛋糕做大了，中央多得，地方也多得。中央确实拿了大头，相对多一些；但是越往后，地方拿的越多，中央拿的相对就少了。

9月13日上午，召开大会，广东省的五套班子人员全部参加，有些市委领导也参加了会议。朱镕基先向大家宣布中央决定，开门见山地说：“这次我与铁映同志带领有关部委的同志来广东，是受江泽民同志、李鹏同志委托来的，是来向同志们传达、介绍党中央、国务院关于财政体制、金融体制、投资体制等方面的改革内容。同时，与广东同志一起就落实改革方案进行商量，一起算账。”朱镕基详细介绍了分税制改革方案，他讲了四个问题：为什么要实行分税制改革；分税制是什么内容、如何搞；分税制改革是否损害了地方利益；实行分税制，广东到底要吃多大亏。特别提到，广东对分税制方案了解的信息不确切，指出现在的方案与财政工作会议时已经有很大变化。所有人都在认真地听，快速地记。

但接下来，广东就开始提条件了。第一个是以1993年为基数。因为治理整顿期间，广东的财政收入不高，到小平南方谈话以后，1993年才上来。所以，他们要以1993年为基数。第二个是减免税。改革开放以后，广东经济发展很快，电力供应就成为瓶颈。因此，他们对电力企业搞了投入产出总承包，把企业的产品税、增值税全免了。按照新办法，免的这一部分没有进基数，而明年就要收上来，企业感到很困难。广东要求，延长包干制的时间。第三个是开发区要实行特区的政策。还提了其他的一些问题，诸如广东有赶“四小龙”的任务，两税分割和全国不一样，希望广东的两税分割能够高于全国比例，让它赶“四小龙”。最后谈下来，确定了这几条：第一，同意广东的意见，以1993年为基数；第二，给了两年减免税，两年以后取消；第三，开发区特殊政策延续两年，后来又给了三年的政策；第四，分税制是全国统一的分割线，不同意广东搞特殊。这当中，以1993年为基数，是朱镕基总理在广东原则同意的，其他几条，是回到北京向小平和江泽民汇报后定的。那时候，李鹏病了，没有上班，朱镕基是副总理，但由他主持工作。

打赢了广东这场仗，朱总理挺高兴的。因为在此之前，朱森林和谢非曾经到北京找过小平，也找过总书记，不同意搞分税制，说得很肯定。所以，到我们去的时候，他们就拉开架式，准备把分税制顶回去。结果，“中央军”赢了。总理说：“广东省打下来了，再到哪个省我都不怕了。”当时，真像打仗似的，几乎到哪个省都会遇到一番较量。广东以后，我们就按照这种方式一路走下来了。接下来去新疆，新疆以后去辽宁，辽宁以后去山东，就是这么走下来的。

在这次与地方谈判的过程中，值得一提的是我们到山东遇到的情况，跟其他地方不一样。那时候，姜春云是山东省委书记。10月10日，我们到了山东以后，总理问姜春云：“我们到各个省，大家都提困难，提问题。你这儿有什么困难啊？”姜春云说：“我们有困难，但中央比我们更困难。因此，我们不提困难，中央怎么决定，我们就怎么干。”其实，当时山东省的财政厅长给他准备了一个材料，他就是不念。财政厅长要提意见，他也不让提。因此，到山东算账，特别轻松，我们说什么，他们都接受，这与其他地方形成明显的反差。到最后走的时候，总理说：“春云啊，我到每个省，人家都提很多问题，很多困难。我今天要走了，你到底有什么困难，你就提，不然我就走了。”姜春云还是那句话：“我们有困难，但是中央比我们更困难，大河没水小河干。我们困难再大，对于中央来说也是小的，我们要自己克服。”一路走下来，我看这些省委书记们，如上海的吴邦国，江苏的陈焕友，都是很有水平的，能力很强。姜春云不是很聪慧的人，但他的觉悟挺高。总理当时就说：“一路上，风格最高的就是姜春云。”

我们是10月14日到南京的，碰到的问题主要是上解比例高，江苏的陈焕友书记账算得很精明。他们测算，上解额最高的是上海，上解率最高的就是江苏。陈焕友跟我们合作得挺好的，我们跟他一起来核这个账，结果江苏确实上解很高。应该说，陈焕友太会算账了，最后总理不得不在体制外再给他8个亿。就是这样，我们每到一个地方，那个地方有一些特殊困难，中央都给解决了一些。

10月22日，我们到了上海。按照老的包干制，上海的包干数是165亿元，超过165亿元后，中央再与上海五五分配。所以，在朱镕基当总理的那几年，上海的收入永远是165亿以下，总保持在160到163亿上下，不超过165亿。这样一来，中央就没跟它分过成。我们到上海的时候，预计1993年上海要超60亿左右。也就是说，预计1993年收到230亿左右，这样我们就要分它30亿左右。当时，上海的书记是吴邦国。他是很会当书记的，从来不管市长的事，既不参加剪彩，也不参加各种应酬，看上去很超脱，但实际上他管大事。算账牵涉到地方的整体利益，是件大事，因此他非常认真。在我们去之前，他就在上海西郊宾馆待了半个月，把我们在广东等地一行算账的情况搞得清清楚楚，然后把财政厅的人叫去，有针对性地算账。我们去了之后，他什么活动都不参加，整天就和我们一起，关在西郊宾馆，问这儿问那儿，问得很细，特虚心。他总是问：“我这个错在哪了？你给我说说。”因此，吴邦国对每一条意见都非常清楚。尽管他拿出来的账和广东一样，是从地方的角度考虑，希望中央多照顾一点，但因为算得很清楚，我们对上海就比较好处理。上海是中央财政的主要收入来源，因此，在算账后，我们给了一定的照顾。当然，吴邦国心里非常明白，我们是在照顾他。实际上，上海藏富于企业和基层的钱特别多。1993 年底，很轻松地就收了 280 亿，一下子冒了。吴邦国下令，只能按预测的 225 亿收。原来预测是 225 亿到 230 亿，他就跟财政厅长说："我们只要 225 亿，230 亿是基数。"财政厅长觉得太委屈了。吴邦国说："中央既然照顾我们了，我们不能得寸进尺。如果我们收 300 亿，中央还会支持我们 125 亿，这样就不好了。"所以，我觉得，很多书记和省长实际是很有觉悟的，既为中央着想，也为地方着想，而且想得很细。上海的工作结束以后，我们去了甘肃，接着又到了天津，最后，我们去了河北。整个考察历时两个多月，一个省一个省地做工作。

回到北京以后，11 月 25 日，朱总理到我们部里头讲了话，对这次调研考察做了一个概括。他说："我想叫作东奔西跑、南征北战、苦口婆心，有时是忍气吞声，有时是软硬兼施。""我确实感到，这次改革是中国长治久安的基础，三中全会诚如江泽民同志所讲的，是具有历史意义的。""改革开放以来，我们还没有一次能够进行这么广泛深刻的改革。尽管我们做了一些让步，但是框架已经树立起来，机制已经建立起来，就是一天一天朝着这个目标前进的问题。"他还讲道："我和你们一起都为这个方案的制定和推行尽了我们的力量。我们是战友，我们参与了这次伟大的历史事件，我们无愧于我们作为共产党员应尽的义务！"

与此同时，我们对分税制方案做了调整：第一，以 1992 年为基数变为以 1993 年为基数。这样一来，上划中央的基数就从 708 亿变成了 1711 亿。实际上，在考察期间，我们就已经隐约地感觉到了，为了扩大基数，地方都想尽各种办法，1993 年第四季度的收入会猛涨。第二是减免税政策的调整。原来说减免税一律取消，现在是中央批准的省级减免税延长两年，14个开发区政策给两年。第三是把转移支付拿掉了。因为第一年中央要返给地方这么大，所以没有多少增量，因此第一年就没有搞转移支付，转移支付是1995年才搞的。

另外，我们还专门对激励机制进行了调整。朱总理曾在1993年7月的财政工作会议上提出，两税返还，增长率可以按中央财政的实际增收比率，系数化、指数化来确定。按照这一思路，就确定了一个1∶0.5的增量返还基数，即中央财政收入每递增1%，中央返还地方递增0.5%，这是全国统一的。但因为返还基数是和中央收入挂钩，地方上很难把握，大家都有意见。8月，开财政工作会议的时候，我们征询各省的意见，除了黑龙江等注定收入是负增长的省份同意跟全国挂钩外，有个别省弃权，大多数省同意跟本省挂钩。另外，结合我们在广东等地调研时总理的意见，最后，把1∶0.5调整为1∶0.3，把和全国挂钩改成了和各个省增长挂钩。这一机制的建立，对于提高各省积极性，起到了很重要的作用。

通过总理这样一个省一个省地做工作，统一了各省的思想，照顾了各省的困难后，分税制改革的各个障碍基本打破，保证了分税制的顺利进行。12月1日到4日，全国经济工作会议在北京召开。各省省委书记、省长、财政厅长、计委主任都来了。会议讨论了我们确定的分税制最终方案，大家基本上没什么意见了。12月5日，最终形成了文件，就是国务院的85号文件《关于实行分税制财政管理体制的决定》。

三、妥善解决分税制出台后面临的问题

尽管在实行分税制方案前我们做了大量的准备工作，在方案

的决策过程中付出大量辛苦，然而，分税制一开始运行，就暴露出很多问题。因此，我们又花了整整一年的时间，在基本框架不动的情况下，对分税制财政体制进行了必要的调整。在这个调整过程中，主要解决了如下几方面的问题。

第一个问题是资金调度失灵问题。1994 年 1 月起，分税制开始正式运行，第一个暴露出来的问题，就是资金调度问题。因为在此之前，税收都是税务局统一征收，并直接进入国库的，因此，在资金调度上，问题不大。分税制实施后，第一个步骤，就是实现国地税分设，中央税由国家税务局征收，统一入中央库，地方税由地方税务局征收，统一入地方库。而中央税进入地方库后，必须通过税收返还地方才能拿到分成数，因此出现了调度资金不足问题。为了解决这一问题，我们就定了一个资金调度比例，也就是说，按照 1994 年两税增长的预计数，中央库里所收的中央地方共享税，按照预计增长量和返还比例，确定一定的比例，先返还给地方使用，然后年终结算时，把先返还部分抵掉。这样，地方每天都可以拿到返还的钱，从而解决了这个问题。

第二个问题是收入虚增问题。因为分税制财政体制确定了以 1993 年为基数，因此地方就出现了为争基数，1993 年拼命增收的问题，其中 1993 年的后三个月增长最为超常。9 月份，全国税收收入同比增长 60%，10 月份同比增长 80%，11 月份同比增长 90%，12 月份同比增长 120%。结果，1993 年，全国财政实收 4349 亿元，而预计数是 3700 亿元；地方财政实收 3391 亿元，而预计数是 2590 亿元。财政“超收”主要源于增值税和消费税两税增长，致使中央对地方的税收返还基数由预计的 708 亿元增加到 1711 亿元。我们分析，以前，每年两税才增 100 多亿元，1993 年一下子增到 980 亿元，这里头肯定有虚假成分。据高强他们预算司估算，至少有六七百亿是虚假的；按照一半计算，1994 年中央预算就会出现300亿的空账。要解决这一问题，就必须把地方1993年增收中虚增部分搞清楚。因此，我们就组织力量进行检查，开始是我们自己查，不行，又叫审计署查，后来请纪委监察部参与，不断升级。但到1994年五一前后，还查不出来，哪个省都说没有虚增，谁都查不出来。为了解决这一问题，我们开会研究办法。当时，谢旭人在综合司，他提出了一个办法，要解决中央这300亿元的缺口，还得从“两个比重”入手。根据财政收入占GDP的比重，每个省GDP增多少，财政收入增多少，这样倒算一下，就可以把这300亿元挤出来。在这一思路基础上，我们最后提出是往前看，1993年财政收入增长48%，那么，1994年的增长速度按1993年的三分之一计算，增长16%，作为考核指标。地方完成了增16%的目标，就说明你这里没有虚假成分，那我就不管你真假了；如果完不成增16%的任务，就算你的基数有虚假成分，就扣你的基数。这就是1994年增16%的政策背景。为此，财政部专门开了一个座谈会，金人庆部长就这增16%的政策进行了专题讲话。这一政策出台后，虽然地方反响较大，普遍认为增长指标定得过高，但由于中央和地方同心同德、艰苦奋斗，不但完成了增16%的目标，而且当年两税实现了19.1%的增长率，绝大多数省份都完成了核定的增长率目标。

第三个问题是对特殊政策的处理。增16%的政策出台后，尽管大多数省超额实现了目标，但仍有些省没达到，不仅没达到增16%，像海南还出现了负增长。那就不仅要求取消增16%的政策，还要求降低基数。还有像山西，以煤炭为主，分税制改革后，煤炭的增值税税率从原来的3%左右一下增到17%，山西受不了，叫得非常厉害。当时，东三省也非常困难，主要是因为老工业基地，国有企业相对集中。黑龙江是一个资源大省，由于税制调整，大庆油田、森工企业都面临着很多困难，油、粮作物的生产也面临着新的问题，困难很大。

1994年春天，为了解决分税制财政体制出台后出现的问题，朱总理又一次带着我们先后去了山西和黑龙江，进行了深入调研。山西主要调研煤炭企业。通过调研，最后给山西确定了两条特殊政策：一是把军矿下放地方，这样留给地方10亿的基数，再由中央给军队10个亿。我们算账是比较松的，实际上不止10亿，可能实际得有14～15亿，因此，实际上给山西很大的优惠。二是把山西的贡献款从基数里面拿到决算这一块，这就能缓解一下山西的困难。同时，在黑龙江搞了全面调拨，解决它的粮储问题、军粮问题，并解决了森工和大庆油田的问题。另外，还针对老工业基地的改造问题，给了一些特殊政策。这就是说，对于一些困难的省，给一些特殊政策，帮助他们适应新体制的过渡。上半年，针对分税制运行的情况，我们搞了80多个文件，煤炭要减税率，冶金要减税率，钢铁要减税率，整天就忙活减税率。减完税率，地方基数又有变化了，整天倒腾这些。到了下半年，又是增16%的问题。我们基本上每个周末都要跟部长到下面去，与省里、地市县甚至乡镇的领导交换意见，星期六、星期天都不休息。

转移支付是1994年的下半年开始酝酿的，但当时的主要精力没放在这儿。1995年6月份以后，我们才开始做转移支付的测算，就是制订转移支付方案。因为1993年的分税制改革方案中没有转移支付，但不能总是这样，因此，这项工作提上了日程。我们在设计方案的时候，先是借鉴国外的经验，看看西方国家的转移支付是怎么做的。然后，再把他们的经验拿过来跟我们的情况相结合。到1996年初，方案搞得差不多了，我们制订了五套方案，并向朱总理进行了汇报。总理同意将五套方案中的三个方案各取其长，合在一起，但是要和国际接轨。原来，我们的五个方案还是以因素法为主体，总理说："你不要这样搞。像分税制一样，你要学国外，可以过渡，但是你要按国外的框架设计。”因为总理的考虑是，所有的改革都是重在建立机制。因此，他要求我们，先按照国际上通常的做法，把转移支付的大框架建立起来，然后你可以搞中国特色，作为一种过渡。一段时间以后，你还是要规范。根据朱总理的要求，我们就又形成了一个小高潮，夜以继日，差不多有两个多月，最终形成了过渡期转移支付制度。这个制度，演变到现在，就是财力性转移支付制度。可以讲，直到过渡期转移支付制度建立，整个分税制财政体制的框架才真正建立起来，分税制财政体制才开始走向规范运行。

今天回过头来评价分税制，正像刘部长在2003年说的：“怎么估计实行分税制的好处，都不过分。”朱总理在退下来之前的工作会议上讲：“分税制这个改革是最成功的，格局变化最大，成就也是最大的。”现在，中央手里有钱，日子太好过了。但在下边呢，感觉就很不一样。中国的广大农村，就像“北极”，阳光给他们照射得太偏了，享受得太少了。因此，我觉得，如果下一步真是下决心解决民生问题，就应该加强县乡的财政能力。

口述者：姜永华
访谈者：鲁利玲
时　间：2009年6月19日
地　点：姜永华工作室
整理者：鲁利玲

本文刊载于中国经济体制改革研究会编写的《见证重大改革决策——改革亲历者口述历史》（社会科学文献出版社2018年版）第528—549页。

税制改革

税月如歌忆往昔

春风化雨润元声

1994 年的工商税制改革*

刘克崮　贾　康主编《中国财税改革三十年：亲历与回顾》节选

在统一税法，公平税负，简化税制，合理分权，理顺分配关系，保障财政收入，建立符合社会主义市场经济要求的税制体系的改革指导思想下，1994 年工商税制全面改革了流转税制，统一并改革了企业所得税和个人所得税，并对资源税、财产税、行为目的税进行了大幅度的调整。

一、改革的指导思想和主要内容

1993 年 12 月 25 日，国务院批转了国家税务总局报送的《工商税制改革实施方案》，并同时发布了各税暂行条例和有关法规制度，从 1994 年 1 月 1 日起开始实施。

（一）指导思想

此次税制改革的指导思想是：统一税法，公平税负，简化税制，合理分权，理顺分配关系，保障财政收入，建立符合社会主义市场经济要求的税制体系。改革的基本原则是：要有利于调动

* 此文为刘克崮、贾康主编的《中国财税改革三十年：亲历与回顾》（经济科学出版社 2008 年版）第七章的部分内容，由张学诞、卢侠巍、许文、刘微和施文泼撰写。

中央、地方两个方面的积极性和加强中央的宏观调控能力；要有利于发挥税收调节个人收入和地区经济发展的作用；要有利于实现公平税负，促进平等竞争；要有利于体现国家的产业政策，促进经济结构调整；要有利于税种的简化、规范化。

关于税制改革指导思想的形成，时任国家税务局局长金鑫回忆说："思想的形成当然还是要早一点。1992 年夏天，十四大之前，我曾经在新华社的国内动态清样连续发表了四期：金鑫同志关于税制改革的思路之一，之二，之三，之四。动态清样的分量大家是知道的，都报到中央政治局常委的办公桌上，一个部也就一份，一个省也就一份。新华社当时的副社长郭超人说：老金，你占了我四期，这是空前的！我说'希望你不要绝后'。他们对这个事情也比较重视。大概是在 1992 年夏天，我去了青岛，参加'小小税务宣传员'所搞的夏令营，新华社派了个高级记者，这个人当年已经四五十岁了，我跟他谈了一天，后来他写出了这四期。这一次舆论就把我们的想法上传，让领导们知道有人在想着这件事，知道这个改革的粗线条思路是什么样的，这是很重要的。接着，在 1992 年下半年，我自己找了几个人，写成了一篇中国工商税制改革的基本思路，这大概有七八千字篇幅。从分析现行税制的来龙去脉、矛盾、问题，到怎么改中国的税制，那么我们的经济体制是什么样的，我们未来的产业结构调整是什么样的，我们的对外开放是怎么样跟国际接轨，这是个前提，把意义都摆出来，然后是怎么改有三条，指导思想有四条叫'统一税法，简化税制，公平税负，合理分权'，这个东西曾经在财政部党组会上议过，稿子是我们起的，思路是我们出的，也没什么大改动。"

（二）主要改革内容

1994 年税制改革的主要内容是：一是全面改革了流转税制，实行了以比较规范的增值税为主体，消费税、营业税并行，内外统一的流转税制。二是改革了企业所得税制，将过去对国营企业、集体企业和私营企业分别征收的多种所得税合并为统一的企业所得税。三是改革了个人所得税制，将过去对外国人征收的个人所得税、对中国人征收的个人收入调节税和个体工商业户所得税合并为统一的个人所得税。四是对资源税、特别目的税、财产税、行为税作了大幅度的调整，如扩大了资源税的征收范围，开征了土地增值税，取消了盐税、奖金税、集市交易税等 7 个税种，并将屠宰税、筵席税的管理权下放到省级地方政府。

对于税制的改革内容，刘克崮谈到：由于工商税制改革是国家与企业分配关系改革中的重要组成部分，改革内容繁多，动作很大，是这三项改革中操作最复杂、工作量最大的一项。但因“税利分流”改革已解决了理顺和规范国家与企业分配关系的本质问题，所以工商税制改革方案在研究和决策讨论过程中涉及机制性内容的争议不多，涉及征收操作和技术上的问题不少。

这项改革的方案制订工作虽然主要由国家税务总局承担，但重要税收政策和文本都是财政和国家税务总局共同研究、由财政部党组会决定后，报国务院批准的。当时金鑫是财政部党组成员，国家税务总局局长。财政部主要是财税改革司参与，为部领导决策提供情况和意见，与国家税务总局的杨崇春、张忠诚、许善达、陈杰、郝昭成等经常接触。我们在和国家税务总局讨论方案时涉及的较为重要的问题主要有以下几个：

第一，税制结构以所得税为主还是以流转税为主。有一种意见，欧美国家普遍实行所得税为主的税制结构，认为这代表了改革方向，中国也应以所得税为主。但我们认为，基于当时国情，所得税的征收对会计制度、会计信息披露程度、会计人员的诚信度和征管水平要求很高，现阶段让所得税“挑大梁”是靠不住的。最终确定了以流转税为主的税制结构，改革增值税和营业税，开征消费税。

第二，确立以增值税为主的流转税体制。主要考虑到：一是增值税见销售就征税，方法简便易行，特别适合中国国情；二是仅就产品在每一生产环节的增值部分征收，消除了上下游产品间的重复征税，有利于促进企业生产的专业化发展，提高效率和竞争力。

第三，对产品普遍征收增值税。将部分原来实行产品税和试行原增值税的工业产品全部纳入新增值税的征收范围，对增值部分难以确认的劳务和不动产，仍然征收营业税，这样安排比较合乎实际。[①]

在制定新税制改革方案上，倾注了改革者的大量心血，无论是财政部还是国家税务局，当时的参与者一提起那些难忘的往事，每个人都认为自己能在改革的道路留下足迹而感到自豪与欣慰。我们通过亲历者回忆中不难看出流转税改革的艰辛。

二、流转税改革

原流转税体系是在 1984 年进行全面的工商税制改革时建立起来的。主要税种有：产品税、增值税、营业税、对外商投资企

① 刘克崮：《历史性变革，制度性奠基：我所亲历的 1994 前后的财税体制改革》，载于魏礼群主编：《改革开放三十年见证与回顾》，中国言实出版社 2008 年版。

业征收的工商统一税等。1994 年税制改革则是把重点定在流转税上，参照国际上流转税制度改革的一般做法，根据公平、中性、透明、普遍的原则，保持流转税原有的总体负担水平，建立了以规范化的增值税为核心，消费税、营业税相互协调配套的新流转税体系。新的流转税能否推行，是这场改革之役的攻坚战。

（一）新流转税的三大支柱：增值税、消费税和营业税

由于增值税一方面是见销售就征税，方法简便易行，特别适合中国国情；另一方面增值税是仅就产品在每一生产环节的增值部分征收，消除了上下游产品间的重复征税，有利于促进企业生产的专业化发展，提高效率和竞争力。因而，改革以后形成了以增值税为主体的流转税体系。在工业生产领域和批发、零售商业普遍征收增值税，对少量消费品征收消费税，对不实行增值税的劳务和销售不动产征收营业税。改革后的新流转税制度统一适用于内外资企业，取消对外资企业征收的工商统一税。原来征收产品税的农、林、牧、水产品改为征收农业特产税和屠宰税。

流转税制改革的主要内容有三项：

——增值税制的改革。改变了按产品分设税目、分税目制定差别税率的传统做法，确立了在生产和流通环节普遍征收增值税并实行价外计税的办法。增值税实行一档基本税率（17%）。明确规定了允许扣除的增值税范围和建立了凭专用发票注明税款扣税的制度。

——消费税制的改革。在普遍实行增值税的基础上，选择少数消费品再征收一道消费税，其征税范围仅限于在境内生产、委托加工和进口的若干消费品，共设有 11 个税目，包括烟、酒、

化妆品、鞭炮焰火、贵重首饰、小汽车、摩托车、燃料油等，采取从价定率和从量定额两种征税办法，纳税环节确定在生产环节。

——营业税制的改革。对有偿提供劳务、转让无形资产和销售不动产的业务征收营业税。新的营业税制重新确定了营业税的征税范围和纳税人，合理调整了营业税税目，共设置了交通运输业、建筑业、金融保险业、邮电通信业、文化体育业、娱乐业、服务业、转让无形资产和销售不动产9个征税项目，针对不同税目设置了3%、5%和5%～20%三档不同税率。

（二）增值税改革

1. 全面普遍征收：征收范围的扩大

我国的增值税是在1984年第二步利改税改革过程中，从原工商税中分立出来的一个新税种。当时只在工业环节，选择了部分产品开征了增值税。1994年改革扩大了征收范围。在货物的生产、批发、零售和进口环节以及加工、修理配环节普遍征收增值税。这样，原增值税的征收范围，从工业环节部分工业品的销售，延伸到全部工业品，以及商业批发和商业零售环节。

对于增值税征税范围的选择，时任国家税务总局流转税司副司长的陈杰也回忆说：

“我们当初设想将所有的交易都纳入增值税的征税范围，但为什么最后对大部分劳务和不动产都开征营业税呢？这主要是两个原因。

第一个原因是因为分税制改革需要保留营业税这样一个税种作为地方财政收入的主要来源。如果不保留营业税，而是将流转税全部实行增值税，中央与地方分成，这又要回到以前的‘分灶吃饭’的老路上了。但当时我曾坚持取消营业税，把劳务纳入增值税的纳税范围。一是前面我提到过，国外的增值税征收链条中，只有一个环节，即零售环节是最终环节，零售以前的环节是环环相扣的。但在我国，如果劳务、不动产等不纳入增值税征收范围，那么增值税的终端就不再是一个环，而是一个扇面，包括劳务、不动产和零售等。那么在零售环节可以不开增值税专用发票的同时，把产品销售给劳务企业、小规模纳税人也可以不开具增值税专用发票，这样就削弱了增值税的‘链条’作用。二是如果不对劳务开征增值税，那么企业购进劳务的进项税金也不能抵扣，同时我们实行的是生产型增值税，不扣除企业外购固定资产的税金，从小规模纳税人购入产品只能按6%的税率进行抵扣，这样就会使得我国的增值税制仍然具有比较严重的重复征税因素。这就是我主张对劳务开征增值税的原因。

那么，能不能既适应分税制改革的要求，保留营业税，又尽可能地减少由于劳务不能实行增值税而形成的弊端呢？金鑫局长提出可以考虑对生产性劳务征收增值税，而对消费性劳务征收营业税。根据这个指导思想，当时曾设想对交通运输征收增值税，但最终没有实行，这主要是我工作的失误。我从1985—1993年对增值税的研究中，我忽视了两个问题，一个是前面提到增值税发票抵扣问题，没有考虑怎么具体实现凭发票抵扣问题，另一个是忽视劳务方面如何开征增值税，缺少第三产业经济普查数据，所以如果开征增值税，税率就无法确定。按照当时税改原则，保持税负率基本不变。如果把生产性劳务纳入增值税征收范围，那么就要把原来工业、批发零售和生产型劳务等各个行业的流转税总体实际负担率作为设计增值税税率的一个参照系，当时缺少生产型劳务的税负率的资料，紧急布置测算已经来不及，为不拖税改的后腿，只能将生产性劳务排除在增值税征收范围之外，对劳务和不动产征收营业税。”

2. 改革的核心：税率的科学决策

对于“税率的科学确定是增值税改革的核心”这一话题，财政部第一任税政司司长韩绍初回忆说：

增值税制度1954年产生于法国。当时在法国全国成功地推行之后，对世界经济产生了重大影响。我国的增值税制度是伴随着我国经济体制改革的不断进行确立和发展起来的。1979年引进了增值税，1984年第二步利改税时正式建立增值税制度，1993年底的税制改革，以增值税改革为核心，旨在建立新的规范化的流转税制格局。但税率设置是否趋向合理，关系到我国的增值税是否能与国际惯例接轨，使之逐步成为具有国际先进水平的真正意义的增值税。所以说税率的科学确定是增值税改革的核心。

只剩税率问题没确定

增值税税率的确定是增值税改革中的一个难点。国家税务总局原副局长杨崇春从税务的角度谈道：

“我想谈的重点是1993年11月—1993年12月31日，倒计时60天。在这60天任务非常繁重，特别是增值税税率的确定。11月29日，我们向国务院汇报了税制改革的10个问题，如果10个问题解决了，税制改革出台就没问题了。除朱镕基外，汇报会上还有何椿霖和其他单位（财政部、计委、金融、外贸、法制办）。9个问题都同意了，只有1个问题没得到圆满解决。增值税税率究竟是多少？有的主张14%，有的主张16%，有的主张18%，还有主张更多些。看法不完全一致，但想法都是正确的，即保证国家收入又不增加企业负担。但因为看法角度不一样，财政计算口径不完全一样，所以也就有了差别。我们和财政部算的也不一样。朱镕基总理决定，10个问题，9个解决，1个问题留下，你们回去重新测算。要求不增加企业负担。如果增加负担，企业肯定哇哇叫。工人阶级反对，改革能成功？如果财政收入不增加反而减少了，财政能否承受？所以，朱镕基要求财政部、税务总局和经贸委再认真重新测算，即不增加企业负担又不要降低现在税负。所以，后两个月中主要完成这项工作。完成了增值税税率的测算。增值税最大的风险是税率调整风险，高了企业受不了，改革不成功；低了财政受不了。所以当时抱着认真、细致、客观、全面，不带偏见的态度再次计算和磋商，最后经国务院的通过，批准了17%。”

时任国家经贸委企业司司长蒋黔贵也从企业税负公平的角度对这一事件进行了回顾。她说：

“税负必须要公平，税负要是不公平你没有公平可言的，财税改革就是解决这个问题的。所以那一次财税改革是花了很大的力量的，那个增值税的17啊，我们搞了好长时间的测算，11、12、13、17一个一个地测试。我们有个很好的条件就是我们面对企业，我们可以给企业发（调查）表，那个时候有大量的数据。我们当时的指导思想，不是不支持公平税负，我们坚决支持公平税负。我们搞测算还有另外一个目的，就是从我们的指导思想出发，就是作为经贸委的企业司，我们要做企业的代言人，将企业的声音如实地反映上去，关键在于国家的政策也需要企业发表意见，我们的指导思想就是不要通过税制改革过分地增加企业的负担，不能大起大落。我们很坚持算那个17，就是因为这个。那个时候我们和财政部吵啊，不要通过税制改革增加企业太多负担。就是这个税率的制定中间要有衔接，而且要平稳，不要出现大起大落。我觉得分歧在这个层面，要是从改革的思想是没有原则性差别。所以我认为企业改革和财税改革，一个是中心环节，一个是配套的改革，就是为企业竞争创造一个公平的环境。”

税率选择17%的依据何在

增值税税率的确定问题确实是我们研究讨论最多的问题。谈到此，刘克崮对当时的情景仍历历在目：

“原来的产品税有270个税目，21档税率，原来的增值税则有13档税率，税目税率繁多，征管困难。我们和税务总局的同志一致认为应该实行一档税率，但这个税率定多少呢？税务部门因为只有全国逐级汇总的统计报表数据，难以细分到产品和行业上。精确的增值税税率定位的测算，是由财政部财税改革司运用全国财税普查资料完成的。具体是由王征和朱振民同志负责测算的，他们在黑龙江省政府驻京办事处连续加班干了近一个月，才有了完整、准确的数据。当时我们用1992年的财税普查资料数据做静态的算账，原税制与新增值税范围下，同口径的老产品税和增值税的总税负折算为新增值税的平均税负，平均价内税负在14.3%~14.4%之间，换算为价外计征的增值税，大概就是16.8%左右，四舍五入就是17%。为了确保17%税收不失，财政部从既规范转制又适当增收的角度提出了新税率18%的建议，税总和经贸委的意见是按16%征收。我记得是10月的一天，朱镕基同志主持会议，专门研究增值税税率问题。财政部是我陪刘仲藜、项怀诚同志参加的，税总是张忠诚陪同金鑫、杨崇春同志参加的。在听取三家汇报后，镕基同志说：‘你们三家的意见不同，我可以理解，但你们提到的数字依据也有不同之处，是何原因？’税总总经济师张忠诚回答说：‘我们测算依托的基础数据都是从克崮那儿来的。’这时，我感觉镕基同志已有折中的倾向性意见了，但并未当场表态，而是布置刘仲藜再与税总和经贸委领导协商确定。随后刘仲藜在财政部办公室里，进行了三方会商。刘仲藜提出折中的建议，并重点说服税总取得了一致意见，经贸委最终也同意采用17%这个折中的税率。”

1990年9月份朱振民到财政部工作至今，他一直搞税政工作，侧重流转税。为此，我们又专门采访了曾任财政部税政司司长，现任巡视员的朱振民。

朱振民对我们说：当时1994年改革集中精力进行增值税改革，要把原来实行增值税的工业产品，和原来实行产品税的工业产品都纳入增值税范围，增值税对所有的产品要普遍征收，老的产品税，当时名义税率有21档，最高60%，是卷烟，最低的是3%，像煤炭就是3%。老的增值税是12档税率，最高是45%，是化妆品，最低的是8%，是钢材，钢材的增值税的办法还比较特殊。这样税负实际是高高低低的，搞成基本税率再加上低税率，按照当时财政可承受能力，企业的承受能力，对价格不能造成过大的推动几方面的要求，实际上是用1992年的普查数据做静态的算账，静态的来求一个大体平衡点，老的税制是价内税，新的税制是价外税，首先要对现状有一些基本的判断，当时做过一个测算，利用流转税普查的数据库，用1992年的静态数据来分析，平均税负在14%左右，这个分布点是最密集，大概能占70%的产品，按照新设计增值税的这个方案，分别用不同的税率，按照价外税，无论哪一个税率不能跟老的税率形成的负担完全吻合，如果价外税16%的税率的话，税负比原来整体税负要低，17%比原来高，17%要折成价内税的话，是14.53%，也就是说，略微有点余地，最后结果就是领导来决策，拍板。

17%是如何决策的

对于这一点，刘仲藜谈到当时财政部、经贸委、国家税务总局就税率问题在朱镕基那里各抒己见忍不住笑了起来：

“欧洲实行消费型增值税，但其税率是21%～22%。增值税类型的选择这些问题原来都是研究比较过的，经过选择和比较后，鉴于当时投资过热、经济过热的形势，我国增值税决定采用生产型的，并把税率定在18%。这18%的税率建议出台后经贸委不同意，要财政部讲出道理来，要求给企业再减点负担，要求降。在朱镕基那里争论不休，朱镕基就说：‘唉，我没工夫跟你们这么吵了，我也搞不懂到底多少，刘仲藜你当组长，你和王忠禹、金鑫三个人来定，你们一致意见定多少算多少’。这样，星期天他们俩到我办公室商量。我说别讨论了，说来说去，16%、18%没完，这样吧，你退一步，我呢也退一步，咱们定17%得了，报请镕基同志去定。本来金鑫是赞成16%的，税负低一点他好收啊，听我这么一说，他就说，那好吧。王忠禹也说，好！17%就17%。第二天，我们向朱总理报告说，三个人商量定17%，他听后就哈哈大笑说，‘最后你们还是折中了啊’。这就是17%税率的来历，17%是一般工商品，13%是农产品等，出口零税率。”

由于税制改革的具体执行在各地方，17%的方案出来后，还要到全国各地征求意见。刘仲藜讲到上海时说：

“其他地方意见很快回来了，但上海一直没表态。我们很着急。大概过了一个星期左右，上海的意见来了，没意见，同意。周有道（上海财政局局长兼税务局局长）给我打电话，我说老兄怎么这么长时间才反馈意见？他说，刘部长啊，我跟你报告报告，市政府接到这个征求意见的方案以后，黄菊同志有个批示，让我们研究一下，这个税率比原来的产品税的税率是提高了还是降低了，结果他们专家一研究以后，折算为产品税税率为6.1%～6.2%，比原来降低了，原来是8%，报到市政府。黄菊同志说，税负降低了，给企业减了负，同意。这就马上给我打电话表示同意。这就从另一个侧面证明我们的测算是准的。人家上海是做了工作的啊，上海的工作还是细啊。这故事听听挺有意思哈”。

3. 为什么要搞价外税

增值税改革的一个重要内容是由价内税改为价外税。原增值税是商品价格的组成部分，增值税的税金包含在价格之中，商品销售实现后，按含税价格计税。而新增值税不构成商品价格，按不含税金的销售额计算销项税金，由购货方支付。

对此，朱振民同志就增值税改革中实行价外税问题以及购进法与实耗法之争谈道：

“为什么要搞价外税，跟增值税从试点过程中出现的一些矛盾有关系，从增值税的原理说就是按增值额征税，所以在试点初期，计算增值额，用增值额乘税率计算应纳税金，叫‘扣额法’，用一种会计的计算方法就是说销售一批产品，先认定销售收入是多少，然后计算购进物是多少金额，用两个数的差额来交税，这样计算起来比较复杂。后来就搞扣税法，有两种扣税法：购进扣税法和实耗扣税法，购进扣税法的问题是，一购进就扣税，这部分外购物还没有真正形成可供销售的产品，对收入是有一定冲击的，在国外实行增值税，基本都是扣税法，扣税法便于操作，扣税法的前提是价格和税收要分离开。

对这个问题也是争议很大，有一次刘克崮司长去开部长办公会，包括税务局的领导也参加，我给刘克崮司长准备了价税分流购进扣税法对收入影响的分析的一个测算和分析材料，刘克崮司长回来说税务局和财政部的有关司对收入影响的情况大家吵来吵去谁也说不清楚，他很幽默地说咱们是小字辈，就先听着，说来说去谁都说不清楚的时候，就把这个东西拿出来说有数据支撑，很清楚地说出影响，它们两家都没有数字依据，就都服了刘克崮司长最后一个有根据的说法。实际上实行购进扣税，和实耗扣税，肯定是有一个税款实现期间的一种变化，当期的收入会有一些影响，采取购进扣税法，而且是购进环节形成抵扣的权利，这是可以操作的。那个实耗扣税法理论上很好，按照配比的原则来计算应纳税金，但实际上是不可操作的，增值税变成了‘争执税’，用实耗法要把成本整个还原，不同的人计算的结果都不一样，没有一个准确的客观标准。走价外税是为了实行便于操作的购进扣税法”。

4. 不情愿的选择：生产型增值税

根据扣除方法不同，增值税大致上分为三种类型：消费型增值税、收入型增值税和生产型增值税。1994年税制改革时，我国选择了生产型增值税。

那么，当时为什么选择生产型增值税呢？

时任财政部部长刘仲藜在《求是》杂志所发表的《历史的机遇》中指出："这次改革选择生产型增值税，主要有两方面考虑：一是不能影响财政收入，尤其是中央财政收入。为了达到这一目标，采用生产型增值税比较现实，尽管它与规范的消费型增值税相比，还欠科学，但毕竟比传统的流转税前进了一大步。二是1993年前后，中国经济处于投资失控、膨胀状态，而消费型增值税恰恰对投资具有一定的刺激效应，与当时实行的紧缩政策不一致”。

时任国家税务总局政策法规司副司长许善达也认为："推行增值税是税务系统一大批长期研究、试点增值税的人多年来的愿望，当然特别希望能搞出一个漂亮、完美的增值税。但是，1994年，国内从1993年开始的通货膨胀尚未缓解，而且，对我国由投资过热引发的通货膨胀的治理之策，首要的政策是压缩投资。在这种形势下，增值税不允许抵扣建筑业的营业税当然就顺理成章了。而在增值税选型问题上也只能做了不情愿的选择：生产型。亦即：不允许抵扣购进设备中所含税款。虽然当时选择生产型增值税的原因中有通货膨胀因素，但实际上主要原因是增值税率。很显然，为了实现同样的税收收入，生产型增值税的税率要比消费型增值税低得多。据税务局有关工作人员测算，我国17%税率的生产型增值税相当于23%的消费型增值税。如果营业税也允许抵扣，税率还要比23%高出若干个百分点。这种高税率社会是不可能接受的，也是政府不可能采用的。”①

5. 最后的抉择：“开弓没有回头箭”

刘克崮在谈到增值税改革成功时，仍然难忘那时惊心动魄的一幕：

税制改革之所以成功，方向要正确，方案要搞好，最后要坚定不移，不怕任何困难，勇往直前。当时，1994年的改革风险确实很大。在新的税收法规即将公布前，财政部领导找到我，说有的同志提出增值税改革风险较大，建议延缓实施一两年，主要考虑：一是分税制和税制等多项财税重大改革同时出台，不确定因素太多；二是准备时间仓促，怕队伍操作不到位，影响税收收入；三是改革出台的时机不好，目前物价已经明显上升，预计1994年还会走高，担心税制改革会推动物价上升②或有人将物价上升归罪于税制改革。想听听我的意见。

我回答说，改革要坚定不移，按原计划继续推进。这些改革已经说出去了，堂堂大国政府要有形象，不能说变就变。改革的方向没有错，没有重大的风险。针对个别同志的疑虑，我重点说明了三点：第一，增值税的决策是完全正确的，增值税是一个非常好的税，我们做了详细的调研，国际上已经有59个国家实施了增值税，还有30多个国家已经决定实行，正在准备中。增值税又非常适合中国的国情，方向上没错。我们不会犯该不该干的

---

① 吴敬琏等主编：《中国经济50人看三十年——回顾与分析》，中国经济出版社，2008年10月版。

② 1993年经济过热，1994年通货膨胀率高达22%。

错误，只存在时间上早一点或晚一点的问题。第二，增值税改革不会推动物价上涨。我们测算设定的17%的税率是适中的，新老税制转换中税负是平的。我们依托的数据和我们算的账是可靠的，没有问题，总体上不会增加企业负担。如果物价上升，那是其他因素的作用，绝不能算在增值税改革的头上，这一点从现在起我们就应该向各方说明①；第三，增值税改革不会影响财政收入。一是虽然说税负变化是平的，但取消减免、加强征管，收入会增加。二是准备确有不足，可能会出现政策设计不周和队伍操作不熟的问题，但可以采取措施予以弥补。我向领导表示，我们应发挥中央集权体制决策迅速、组织有力的优势，随时发现问题，随时研究对策，迅速组织实施。同时我建议新年过后一上班，我们就去调研，把因实施时间紧张产生的问题随时解决在萌芽状态。

最后，我对领导特别讲了几句话，这几项重大的财税改革，财政部喊了多少年，始终没有推出去，现在是实行财税改革千载难逢的好机会。有中央的决定和邓小平同志的支持，有江泽民总书记和李鹏总理的推动，加上朱镕基副总理的勇气、魄力、作风和方法，中央是强有力的。财税部门一定要抓住历史的机遇，把这几项意义重大的改革推出去。过后两天，新的税收法规先后都公布了。我能深切地感到，全国上百万的财税干部都动员起来了，投入进去了。此后，再也没有听到对干不干的质疑声音。

（三）消费税改革

由于增值税只实行两档税率，为了保证财政收入，体现基本保持原税负的原则，同时考虑对于一些消费品进行特殊调节，因此选择少数消费品在征收增值税的基础上再征收一道消费税。

---

① 后来实践证明，尽管1994年通货膨胀率达到22%，但指责财税改革是主要因素的意见似乎不多。

刘仲藜部长以烟酒为例说明了增值税和消费税的关系。“本来烟、酒、化妆品等税率是很高的，你只征个17%，那怎么办？于是再来个消费税做补充，消费税属于中央税。为什么是中央税？因为要限制这些产业的发展。烟要少搞，酒要少搞，搞了以后税收是中央的，地方就没有积极性。营业税为啥给地方，增值税基本上大头还是在中央，目的就是要各地少搞点工业，多发展服务业，所以说这次税制改革有点产业结构调整的意思”。

陈杰副司长也谈到了增值税和消费税在1994年税制改革中的关系：

增值税改革前从零售、批发到制造、原材料各行业增值税税负是不均等，批发零售税率低，而原材料、制造行业税率高。当时零售业的税率是5%，批发的实际税率是0.8%，制造行业要比这高很多。这就存在一个问题，在设计增值税税率时，首先我们不能分段设计税率，要统一增值税率，又要保证新旧增值税税负基本不变，工业等行业增值税势必会向批发零售环节转移，而批发零售环节是我们税收征管最薄弱的环节。如果这部分税收流入零售环节，我们很难再征收上来。

怎么处理这个问题呢？我当时设想设两道“闸门”来解决。对于以前税率高的工业环节的增值税，开征消费税，这就可以理解为什么要对轮胎开征消费税，尽管轮胎不是最终工业品，但由于轮胎产品的特殊性，开征消费税可以为国家拿回23亿的税收。对这部分工业品开征消费税是一道闸门。第二道闸门是对所有的矿产品纳入资源税的纳税范围。以前只对原油、天然气、铁矿石和煤炭征收资源税，从1994年起对所有矿产品开征资源税，同时提高原油、天然气的税率。这就是第二道闸门，相当于把原来高税率的原材料的税收向前移，移到了采掘环节。这两道闸门保证了税源。实现了我们当初增值税设置的目的。根据我们当时的测算，两道闸门留住了工业的税收，零售、批发环节的实际税负率不到3%，而且把零售环节的税收向前移到了批发环节，因为当时批发行业还没有放开，主要还是国营企业，这样批发环节的税负率由原来的0.8%提高到现在的3%左右，保证了税源。这就是我说的消费税和资源税是配合增值税改革的原因。

关于消费税征收范围，时任国家税务总局流转税司副司长现任国家税务总局政策法规司司长李三江认为：增值税税制规范后制定消费税就容易一些了。消费税除了根据国家的宏观政策来调节生产和消费外，另一个重要任务是保证国家财政收入。税改前烟草的产品税率是32%～60%，统一开征增值税后，剩下的税收要靠消费税征回来。成品油也是这样。对烟草和成品油等征税也符合国际通行做法。当时考虑选择一些利润较大的行业开征消费税。1993年通货膨胀率很高，老百姓都怕货币放在手中贬值，所以许多老百姓购买金银制品来保值增值，当时把金银作为奢侈品开征消费税，而且金银首饰的利润率也相当高，当然现在金银不是过去意义上的那种奢侈品了；还有摩托车和汽车，当时我国是摩托车、汽车的新兴市场，因为没加入WTO，国内汽车、摩托车的价格要远高于国际市场，摩托车和汽车对环境的污染、对交通的影响都很大，所以有必要对摩托车及汽车开征消费税；再一个，税改前汽车轮胎每年有十几个亿的收入，这在当时是个不小的收入，所以当时就作为消费税的征收范围；还有传统的护肤品，鞭炮等就成了消费税的征收范围。但这与原先设想消费税职能如引导消费还有很大差距。

（四）营业税改革

新营业税与原营业税比较，主要区别为：一是缩小了范围。改革前，营业税的征收范围比较宽，包括了商业、物资、供销、交通运输、建筑安装、金融保险、邮政电讯、公用事业、出版、娱乐、加工修理和其他服务业等。本次税制改革中，扩大了增值税征收范围，原来征营业税的一些税目，如：商品批发和零售，水、电、气、热力的销售和加工修理修配等，改为征收增值税。改革后的营业税的征税范围包括提供劳务、转让无形资产和销售不动产，其税目由原来的14个缩减为9个。新的营业税税目为：交通运输业、建筑业、金融保险业、邮电通信业、文化体育业、娱乐业、服务业、转让无形资产和销售不动产。二是简化了税率。税率由原来的4档27个税率，简化为2档9个税率。根据基本保持原税负和中性、简便的原则，改革后的营业税税率一般为3%或者5%。其中，交通运输业、建筑业、邮电通信业、文化体育业等，税率为3%；金融保险业、服务业、转让无形资产、销售不动产等，税率为5%；娱乐业的税率为5%～20%。

关于交通运输业和建筑业等生产性劳务为何作为营业税征收范围？李三江认为，这里的原因很多。其中的一个原因是税制改革先确定的是实行分税制，把营业税作为地方税的一个重要税种。如果再把生产性劳务如交通运输业和建筑安装业纳入增值税征收范围，由于当时金融业还不十分发达，那么营业税收入就少了一大块，地方税收也就少了许多。但这样做一个后果就是在增值税和营业税的征收范围有很多的交叉，还有税收征管的角度，如果地方税收太少了，必然会涉及太多的转移支付。综合各方面因素考虑，没有将生产性劳务纳入增值税的征收范围，而是征了营业税。

三、所得税制改革

所得税是对企业和个人的所得额（纯收益）征收的一种税，

它具有直接调节收入分配的功能，以所得额的大小作为负担能力的标准，比较符合公平原则，因而在世界上被誉为“良税”而广泛推行。所得税制的改革包括企业所得税和个人所得税的改革。

（一）企业所得税改革

1994年1月1日起统一内资企业所得税，结束了承包企业所得税的做法。企业所得税改革的目的是建立一个刚性的统一内资企业所得税制，理顺并完善国家与企业的利润分配关系，为各种不同经济性质的企业创造一个平等的竞争环境。规范国家与企业的分配关系，促进企业转换经营机制，实现公平竞争。

改革的主要内容是取消按企业所有制形式设置所得税的做法，将国营企业所得税、集体企业所得税、私营企业所得税统一合并为企业所得税，实行统一的企业所得税制。

1. 改革核心：“统一制度”

第一是统一税种。把原国营企业所得税、集体企业所得税、私营企业所得税三个税种，并为企业所得税一种，适用于各种经济成分的内资经营企业，同时取消国营企业调节税，并分步取消对税后利润征收的国家能源交通重点建设基金和国家预算调节基金。第二是统一税率。把对各种经济成分适用的不同税率以及减征税率，统一为适用33%的较低税率。对一些利润低的小规模企业，适用27%和18%的低税率。第三是取消税前还贷，并分步取消对税后利润征收的国家能源交通重点建设基金和国家预算调节基金。第四是统一计税标准。改变过去计算应纳税所得额依附于各行业、各经济成分企业财务、会计制度的做法，明确统一按国家税法规定执行，使各种企业的计税口径一致，计算方法相同。取消原国有企业、城镇集体企业的税前还贷和税前提留各项基金办法，以及各类企业的不同税前列支标准，规定了统一适用的准予列支和不得列支的范围、项目和标准。第五是统一征收方法和优惠减免。明确规定对国有企业不再实行承包上交所得税的办法，统一由税务机关计算征收；明确了企业所得税的优惠原则和项目，取消了原有过多、过滥的减免税优惠。

关于当时企业所得税税率定为33%的原因，时任财政部部长刘仲藜在《求是》杂志所发表的《历史的机遇》中指出："企业所得税税率为什么定为33%，这也是有原因的。记得姚依林同志曾经问我是否还可以定得更低一些，我作了汇报。因为当时的外资企业所得税率为30%，另外地方可以有10%（即3个百分点）的附加，合起来为33%。如果国内企业再降，就不符合企业公平税负这一市场经济的基本原则了。现在想来，正是当时合理确定了企业所得税税率，才使得我们去年推出的企业所得税两法合一改革具有了税率上的法理基础"。

实行统一的内资企业所得税后，促进企业在公平竞争环境下，转换机制，增强活力，真正走向市场。关于这场所得税制改革的艰辛与复杂，就此问题我们采访了长期在国家税务总局工作，曾任所得税司副司长的陆炜，她对所得税的改革情有独钟，当提起所得税改革的艰辛与复杂，她对我们娓娓道来：

1994年税制改革中的一个重要成效就是：实行了新内资企业所得税并大幅度降低了税负。这一时期的税制改革中，企业所得税的改革适应了中国改革开放深入发展的大趋势，体现了统一税法，简化税制，公平税负，促进竞争的原则。在具体实施步骤上，分为两步走，先后完成了外资企业所得税的统一和内资企业所得税的统一。标志着中国的企业所得税制度改革向着法制化、科学化、规范化的方向迈出了重要的步伐。

2. 改革的艰辛与复杂

新税制改革当中的企业所得税，不像增值税改革那样轰轰烈烈，引起各方的高度关注，这是因为我国当时的企业效益不好，亏损多，人们的个人收入也不高。但这并不影响企业所得税的改革是税制改革当中内容最为复杂，时间最漫长，社会话题最为敏感的，涉及社会方方面面利益关系最多的一个税。

当年搞过这项改革的相关人士每当提起这个话题，无不感慨万分。当我们就所得税制改革的成效采访陆炜，她激动地说：

“我经历了1994年的税制改革，所得税的改革是顺应了我国经济体制改革的发展和需要，在经历了一段十分辛苦的摸索过程后，通过一步一步渐进的改革最终取得了成功。改革企业所得税制度，在实施步骤上，是分为两步走设计的。第一步，先将对国营企业、集体企业、私营企业等内资企业分别征收的所得税统一起来；第二步，再将对内资企业和外资企业分别征收的所得税统一起来。当时这一建议得到了中共中央、国务院的批准。于是当年牛立成局长就开始带我们做测算工作，并且将测算结果形成报告，由楼继伟负责向上汇报。测算报告为所得税税制改革奠定了基础。”

陆炜在谈到所得税改革的难度时说：“所得税相对流转税而言，改革的难度较大，这是因为需财务会计制度改革先行，改变应纳税所得额的确定从属于企业财务制度的状况，以使成本真实化、所得税税基一致化，使企业所得税硬化起来；同时所得税的征管难度较大，因此作为了改革的第二顺序。企业所得税当时只是分别合并了内资企业所得税和外资企业所得税，而把内外并轨和打破按隶属关系划分收入归属作为未尽事宜，留待以后改革再予以完成。”

（二）个人所得税改革

新的个人所得税的改革指导思想是：适应发展社会主义市场

经济的需要、简化税制，公平税负，强化组织财政收入和适当调节个人收入，维护国家权益，增强公民纳税意识，使个人所得课税制度进一步完善。

改革的内容是将原个人所得税、个人收入调节税和城乡个体工商业户所得税合并，建立统一的个人所得税制。

具体内容是：第一是增加应税项目。由于个体工商业户所得税并入个人所得税，新增“个体工商户的生产、经营所得”和“对企业事业单位的承包经营、承租经营所得”项目。适应各种动产、不动产交易日渐活跃和有奖活动日趋增多情况，新增了“财产转让所得”和“偶然所得”项目。第二是调整费用扣除额。把中国籍公民的生活费用扣除标准，从原400～460元提高为800元，同时新增了附加扣除费用的规定，适用于外籍人员。第三是调整税率。规定对不同的应税项目，分别适用不同的九级和五级超额累进税率以及统一的20%比例税率。对劳务报酬所得一次所得畸高的，还有加成征税的规定。第四是采用统一的计算征收办法。统一采用“分项扣除、分项定率、分项征收”的征税模式，以利于实现源泉扣除，堵塞税收征管漏洞。

谈到个人所得税改革问题，李永贵总经济师也回忆说，“由于我国个人收入水平较低，1980年9月10日第五届全国人民代表大会第二次会议通过的《中华人民共和国个人所得税法》实际上只适用外籍人员，所以到1986年和1987年，制定了《个人收入调节税暂行规定》，实行分项立目、分项定率征收，工资薪金所得实行超倍累进税率，低的是20%，高的是60%，显然，差距较大。税目要区别不同收入，工资薪金所得，劳务报酬所得，稿酬所得，分项分率分别计算征收管理，有的按年，有的按月。工资薪金所得的免征额对外是800元，对内根据区域不同，分别为400元，420元，440元，460元四个标准，在全国实行4个标准。当时大家有个分歧，既然有个人所得税法，又制定出台《个人收入调节税暂行条例》，与统一的税法冲突，实际上是结合我们的国情，只能逐步实行，在我国个人收入较低的条件下，使税制起到调节收入分配的作用”。

后来又有了城镇个体工商业户所得税，即将个体工商业户所得税，视为对自然人的征收。到了1994年，把个人所得税进行了归并，把公民纳税人并进来，同时也把外籍人员并进来，也就是1993年10月31日，全国人大批准出台了修订的《中华人民共和国个人所得税法》，这是个人所得税的内外归并，内外统一，整个合为一种税，依然是分项税制，采取不同的税率制，有的重新拟定税率，有的按照收入的大小加成收税，也有的按一定的比例征税。

四、其他税种改革

除了进行了流转税和所得税的主要改革外，1994年税制改革还对资源税、特别目的税、财产税、行为税等方面的税种进行了大幅度的调整，这些税种改革的主要内容有：

（一）改革资源税

随着经济的发展，资源企业的情况发生了变化，1984年开征的资源税在征收范围等诸多方面已不能满足新形势的需要。为此，从1986年开始，国家就对资源税不断地进行调整，先后进行了征收办法、纳税地点、征税范围等改革完善工作。1994年则对资源税进行了重大改革：

一是统一税政，简化税制，把属于资源税类，原按盐产区资源确定税率的盐税并作一个税目；二是扩大征税范围，适当调整税负。按照普遍征税、级差调节的原则，把征税范围扩大到所有矿产资源，实行按产品类别从量设计定额税率的征收办法。

（二）开征土地增值税

针对国内出现的土地炒买炒卖、房地产开发和交易不规范的现象，为了规范土地、房地产的交易秩序，合理调节土地增值收益，维护国家权益，国家在1994年开征了土地增值税。土地增值税以纳税人转让房地产取得的增值额为计税依据，实行从30%～60%的四级累进税率。

（三）改征农业特产税

把原征收产品税的10个农林水产品税目与原农林特产农业税加以合并，重新规定应征税收入的项目、税率、征收办法，改称农业特产农业税。

（四）其他税种的调整

主要是取消和简并一些税种，取消调控作用已日益削弱、无存在必要的国营企业奖金税、集体企业奖金税、事业单位奖金税、国营企业工资调节税4种；把特别消费税、烧油特别税2种，并入具有特殊调节作用的消费税；把对宏观经济没有什么大影响的屠宰税、筵席税的开停征及一定立法权，下放给地方。[①] 此外，还新设了遗产税和证券交易税，但是一直没有立法开征。

1994年税制改革后的税收体系详见图1－1和表1－1。

---

① 由于中共中央纪律检查委员会出于党风廉政建设方面的考虑提出的不同意见，原计划取消的筵席税未能取消。

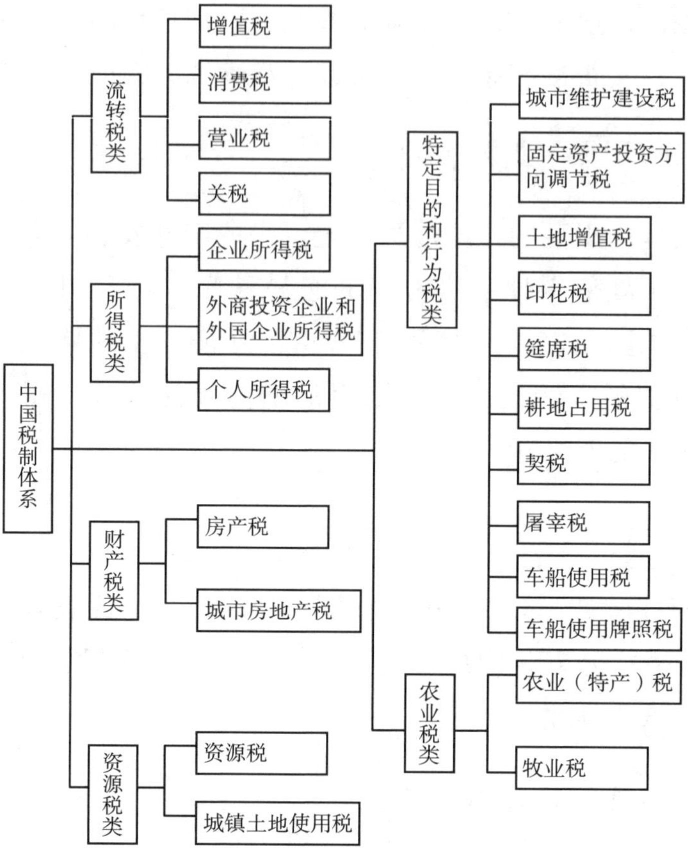

图1－1　1994年税制改革后的税制体系

表1－1　　1994年税收体系简况

税类	税　种	颁布时间	实施时间	备注
流转税类	增值税	1993年12月13日	1994年1月1日	
	消费税	1993年12月13日	1994年1月1日	
	营业税	1993年12月13日	1994年1月1日	
	关税	1985年3月7日	1985年3月10日	
所得税类	企业所得税	1993年12月13日	1994年1月1日	
	外商投资企业和外国企业所得税	1991年4月9日	1991年7月1日	
	个人所得税	1993年10月31日	1994年1月1日	

续表

税类	税　种	颁布时间	实施时间	备注
资源税类	资源税	1993 年 12 月 25 日	1994 年 1 月 1 日	
	城镇土地使用税	1988 年 9 月 27 日	1988 年 11 月 1 日	
财产税类	房产税	1986 年 9 月 15 日	1986 年 10 月 1 日	
	城市房地产税	1951 年 8 月 8 日	1951 年 8 月 8 日	
行为目的税类	城市维护建设税	1985 年 2 月 8 日	1985 年度	
	耕地占用税	1987 年 4 月 1 日	1987 年 4 月 1 日	
	固定资产投资方向调节税	1991 年 4 月 16 日	1991 年度	
	土地增值税	1993 年 12 月 13 日	1994 年 1 月 1 日	
	车船使用牌照税	1951 年 9 月 13 日	1951 年 9 月 13 日	
	车船使用税	1986 年 9 月 15 日	1986 年 10 月 1 日	
	印花税	1988 年 8 月 6 日	1988 年 10 月 1 日	
	契税	1997 年 7 月 7 日	1997 年 10 月 1 日	
	屠宰税	1950 年 12 月 19 日		征收与否和如何征收由各省、自治区、直辖市自行决定
	筵席税	1988 年 9 月 22 日	1988 年 9 月 22 日	征收与否和如何征收由各省、自治区、直辖市自行决定
农业税类	农业税	1958 年 6 月 3 日	1958 年 6 月 3 日	含农业特产税（1994 年 1 月 30 日颁布实施）
	牧业税			无全国性法规，征收办法由开征此税的省、自治区人民政府自行制定

本文刊载于刘克崮、贾康主编的《中国财税改革三十年：亲历与回顾》（经济科学出版社 2008 年版）第 260—278 页。

难忘的“分家”

王 力*

1994 年财税体制改革时，我在四川省成都市税务局任局长。

那一年，大事一件接着一件，包括 1993 年 12 月 31 日晚上八点多还下不了班，上级关于实行增值税改革的一些具体规定文件还在接踵而来，我不得不守在办公室里，接收明传电报。全局上下都在兴奋而激动的心情中，以高昂的斗志保证这一具有历史意义的税制改革各项措施的落实。只有一件事，就是税务机构分为国税、地税局，迟迟未动，接近 9 月，酝酿已久的机构分设不能再拖延了，上级连续发来明传电报，要求在 9 月底前务必挂牌，全面完成两套税务机构的组建工作。

怎么办？首先向分管财税工作的市领导汇报，希望他来主持这件事，为我们解决这个难题。他原是不主张机构分设的，曾对我说：“能不能尽量不分，市委、市政府信任你们，国税、地税都是你们一家。”现在上级有明确指示，这个从做大型国有企业出来的副市长，以他特有的精明和智慧，颇有大将风度地说：“既然上级定了，就必须无条件执行。要分家，还是那句老话，

* 王力（1953～），四川乐山人。历任四川省成都市税务局副局长、局长、党组书记，四川省成都市国家税务局局长、党组书记，四川省国家税务局局长、党组书记，国家税务总局总经济师、副局长、党组成员。1994 年财税体制改革时任四川省成都市税务局局长、党组书记。

市委、市政府信任你们，不过问具体事情。反正你是原来的税务局局长，这些干部都是你的部下，相信你会公平合理地分配人、财、物，不会做对不起大家的事。”不仅如此，他还在各区县长会议上介绍“经验”说：“大家都要向我学习，充分相信现在的税务局局长一定会把家分好。”

好，没有任何退路了，分吧！先分班子。按照市领导的意见，为保证新成立的地税局能正常开展工作，我们班子的二把手李副局长要过去搭班子，主持地税局的工作。这位忠厚朴实的老大哥是位“老税务”，多年来工作几经变动，从不“讲价钱”，但这次他在顾全大局服从组织安排之余，依依不舍地提出了一个“条件”：“我先过去干几年，咱把地税局的架子搭起来，完成组织上的任务后，还是让我回来吧！”没想到，之后他这个愿望还真实现了。这是后话。

市国税局、地税局的领导班子搭起来后，开始研究人员财产的分配。我现在还清楚地记得，那是在一个晴朗的日子，老天露出了成都初秋难得的“笑脸”，但参加会议的人们心里都沉甸甸的。为避免干扰，我们借用市房管局招待所一处僻静的小院子，召开税务局历史上史无前例的“分家会”。

先说分配人员，难啊！同甘共苦多年的兄弟，如今要一分为二，尤其对即将成立的地税局，心里没数，谁都不愿意去。没办法，只有让各处室头天先按三七开的规定比例提出初步意见，再来研究平衡，考虑工作骨干的搭配，保证今后两边工作的正常开展。这时候我才真切地体会到什么叫“手心手背都是肉”。一些平时表现不怎么样，甚至有些调皮捣蛋的干部，生气时也曾说过，“谁愿要你啊”，但到这时，想到的只是他的优点，是朝夕相处中的种种好。出于对李副局长这位共事多年的老大哥的尊重和体谅，考虑到组建地税局的历史责任，我和留在国税的严、张两位副局长在原方案基础上又做了一些让步和调整，保证新建的地税局每个处室都有一位能力较强的骨干来主持工作。

人员顺利分配完了，分配财产也不容易。俗话说“亲兄弟，明算账”，然而，在相互恋恋不舍的感情支配下，很快就局里主要大宗财产的分配达成了一致意见。如当时局里当家的两台小车，有一台是半年前刚买的新车，大家居然当场推让起来，最后我只好拍板，优先照顾李副局长这位老大哥。接着是召开“分家”的全局人员大会。尽管经过这么长时间的议论酝酿，每个人都有思想准备，但仍然感到是一个难以接受的事实，会场自始至终十分安静，但从每个人脸上都能看出内心的不平静。我在会上代表“分家”领导小组宣布了人员、财产分配方案，然后讲了三句话：“顾大局，讲团结，看长远。”第一句是说，必须按照党中央、国务院的决定，从保证分税制的财政体制改革和工商税制改革顺利进行的大局出发，实行国税局、地税局的机构分设；第二句是说，国税局、地税局分设后，仍然是兄弟单位，必须加强团结，密切配合；第三句是对即将到分设后的两个局工作，尤其是一些不愿分到地税局的同志说的，希望大家从税收事业的长远发展需要出发，服从分配，按时到位，国税、地税都是税，到哪一边都同样能为税收事业做贡献。

说到这里，望着台下一张张那样亲切而熟悉的面容，看着他们那一双双充满信任的眼睛，我再也控制不住自己的感情，离开准备好的讲稿说道：“开今天的会，对大家，对我，都不是一件轻松的事。我也舍不得‘分家’呀！但我们是共产党员，是税务干部，必须顾全国家改革的大局，必须执行上级的决定，在这里，我代表两个局的新班子，感谢大家了。”说到这里，我站起来给全场同志鞠躬时，已经是热泪盈眶了。

在那个特殊的历史时期，我们基层的广大税务干部就是这样，以对祖国税收事业的无限忠诚，以高度的组织纪律性、优良的思想素质和顾全大局的精神，全力保证了国家财税体制改革决策的顺利实施，写下了我国税收史上难忘的一页。

回忆1994年税制改革

张忠诚*

1950年，我参加工作进了税务局大门，到1995年退休，整整46年。从基层的税务专管员，到总局从事税收业务工作，再到担任一定的领导职务，一直没有离开税收工作岗位，可以说是一个科班出身的老税干。一辈子与税收结缘，让我领悟到：所从事的税收工作是党的建国大业的一部分，是一份光荣的事业，我热爱这份工作，同时觉得能够一生为人民收税、为国聚财，是值得欣慰、值得骄傲的。

新中国成立70多年来，我国的税收工作是在改造旧税制、不断推出和完善新税制的过程中一路走过来的。我想同大家一起回顾一下1994年税制改革，重温党对改革的坚强领导，立足国情，创立符合中国特色社会主义市场经济要求的新税制的重要经验和做法，我想这对我们当下和今后的工作是有益的。

1994年税制改革是在党的改革开放方针的指引下，根据中央建立中国特色社会主义市场经济体制战略部署，与财政体制改革一起进行的一次较为全面的、结构性的重大改革。经过这次改

---

* 张忠诚（1932~），河北沧县人。历任财政部税务总局办事员、科员、科长、处长、副局级调研员，国家税务局流转税司司长、总经济师，国家税务总局总经济师。1994年财税体制改革时任国家税务总局总经济师。

革，基本形成了适应社会主义市场经济发展需求的税制框架，是新中国税收发展史上的一件大事。

这次改革是在党中央、国务院的直接领导、直接指挥下进行的。

1993 年 7 月，中央决定在北戴河召开会议，专门讨论财税改革，启动并加快改革进程。会议由一位国务院副总理主持，我和许善达同志跟随金鑫局长参加了会议。会上，我们汇报了税务总局提出的改革设想。主要内容包括改革要坚持的原则，即基本保持原有的税负水平、保障财政收入，避免引起市场物价波动。还有准备开征的新税种，将要废止的旧税种，以及改革的各项有关工作。经过研究，会议同意税务总局的方案，要求我们立即组织力量，抓紧拟订新税条例，尽早上报国务院审核公布，从 1994 年 1 月 1 日起在全国正式实施。会后，税务总局迅速行动，贯彻落实会议决定，抽调专人组成两个工作小组，一个负责税收条例的起草工作，一个负责税负测算、拟定增值税税率。他们吃住在宾馆，没有星期天，夜以继日、加班加点。在此期间，财政部刘仲藜部长几次抽晚上时间到宾馆看望慰问大家，给同志们加油鼓劲。经过一个多月紧张的工作，圆满完成任务。到 10 月初，我们就把将要实施的增值税、消费税、营业税、企业所得税、资源税、土地增值税等 6 个税收条例上报了国务院。与此同时，税务总局又召开了全国省、市、自治区税务局长及其所属业务处处长共计 600 多人参加的税制改革大会。会上学习了新税的条例，研究部署了出台新税制的各项准备工作。税务总局要求各地在会后立即层层传达贯彻会议精神，全国税务系统上下合力，确保新税制的顺利实施。

条例草案上报国务院以后，有关部门对增值税条例拟订的税率有不同意见。对于此事，国务院领导指示，由国务院秘书长、财政部刘仲藜同志、税务总局金鑫同志组成 3 人小组研究落实。他们认真听取了各方意见，商议后报告总理定下了正式公布的税率。

在新的税收条例公布之前，国务院领导还亲自率领财政部和税务总局有关同志到上海、福建、河南、河北等省市，向当地党政领导、财政、税务人员讲解中央决定进行这次财政体制和税收制度改革的目的意义和主要内容，要求各地党政领导一定要认真抓好改革工作。对于因实行新财政体制和新税制可能给地方财政收入带来的影响，各地要从大局着眼、往前看。实行了新制度，中央与地方的财政关系理顺了，税收的作用发挥好了，经济就会发展好，财政能力就会增强，大家的日子也会越过越好。

在这次改革中，企业所得税的改革是重点之一。根据推进市场经济发展的需求，经过仔细研究、测算，我们把原来的国有企业所得税和私营企业所得税合并成一个企业所得税。千万不要小看这个简单的二合一，因为它的意义重大。从此，消除了建国以来在税制上实行的按照企业不同的经济性质而区别对待的政策，实现了国营与民营一律平等纳税。这一历史性的变革，贯彻党的鼓励民营经济发展的方针，促进了中国特色社会主义市场经济的健康发展，可以说，这是此次税制改革的一大亮点。

实行增值税，是这次改革的又一重点。以增值税取代产品税是适应市场经济发展的必然选择。改革前的产品税，是我国在计划经济体制下实行多年的主体税种，征收范围涵盖了所有的工业产品及矿产品，实行按企业销售收入全部依照规定税率计算征收，也就是过去我们常说的道道征税、全额征税，道道征税没有错，问题在于全额征收。一是有重复征税、税上加税的问题。二是同一个产品，由于生产方式不同、生产环节多少不一，产生了税负不平。比如某个产品，一部分企业是用自己生产的原材料或零部件生产的，这部分企业缴纳的只是产成品的一道税。而别的企业是用购进的已征过税的原材料或零部件制成的，销售后同样按照规定税率计算纳税。显而易见，前者税负轻，后者由于道道征、全额征，再加上税上加税，税负当然就重了。这就形成了同一种产品，在全能厂、半全能厂和专业厂之间税负负担极不平衡的问题。在计划经济条件下，产品生产多少，由哪个企业生产，是由国家确定的，税负平不平，无关企业利益。随着改革开放的逐步深入，产品税的毛病就显现出来了，引发了一些企业因税而追求生产全能化的现象。1982 年，我们在南方某个城市进行改革试点调查时，就听到了这样的例子。这个地方原来有一家制革厂，用生皮制造皮革，还有一家皮革制品厂，购进制革厂的皮革制造皮箱等成品销售，就是因为要省掉一道税，两个厂合并了。上述情况反映出产品税制度存在着干预生产、扭曲经济的弊端，不利于国民经济依照市场需求和自身规律发展。在我们国家的改革开放推进到发展社会主义市场经济的阶段，产品税制必须改革。

20 世纪 50、60 年代，欧洲一些国家先后实行了增值税。增值税的征税办法是将企业销售产品取得的收入，扣除为生产该产品而购买原材料、零部件、能源的价值以及耗用机器设备应摊的折旧金额，只对剩余的部分，也就是企业生产过程中新增加的价值，依照规定税率计算征税。产品只要税率相同，不论是什么企业生产的，其税负都是一样，在这里，税收表现为中性。至于产品由什么企业生产，生产多少，经济如何发展，都由市场决定。这些国家的实践表明，增值税是有利于市场经济发展的税种。

20 世纪 80 年代，也就是我国改革开放初期，我们开始关注增值税。1985 年 4 月，财政部税务总局组织首个考察组赴法国、荷兰、瑞典三国进行考察，了解他们的税制结构、所行各税的立法、征税对象、实施范围以及征收管理情况，考察了解的重点就是增值税，我参加了这次考察。转年，又邀请了法国增值税专家来我国进行了几场讲座。自此，对于增值税的研究已经列入财政部税务总局专业税政业务的重要工作日程，多次召开全系统专业会议专题研究探讨在我国实行增值税的范围、实施步骤、方法。之后，又在全国选择了机械制造等少数行业进行试点，为全面实行作准备。1989 年初，国家税务局决定由我带领一个 5 人小组去土耳其了解他们实行增值税的情况，这次观察的重点是征收管理。1992 年春，到了税制改革的准备阶段，国家税务局又组成了由北京、上海、江苏、广东等 16 个省市税务局局长、机关有关司的司长共 20 多人的研讨班，由我带队，赴国际货币基金组织华盛顿总部进行了为期半个月的学习研讨。在这期间，基金组织的几位专家，分别讲授了世界税制概况、增值税、企业所得税、税收法治、税收征管等内容，让我们收获不小。

经过上述这些活动，我们对增值税的理解和认识由浅入深、由表及里，给实行增值税做了充分的思想准备。1993 年，在讨论税制改革方案时，税务总局领导决定，我们要学习借鉴国外经验，结合我国国情实行增值税，废止产品税。

1994 年 1 月 1 日，我们的增值税正式推出了。但它同国际通行的增值税还有差别，主要表现在两个方面：一是征收范围不像国外那样实现经济领域全覆盖，而是只在工业生产和商业批发领域实行。另一个是扣除的项目有所限制，只扣除原材料、零部件的购买价值，不同于外国的全扣除。这样的设计，既不失增值税的原则，又兼顾了我国国情。当时，我们主要考虑了以下几个方面：首先，我国的市场经济仍处于发展初期，发育程度不高，发展空间很大；二是税制改革要保市场物价稳定，要保财政收入不受影响；三是要适应当时的税收管理的能力和水平，采取摸着石头过河，循序渐进的原则，不宜一步到位。从实行情况来看，当初的考虑和安排是恰当的。

最后，我再说说与增值税相关联的消费税。改革前，产品税是按照国家规定的产品价格、生产企业的平均利润率水平和国家的调节政策制定的，一种产品或者一类产品一个税率，低的3%或以下，高的40%～50%，一共有三十几个税率。实行增值税时，根据保市场物价稳定、保财政收入的要求，按照基本保持原税负的原则设计了一个基本税率和较低税率。原来那些按高税率征收产品税的产品，税负一下子低下来了，这些税收不能流失，国家必须拿回来，由此就产生了消费税。开始时，征收项目不多，只列了烟酒和极少数高档消费品。后来，征收品种有所扩大。从实践情况看，消费税确是一个可以灵活运用调节生产、调节收入、调节消费的税种。

1994 年税制改革

——建立社会主义市场经济体制的重大举措

刘　佐*

经过十年的酝酿和准备，中国于 1994 年成功地实行了自 1949 年中华人民共和国成立以来最大的一次税制改革，初步建立了适应社会主义市场经济体制需要的新税制，有力地促进了改革开放和经济发展。

深化税制改革的初步探索

自 1984 年国营企业“利改税”第二步改革和工商税制改革实施以后，中国就提出了下一步税制改革的任务，并做了大量的准备工作。

1984 年 10 月中国共产党第十二届中央委员会第三次全体会议通过的《中共中央关于经济体制改革的决定》中提出：“要进一步完善税收制度。”“越是搞活经济，越要重视宏观调节，越要

* 刘佐（1958～），北京人。享受国务院政府特殊津贴的税收专家，中国法学会财税法学研究会副会长。历任财政部税务总局、国家税务局和国家税务总局办公室副主任，国家税务总局办公厅副主任，国家税务总局税收科学研究所所长、研究员，中国税务报社总编辑。曾任中国财政学会、中国税务学会和中国国际税收研究会常务理事。1994 年财税体制改革时任国家税务总局办公厅副主任。

善于在及时掌握经济动态的基础上综合运用价格、税收、信贷等经济杠杆，以利于调节社会供应总量和需求量、积累和消费等重大比例关系，调节财力、物力、人力的流向，调节产业结构和生产力的布局，调节市场供求，调节对外经济往来，等等。我们过去习惯于用行政手段推动经济运行，而长期忽视运用经济杠杆进行调节。学会运用经济杠杆，并且把领导经济工作的重点放到这一方面来，应该成为各级经济部门特别是综合经济部门的重要任务。”

1990 年 12 月 30 日，中国共产党第十三届中央委员会第七次会议全体会议通过了《中共中央关于制定国民经济和社会发展十年规划和“八五”计划的建议》，其中多处提到要加强税收工作，发挥其调节作用。其中关于税制改革方面的建议是：在第八个五年计划期间，在完善和发展企业承包经营责任制的同时，继续进行税利分流，税后还贷，税后承包的试点，积累经验，并根据现实条件和不同企业的情况，逐步过渡，分期实行；在继续稳定和完善财政包干体制的同时，进行分税制的试点；对过高收入要通过税收（包括个人收入调节税、遗产税和赠与税等）进行必要的调节；逐步理顺税制结构，强化税收管理，严格以法治税，充分发挥税收在增加财政收入和宏观经济调控中的职能作用。

中共中央上述建议的基本精神，分别为 1991 年 3 月 25 日国务院总理李鹏在第七届全国人民代表大会第四次会议上所作的《关于国民经济和社会发展十年规划和第八个五年计划纲要的报告》和同年 4 月 9 日上述会议批准的《中华人民共和国国民经济和社会发展十年规划和第八个五年计划纲要》所采纳。

根据上述中共中央、国务院和全国人民代表大会文件的精神，国家税务局在 1991 年 7 月下旬召开的全国税务工作会议上，将包括税制改革内容在内的《税收工作十年规划和“八五”时期计划纲要（讨论稿）》提交会议讨论。经过研究和修改，1992 年 2 月 25 日，国家税务局印发了《税收工作十年规划和“八五”时期计划纲要》。纲要中提出，今后十年中国税制改革的任务是：按照统一税法、集中税权、公平税负、简化税制的要求，建立一个具有中国特色的、符合有计划商品经济要求的社会主义税制体系。强化税收的组织收入、宏观调控和微观监督功能，进一步理顺国家、企业和个人之间的分配关系，支持搞好国营大中型企业，体现国家的产业政策，促进竞争，推动社会生产力的发展。改革的重点是：完善流转税制，普遍征收增值税，有选择地征收产品税，实行双层次调节的流转税制；统一所得税制度，在“税利分流”试点的基础上，完善国营企业所得税，进而建立统一的企业所得税制度；扩大地方税收入规模，建立地方税体系；改革、调整税收管理体制。

关于“八五”期间的税制改革，纲要中提出了以下任务：

1. 改革流转税。包括改革增值税、产品税、营业税和出口退税制度，并完成对内、对外两套流转税制度的统一。

2. 改革所得税。包括分别统一内资企业所得税和外资企业所得税，并积极创造条件将这两套企业所得税合并起来。

3. 改革调节投资和消费的税种。包括将各类奖金税和国营企业工资调节税合并为企事业单位工资调节税，以固定资产投资方向调节税取代建筑税，改进、完善个人收入调节税征收办法，适时合并个人所得税和个人收入调节税，研究开征遗产税和赠与税。

4. 改革资源税。包括逐步扩大征税范围和改进征税方法。

5. 改革、调整税收管理体制，建立地方税体系。包括划分中央税、地方税、中央地方共享税，确定税收立法体制和管理权限，建立地方税体系，扩大地方税收入规模等。

建立社会主义市场经济体制目标的确定与税制改革任务的正式提出

自1992年春邓小平视察中国南方发表重要谈话，1992年秋中国共产党第十四次全国代表大会召开以后，中国改革开放的步伐再次加快，税制改革的方向和任务进一步明确。

1992年春邓小平视察中国南方发表重要谈话，中共中央政治局为此召开全体会议以后，中共中央、国务院作出了关于加快改革开放和经济发展的一系列重要决定，国民经济持续、稳定、快速发展，经济体制改革逐步深入，税制改革的重要性也日益受到各方面特别是中共中央、国务院和全国人民代表大会的重视。

1992年秋中国共产党第十四次全国代表大会的召开，标志着中国的改革开放进入了一个新的历史发展阶段，中国的税制建设又迎来了一个黄金时代。

1992年10月12日，中共中央总书记江泽民在中共十四大上所作的报告中明确提出："中国经济体制改革的目标是建立社会主义市场经济体制，以利于进一步解放和发展生产力。"他还提出，要围绕社会主义市场经济体制的建立，加快经济改革的步伐。要深化分配制度的改革，统筹兼顾国家、集体和个人三者利益，理顺国家与企业、中央与地方的分配关系，逐步实行"税利分流"和分税制。建立社会主义市场经济体制战略目标的确定，给中国的经济发展和经济体制改革指明了方向，也给税制改革提出了新的任务，并带来了新的机遇。

1992年12月29日，中共中央政治局常委、国务院总理李鹏在全国财政会议上的讲话中指出：财税改革是整个经济体制改革的重要组成部分，其核心是按照社会主义市场经济的要求，正确处理国家与企业、中央与地方的利益分配关系，为市场发育和企业之间的公平竞争创造良好的外部条件，改进和加强宏观调控。因此，改革要加快进行。要逐步统一、规范内资企业所得税，以利于企业之间的公平竞争。要以大幅度放开、调整生产资料价格为契机，首先在工业环节，并择机在批发、零售环节全面推行增值税。

1993 年 1 月，中共中央政治局提出：要以加快价格改革为契机，大力发展和培育各类市场，配套改革计划、税收、财政、金融和外贸体制。

同年 3 月 7 日，中国共产党第十四届中央委员会第二次全体会议通过了《中共中央关于调整“八五”计划若干指标的建议》，其中提出：在第八个五年计划实施的后三年，要加快财政改革和发展的步伐，逐步扭转国家财政困难的局面。要加快“税利分流”和分税制的试点，逐步理顺国家与企业、中央与地方的分配关系。要采取有力措施，进一步完善税制，加强税收征管，严肃财经法纪，使财政收入的增长随着经济的增长而相应增加。

江泽民、李鹏、朱镕基等党和国家领导人还多次在其他许多重要会议上反复强调，要加快税制改革，充分发挥税收职能作用，通过税制改革和其他改革解决当前经济中存在的突出问题。

为了在新的形势下进一步提高税收的地位，更好地发挥税收的职能作用，加强对税收工作的领导，1993 年 4 月 19 日，国务院在机构改革中将国家税务局升格为国务院直属机构，并改名为国家税务总局，原国家税务局局长金鑫继续担任局长。

中共中央、国务院、全国人民代表大会关于税收工作的一系列重要指示和采取的各项有力措施，指明了税制改革的方向，对于税制改革起到了巨大的推动作用。根据形势发展的要求，国家税务总局在经过几年深入调查研究、反复论证以后提出的税制改革的基本思路的基础上，重新对于税制改革问题作了认真的研究，并广泛地听取了各方面的意见，逐步形成了关于全面深化税制改革的新的指导思想和基本方案。

1993年4月下旬，中共中央总书记江泽民先后三次主持召开中央财经领导小组会议，听取国家税务总局局长金鑫等人关于税制改革等问题的汇报，研究税制改革工作。中央财经领导小组在听取了上述汇报以后，充分肯定了中国改革开放以来税制改革取得的明显进展和税收工作发挥的重要作用。同时指出：现行税制已经不适应经济发展的需要，对于理顺中央与地方以及国家、企业、个人的分配关系，难以起到有效的调节作用。因此，必须加快税制改革。

会议同意国家税务总局提出的关于税制改革的原则，并提出了许多重要意见。中央领导指出：当前，进一步推进税制改革，已经到了一个关键时期。从目前存在的实际问题看，必须加快税制改革的进程：一是税制不合理，税收流失严重，税收占国民生产总值的比重不断下降，造成财政特别是中央财政困难；二是在税制方面还没有为企业创造公平竞争的环境，影响国有大中型企业的活力；三是税收在调节地区发展和个人收入分配方面还没有发挥应有的作用；四是一些地区越权减免税收或者变相增加税收，使税法的严肃性和税制的统一性受到损害。如果这些问题不能得到及时的解决，必然削弱公有制的基础地位和中央政府的调控能力，加剧分配不公的矛盾，影响经济的发展和社会的安定。

中央领导进一步指出：中共十四大确定中国经济体制改革的目标是建立社会主义市场经济体制，这对于各方面的工作包括税务工作都提出了许多新的课题、新的要求。解决当前税制和税收工作问题的根本出路在于深化改革，其他方面改革的深化（如企业、投资、财政、金融和分配体制等改革）也要求税制改革协调配套地进行。因此，必须充分认识在新形势下进一步推进税制改革的必要性和紧迫性，不失时机地推进税制改革，更好地发挥税收应有的作用，促进经济发展，促进共同富裕，促进综合国力的增强。

中央领导还提出，要建立具有中国特色的社会主义税收体系，必须坚持税制改革的正确原则：一是体现公平税负，促进平等竞争；二是合理调节分配，促进共同富裕；三是体现产业政策，促进经济结构调整；四是合理分权，理顺中央与地方的分配关系；五是健全和完善涉外税制，促进对外开放。在改革过程中，要注意同其他改革特别是财政体制改革的协调与配套。

这次会议的决议中提出：为了适应社会主义市场经济发展的需要，必须加快税制改革和有关配套改革。税制改革涉及面广，影响大，既要积极，又要稳妥；要同投资体制、企业体制和财政体制等方面的改革协调配套进行。为了加强对财税体制改革的领导，同意由中共中央政治局常委、国务院副总理朱镕基负责，研究制定改革的具体方案和步骤。在改革中，要注意把握以下原则：

1. 税制改革要有利于加强中央的宏观调控能力。在明确中央与地方政府事权的基础上，调整税制结构，合理划分税种和确定税率，实行分税制财政管理体制，理顺中央与地方的分配关系，调动中央和地方两个方面的积极性。通过税制改革，要提高税收收入占国民生产总值的比重和中央财政收入占全国财政收入的比重。

2. 税制改革要有利于发挥税收在调节个人收入和地区经济发展差距方面的作用，促进协调发展，实现共同富裕。

3. 税制改革要体现公平税负，促进平等竞争。要逐步解决目前按照不同所有制、不同地区设置税种、税率的问题。

4. 税制改革要体现国家产业政策，促进经济结构的有效调整。

这次会议以后，国家税务总局和有关部门根据中共中央、国务院的指示，抓紧了全面税制改革的研究、准备工作。

税制改革步伐的加快与改革方案的出台

1993 年上半年，中国经济在快速发展的同时出现了某些宏观调节失控、经济秩序混乱的问题，危及改革开放和经济发展。为此，中共中央、国务院于同年 6 月 24 日发出了《关于当前经济情况和加强宏观调控的意见》，提出了关于加强宏观调控的一系列重要措施，其中包括加快财税体制改革。

同年 7 月 22 日，国务院总理办公会议决定：为了保持中国经济的持续、快速、健康发展，要加快实施财税体制改革的步伐，将原定分步实施的改革设想改为一步到位，自 1994 年 1 月起施行。

为了做好税制改革方案实施以前的各项准备工作，1993 年 10 月中旬，国家税务总局召开了全国税制改革工作会议，进一步研究改革方案和即将出台的一系列新的税收法规草案和讨论稿，包括税制改革实施方案（要点），增值税、消费税、营业税、企业所得税、资源税和土地增值税等税收暂行条例及其实施细则，个人所得税法实施条例和城乡维护建设税、车船税条例，发票管理办法及其实施细则，《增值税专用发票管理办法》《增值税纳税人登记管理办法》《关于深化税收征管改革方案》《税务代理暂行办法》《关于外商投资企业执行统一流转税的意见》，等等。

同年 10 月 31 日，第八届全国人民代表大会常务委员会第四次会议通过了《关于修改〈中华人民共和国个人所得税法〉的决定》，同日以中华人民共和国主席令公布，自1994年1月1日起施行，同时废止国务院1986年发布的《中华人民共和国城乡个体工商业户所得税暂行条例》《中华人民共和国个人收入调节税暂行条例》。1994年1月28日，国务院发布了《中华人民共和国个人所得税法实施条例》。至此，统一个人所得税制的改革顺利完成。

新的个人所得税的纳税人为在中国境内有住所，或者无住所而在中国境内居住满一年，从中国境内外取得所得的个人和在中国境内无住所又不居住或者无住所而在中国境内居住不满一年，从中国境内取得所得的个人；征税对象为工资、薪金所得，个体工商户的生产、经营所得，对企业、事业单位的承包经营、承租经营所得，劳务报酬所得，稿酬所得，特许权使用费所得，利息、股息和红利所得，财产租赁所得，财产转让所得，偶然所得和其他所得11类所得。工资、薪金所得适用5%～45%的9级超额累进税率，个体工商户的生产、经营所得和对企业、事业单位的承包经营、承租经营所得适用5%～35%的5级超额累进税率，其余8类所得均适用20%的比例税率。省、部、军级以上单位和外国组织、国际组织颁发的科技、教育、文化、卫生、体育和环境保护等方面的奖金，储蓄存款利息、国债和国家发行的金融债券的利息，按照国家统一规定发给的补贴、津贴，福利费、抚恤金和救济金，保险赔款，军人的转业费、复员费，按照国家统一规定发给干部、职工的安家费、退职费、退休费、离休工资和离休生活补助费，按照中国有关法律应予免税的外国驻华使馆、领馆的外交代表、领事官员和其他人员的所得，中国政府参加的国际公约、签订的协议中规定免税的所得，经国务院财政部门批准免税的所得，可以免征个人所得税。残疾、孤老人员和烈属的所得，因严重自然灾害造成重大损失的，其他经国务院财政部门批准减税的，经过批准，可以减征个人所得税。

1993 年 11 月 14 日，中国共产党第十四届中央委员会第三次全体会议通过了《中共中央关于建立社会主义市场经济体制若干问题的决定》。决定中提出：社会主义市场经济必须有健全的宏观调控体系。宏观调控主要采用经济办法，近期要在财税、金融、投资和计划体制的改革方面迈出重大步伐。财政运用预算和税收手段，着重调节经济结构和社会分配。要积极推进财税体制改革。近期改革的重点之一，就是要按照统一税法、公平税负、简化税制和合理分权的原则，改革和完善税收制度。推行以增值税为主体的流转税制度，对少数商品征收消费税，对大部分非商品经营继续征收营业税。在降低国有企业所得税税率、取消国家能源交通重点建设基金和国家预算调节基金的基础上，企业依法纳税，理顺国家与国有企业的利润分配关系。统一企业所得税和个人所得税，规范税率，扩大税基。开征和调整某些税种，清理税收减免，严格税收征管，堵塞税收流失。近期改革的另一个重点是，将现行的地方财政包干制改为在合理划分中央与地方事权基础上的分税制，建立中央税收和地方税收体系。维护国家权益和实施宏观调控所必需的税种列为中央税；同经济发展直接相关的主要税种列为共享税；充实地方税税种，增加地方税收入。通过发展经济，提高效益，扩大税源，逐步提高财政收入在国民生产总值中的比重，合理确定中央财政收入和地方财政收入的比例。实行中央财政对地方的返还和转移支付制度，以调节分配结构和地区结构。在论及建立合理的个人收入分配制度的时候，该决定中提出，要适时开征遗产税和赠与税。在论及规范和发展房地产市场的时候，该决定中提出，要通过开征和调整房地产税费等措施，防止在房地产交易中获取暴利和国家利益的流失。中共中央这一决定的发布，为建立适应社会主义市场经济体制需要的新税制和财政管理体制进一步指明了方向。

同年11月25日和26日，国务院总理办公会议和国务院常务会议先后审议并原则通过了国家税务总局草拟的《工商税制改革实施方案》和增值税、消费税、营业税、企业所得税、资源税、土地增值税6个税收暂行条例。

1993年12月25日，国务院批准了国家税务总局报送的《工商税制改革实施方案》，并发出通知，将其转发各省、自治区、直辖市人民政府和国务院各部门贯彻执行。国务院在通知中指出："这次工商税制改革是建国以来规模最大、范围最广泛、内容最深刻的一次税制改革，其目的是为了适应建立社会主义市场经济体制的需要。这次改革必将有力地促进我国社会主义经济的持续、快速、健康发展。为此，各省、自治区、直辖市人民政府要高度重视，加强领导，切实抓好《工商税制改革方案》的组织实施。"

同年12月13日，国务院发布了《中华人民共和国增值税暂行条例》《中华人民共和国消费税暂行条例》《中华人民共和国营业税暂行条例》《中华人民共和国企业所得税暂行条例》《中华人民共和国土地增值税暂行条例》。12月25日，国务院发布了《中华人民共和国资源税暂行条例》。以上6个税收暂行条例均自1994年1月1日起施行，同时废止在此之前施行的《中华人民共和国产品税条例（草案）》《中华人民共和国增值税条例（草案）》《中华人民共和国营业税条例（草案）》《中华人民共和国资源税条例（草案）》《中华人民共和国盐税条例（草案）》《中华人民共和国国营企业所得税条例（草案）》《国营企业调节税征收办法》《中华人民共和国集体企业所得税暂行条例》《中华人民共和国私营企业所得税暂行条例》和关于征收特别消费税的规定。

从1993年12月25日到1994年2月4日，财政部陆续发布了《中华人民共和国增值税暂行条例实施细则》《中华人民共和国消费税暂行条例实施细则》《中华人民共和国营业税暂行条例实施细则》《中华人民共和国资源税暂行条例实施细则》《中华人民共和国企业所得税暂行条例实施细则》。《中华人民共和国土地增值税暂行条例实施细则》推迟到1995年1月27日发布。

1994年1月23日，国务院发出了《关于取消集市交易税、牲畜交易税、烧油特别税、奖金税、工资调节税和将屠宰税、筵席税下放给地方管理的通知》，决定自1994年1月1日起取消集市交易税、牲畜交易税、烧油特别税、奖金税和工资调节税，废止在此之前施行的《集市交易税试行规定》《牲畜交易税暂行条例》《关于征收烧油特别税的试行规定》《国营企业奖金税暂行规定》《国营企业工资调节税暂行规定》《集体企业奖金税暂行规定》《事业单位奖金税暂行规定》，并将屠宰税和筵席税下放给地方管理。

屠宰税和筵席税下放给地方管理以后，各省、自治区和直辖市人民政府可以根据本地区经济发展的实际情况，自行决定是否继续征收。继续征收的地区，省、自治区和直辖市人民政府可以根据1950年政务院发布的《屠宰税暂行条例》和1988年国务院发布的《中华人民共和国筵席税暂行条例》，制定具体征收办法，并报国务院备案（在实际执行中，绝大多数地区继续征收屠宰税，只有少数地区继续征收筵席税，且逐年减少——作者注）。

为了统一税制，公平税负，改善中国的投资环境，适应建立和发展社会主义市场经济的需要，1993年12月29日，第八届全国人民代表大会常务委员会第五次会议在审议了国务院关于提请审议外商投资企业和外国企业适用增值税、消费税、营业税等税收暂行条例的议案以后，通过了《全国人民代表大会常务委员会关于外商投资企业和外国企业适用增值税、消费税、营业税等税收暂行条例的决定》。

1994年2月22日，国务院发布了《关于外商投资企业和外国企业适用增值税、消费税、营业税等税收暂行条例有关问题的通知》。通知中规定，外商投资企业和外国企业除了适用《中华人民共和国增值税暂行条例》《中华人民共和国消费税暂行条例》《中华人民共和国营业税暂行条例》《中华人民共和国外商投资企业和外国企业所得税法》以外，还应当适用以下税收暂行条例：

1. 国务院1993年12月13日发布的《中华人民共和国土地增值税暂行条例》；

2. 国务院1993年12月25日发布的《中华人民共和国资源税暂行条例》；

3. 国务院1988年8月6日发布的《中华人民共和国印花税暂行条例》；

4. 中央人民政府政务院1950年12月19日发布的《屠宰税暂行条例》；

5. 中央人民政府政务院1951年8月8日发布的《城市房地产税暂行条例》；

6. 中央人民政府政务院1951年9月20日发布的《车船使用牌照税暂行条例》；

7. 中央人民政府政务院1950年4月3日发布的《契税暂行条例》。

在税制改革中，国务院还将陆续修订和制定新的税收暂行条例，外商投资企业和外国企业应当相应依据有关条例执行。

关于外商投资企业改征增值税、消费税和营业税以后增加的税收负担处理问题，通知中规定：

1. 在1993年12月31日以前已经批准设立的外商投资企业，

由于改征增值税、消费税而增加税负的，由企业提出申请，税务机关审批，在已经批准的经营期限以内，准予退还由于税负增加而多缴纳税款，但是最长不得超过5年；没有经营期限的，在最长不超过5年的期限以内，退还上述多缴的税款。

2. 外商投资企业既缴纳增值税、又缴纳消费税的，所缴税款超过原税负的部分，按照所缴增值税、消费税的比例，分别退还增值税、消费税。

3. 外商投资企业生产的产品直接出口或者销售给出口企业出口的，按照增值税暂行条例的规定，凭出口报关单和已纳税凭证，一次办理退税。

4. 外商投资企业因税负增加而申请的退税，原则上在年终一次办理；税负增加较多的，可以按照季度申请预退，年度终了后清算。

5. 营业税的退税问题，由各省、自治区和直辖市人民政府规定。

至此，中国1994年税制改革的主体工程完成，新税制初步建立。这时，中国的税收制度一共设25种税收，它们是：增值税、消费税、营业税、关税、企业所得税、外商投资企业和外国企业所得税、个人所得税、资源税、城镇土地使用税、房产税、城市房地产税、遗产税、城市维护建设税、耕地占用税、固定资产投资方向调节税、土地增值税、车船使用税、车船使用牌照税、印花税、契税、证券交易税、屠宰税、筵席税、农业税、牧业税。

略为令人遗憾的是，由于时间紧、任务重和工作量大，为了保证主要改革措施的顺利出台，适当减少震动面，有些计划中的改革措施没有能够出台，后续工作也未能跟上，如改革城市维护建设税，调整城镇土地使用税，简并房产税和车船使用税，开征证券交易税和遗产税，等等。

根据税制改革和实行分税制财政管理体制以后税务机构管理体制改革的需要，为了进一步加强税收工作的领导，充分发挥税收在建立社会主义市场经济体制中的重要作用，1993年12月22日，国务院决定将国家税务总局从副部级机构升格为部级机构。此后，中共中央任命金鑫为中共国家税务总局党组书记（部长级），国务院任命财政部部长刘仲藜兼任国家税务总局局长，金鑫等任副局长。

财政管理体制的改革

在1994年改革税制的同时，中国还对财政管理体制实施了重大的改革。

早在实行改革开放政策的初期，中国的财税部门就在总结新中国成立三十多年来财政管理体制改革的经验和借鉴外国财政管理体制经验的基础上，提出了实行分税制财政管理体制的初步构想。1981年国务院批转的财政部报送的《关于改革工商税制的设想》中就曾经提出，将各项工商税收划分为中央税、地方税、中央和地方共享税，使中央政府和地方政府都有相应的财政、税收管理权。

20世纪80年代中期，随着中国经济体制改革的深化，对于分税制问题的认识也逐步趋于成熟：

在1983年至1984年推行国营企业“利改税”的过程中，财税部门明确地提出了实行按照税种划分中央收入、地方收入、中央与地方共享收入的新型财政管理体制的主张，并得到了中共中央、国务院的肯定，在全国人民代表大会上获得通过。

1985年中国共产党全国代表会议通过的《中共中央关于制定

国民经济和社会发展第七个五年计划的建议》中提出，要按税种划分中央税、地方税、中央地方共享税，同时明确划分中央、地方的财政支出范围，做好财政的分级管理。

同年，中国在大部分省、直辖市实行了“划分税种、核定收支、分级包干”的财政管理体制。该体制关于收入划分的规定是：中央国营企业缴纳的所得税、调节税，铁道部、各银行总行和保险公司缴纳的营业税，军事工业企业的收入，石油部、电力部、中国石油化学工业总公司和中国有色金属工业总公司所属企业缴纳的产品税、增值税、营业税的70%，为中央固定收入；地方国营企业缴纳的所得税、调节税和承包费，集体企业缴纳的所得税，农业税、牧业税等，为地方固定收入；产品税、增值税和营业税（不包括上述划为中央固定收入的部分），资源税，建筑税，盐税，个人所得税，国营企业奖金税，外资、中外合资企业缴纳的工商统一税、所得税（不包括海洋石油企业缴纳的部分），为中央与地方共享收入。凡是地方固定收入大于地方支出的，全额上解中央；地方固定收入小于地方支出的，从中央与地方共享收入中确定一个分成比例；地方固定收入和中央与地方共享收入全部留给地方仍然不足以满足其支出的，由中央定额补助。

1990年，中国共产党第十三届中央委员会第七次会议全体会议通过的《关于制定国民经济和社会发展十年规划和“八五”计划的建议》中提出，要在继续稳定和完善财政包干体制的同时进行分税制的试点。中共中央的这个建议分别为1991年国务院理李鹏在第七届全国人民代表大会第四次会议上所作的《关于国民经济和社会发展十年规划和第八个五年计划纲要的报告》和上述会议批准的《中华人民共和国国民经济和社会发展十年规划和第八个五年计划纲要》所采纳。

1992年，中共中央总书记江泽民在中国共产党第十四次全国代表大会上所作的报告中提出，要深化分配制度的改革，理顺中央与地方的分配关系，逐步实行分税制。

根据中共中央、国务院和全国人民代表大会的上述文件的精神，财政、税务部门对于分税制财政管理体制问题做了大量的调查研究工作，提出了许多重要的意见，见诸这一时期财税部门负责人的许多重要讲话和其他重要文件。例如，国家税务局局长金鑫曾经在多次重要会议上的讲话中提出，税制改革要积极地为建立分税制财政管理体制创造有利的条件。1992年，财政部还选择天津市、辽宁省、浙江省、新疆维吾尔自治区、辽宁省沈阳市和大连市、山东省青岛市、湖北省武汉市、四川省重庆市9个省、市、自治区进行了分税制财政管理体制改革的试点。尽管由于当时各方面的条件所限，这些研究工作只是初步的，改革试点也没有能够彻底突破财政包干体制的框架，但这毕竟是对分税制财政管理体制改革的积极探索，并为下一步改革提供了一定的经验。

1993年3月中国共产党第十四届中央委员会第二次全体会议通过的《中共中央关于调整“八五”计划若干指标的建议》中提出，要加快分税制的试点，逐步理顺中央与地方的分配关系。

同年4月，中共中央总书记江泽民多次主持召开中央财经领导小组会议，研究财税改革问题，确定了实行分税制财政管理体制，理顺中央与地方的分配关系，调动中央和地方两个方面积极性的原则。

同年6月，为了配合加强宏观调控，保持中国经济的持续、快速、健康发展，中共中央、国务院决定加快财税体制改革步伐。据此，财税部门及时起草了关于分税制财政管理体制改革的实施方案，并先后报经国务院总理办公会议、国务院常务会议和中共中央政治局常委会议审议通过。

同年11月，中国共产党第十四届中央委员会第三次全体会议通过的《中共中央关于建立社会主义市场经济体制若干问题的决定》中提出，近期改革的重点之一，就是将现行的地方财政包干制改为在合理划分中央与地方事权基础上的分税制。

中共中央总书记江泽民在这次会议上的讲话中指出：实行分税制，合理划分中央和地方的事权，合理确定中央和地方的收支比例，目的是理顺经济关系，使经济活动规范化。这是发展社会主义市场经济的要求，既符合国际上的通常做法，也考虑到中国的特点和具体情况。这样做，有利于发挥中央和地方两个积极性，把经济建设搞得更好，实现国民经济和社会的协调发展。

同年12月15日，国务院发布了《关于实行分税制财政管理体制的决定》，决定从1994年1月1日起，改革现行地方包干体制，对各省、自治区、直辖市和计划单列市实行分税制财政管理体制。这一改革的原则和主要内容是：按照中央与地方政府的事权划分，合理确定各级财政的支出范围；根据事权与财权相结合的原则，将税种统一划分为中央税、地方税和中央地方共享税，中央税、地方税和共享税的立法权都要集中在中央（这一提法与国务院同年12月25日发布的《工商税制改革实施方案》中关于中央税和全国统一实行的地方税立法权集中在中央的提法不同，但是后者实际上没有实行——作者注），并建立中央税收和地方税收体系，分设中央、地方两套税务机构分别征管；科学核定地方收支数额，逐步实行比较规范的中央财政对地方的税收返还和转移支付制度；建立、健全分级预算制度，硬化各级预算约束。

在中央收入与地方收入的划分上，国务院规定，维护国家权益、实施宏观调控所必需的税种划分为中央税，同经济发展直接相关的主要税种划分为中央与地方共享税，适合地方征收管理的税种划分为地方税，并提出要充实地方税税种，增加地方税收入。

1994年3月10日，国务院总理李鹏在第八届全国人民代表大会第二次会议上所作的《政府工作报告》中谈到中国改革开放取得的新进展时说：财税体制、金融体制、投资体制和外贸体制等改革方案已经基本出台，进展比较顺利，这标志着中国向建立社会主义市场经济体制迈出了重要步伐。要认真实施财税改革方案，理顺中央与地方、国家与企业的分配关系。

同年3月22日第八届全国人民代表大会第二次会议通过的《中华人民共和国预算法》第八条规定："国家实行中央和地方分税制。"从而进一步奠定了分税制财政管理体制的法律地位。

根据实行分税制财政管理体制的需要，国务院决定从1994年起将省以下税务机构分设为国家税务局和地方税务局两个系统，其中国家税务局系统实行国家税务总局垂直领导的管理体制；地方税务局系统实行地方人民政府和国家税务总局双重领导，以地方政府领导为主的管理体制。

1994年税制改革是新中国成立以来规模最大、范围最广泛、内容最深刻的一次税制改革，改革的方案是在中国改革开放以后税制改革的基础上，经过多年的理论研究和实践探索，积极借鉴外国税制建设的成功经验，结合中国的国情制定的。经过这次税制改革，中国初步建立了适应社会主义市场经济体制需要的税收制度，对于保证财政收入，加强宏观调控，深化改革，扩大开放，促进经济与社会的发展，起到了重要的作用，产生了深远的影响。

本文刊载于刘佐编著的《社会主义市场经济中的中国税制改革》（中国税务出版社2002年版）第64—122页。

我经历的1994年税制改革

赵怀坦[*]

我参加工作后，从事税收工作30多年，从基层当专管员到税务总局任司长，期间经历了税收工作的风风雨雨，见证了税收事业由弱到强的发展历程。这30多年正是我国税收工作的重要变革时期，许多工作场景至今仍历历在目，恍若昨天。

我是1965年8月从山东财经学院（现山东财经大学）毕业，分配至青海省西宁市财政局城中税务分局，当税收专管员。当时受苏联“非税论”的影响，税收工作不受重视，税务人员地位不高，工作条件艰苦。我每天步行到纳税户收税、查账，因为是“要钱的”，有的企业财务人员连个好脸都不给。许多地方税务机构被精简撤并，税务干部被下放，队伍萎缩。

改革开放后，税收事业得以恢复发展，各项工作逐步走上正轨。

改革开放给税收工作带来生机。税收工作得到各级领导的重视，各项税收法规及征管制度逐步建立。1981年，税务系统第一次扩编招干，在社会上引起不小的震动，随之税务干部统一着装，吸引不少年轻人羡慕的眼光。

1983年、1984年国营企业的两步“利改税”，是国家与企业

* 赵怀坦（1941～），山东临沭人。历任国家税务总局所得税管理司司长、教育中心主任。1994年财税体制改革时任国家税务总局所得税管理司司长。

分配关系的重大改革，打破了国营企业吃国家“大锅饭”的局面，这项改革国务院领导亲自抓，经济界乃至全社会都很重视。我当时任西宁市税务局副局长，主抓业务，在市长领导下，和财政局领导一道，加班加点，测算分析各行业税负增减和每户国营企业留利水平的变化。在税务局内部，抓好业务培训，特别对新税种增值税，因比较复杂且较陌生，我亲自讲课，组织答疑，然后进行考试，收到了很好的效果。1984年10月，西宁市的新税制运行平稳有序，得到省财税部门的表扬。

在税务总局亲身经历1994年的税制改革，直接参与了企业所得税的税制改革工作。

1992年初，我来到国家税务局所得税管理司工作，有幸亲身经历了1994年的税制改革。这是新中国成立40多年，规模最大、范围最广、内容最为深刻的一次税制改革。这次全面的税制改革，在党中央、国务院领导下进行。中央财经领导小组，国务院常务会议，中央政治局常委会，先后讨论通过了工商税制改革方案，这是过去没有过的。

我当时任所得税管理司司长，直接参与了企业所得税税制的改革工作。由于1994年以前，我国各类企业利润分配制度的历史沿革不同，当时的企业所得税税制是按照经济性质设置税种的，共有四个：一是外商投资企业和外国企业所得税；二是国营企业所得税；三是集体企业所得税；四是私营企业所得税。这四个税种税率不一，优惠各异，造成税负不平，不利于企业公平竞争。1992年10月，党的十四大提出了建立社会主义市场经济体制的改革目标，市场经济呼唤着统一的企业所得税税制。国家税务局领导要求我们司加快税制改革的步伐。这项改革酝酿多年了，经过多次讨论研究，决定先统一内资企业所得税，等以后条件成熟时，再统一内外资企业所得税税制。（我国已于2008年统一了内外资企业所得税）时间紧、任务重，我带领全司干部全力以赴，按照“合并税种、简化税制、统一税率、规范税基”的要求，做好以下几项工作：

第一项工作就是成立了税法起草小组，主要任务是起草企业所得税条例和实施细则。我们按照税制构成要素，一个一个地讨论。税制要素一个是纳税人，一个是税基，就是应纳税所得额。要规范扣除项目和标准，稳定并扩大税基。再一个就是税率，这是税制的核心，体现征税的深度。当时国营企业所得税大中型企业是55%的比例税率，国营小型和集体企业是8级超额累进税率，私营企业是35%的比例税率，当时还有股份制试点企业，是33%的税率，要把它统一起来，需要反复讨论方案。还有资产的税务处理、税收优惠、征收管理等。这些要素要逐一分析比较，有的要费时费力查找各种资料，借鉴国际的通行做法，所以大家都很辛苦，加班加点是常态。

第二项工作就是调查研究和测算。这么大的改革要非常慎重，我们先后到了贵阳、唐山、大连等城市进行实地测算，另外还布置了天津、湖北、福建等省市就地搞测算，主要是测算改革以后对国家财政收入有什么影响，对企业的留利水平有什么影响、能否承受等。

第三项工作是到财政部等有关部门征求意见。除财政部外，还有国家经贸委、体改办、法制办等，交流情况，沟通信息，听取他们对重大政策的意见。有些部门是管企业的，他们往往能站在企业角度看税制变化，所以要多倾听他们的意见。例如税前还贷，现在这个概念没有了，当时有个政策就是在所得税征税前，企业贷款可以用新增利润还一部分。政策开始很起作用，但是有些地方逐渐失控，过多过滥，严重侵蚀税基，必须取消，这就要征求一些部门的意见，送上几种测算资料，取得他们的理解支持。

通过以上大量的工作，终于较好地完成了任务，这是全司同志共同努力的结果，当然还靠税务总局领导的领导和支持，局内各部门的积极配合。1993 年 12 月 13 日，这个日子我记得非常清楚，国务院以“令”的形式在《人民日报》上发布了《中华人民共和国企业所得税暂行条例》，从 1994 年 1 月 1 日起施行。同时发布的还有增值税、消费税、营业税、土地增值税等暂行条例。1994 年 2 月 4 日，财政部又公布了《企业所得税暂行条例实施细则》。这么多年过去了，现在回忆起来，我能够有幸参与了这次改革，感到十分自豪。

1994 年的税制改革及以后的逐步完善，我国已逐步建立起适应社会主义市场经济体制需要的现代税收制度。

为了加强征收管理，我们又进行了企业所得税汇算清缴制度的改革，明确了征纳责任。

现在的企业所得税汇算清缴，由企业自己计算、自行申报，大家都认为很平常。但是 20 多年前的汇算清缴是以税务机关为主体进行，在当年底和次年初，税务机关组织力量分成若干个汇算清缴小组，分类排队，逐一对需要汇缴的企业进行汇算清缴，企业主要是做好盘点、清账，等候税务局来人。汇算清缴时间紧、任务重，最主要的是责任不清。如果以后发现企业出了问题，少交税或者错交税，是谁的责任说不清楚，不好处理。当我们完成了企业所得税制的改革以后，这项工作就提到日程上。汇算清缴改革我们当时提了 4 句话，叫“转移主体、明确责任、做好服务、强化检查”。转移主体就是汇算清缴由纳税人自己进行，出了问题自己负责；税务机关的责任是宣传税收政策，辅导纳税人，做好服务工作，让纳税人自己会汇算清缴；事后加强税务检查，发现问题及时处理。这项改革逐步推进，很受基层税务机关的欢迎，纳税人有了自主权，变被动为主动，反映也很好。

我已退休多年，但对税收怀有深厚的感情，一直关注税收事业的发展。现在我国税制更加完善，金税工程、大数据等手段使征管实现了现代化，税务干部素质大大提高，许多人都拥有博士、硕士研究生学历。对于这些发展变化，我作为老税务工作者感到由衷的高兴。特别是改革开放以来，全国的税收收入实现了跳跃式的发展，由几千亿到上万亿，再到十几万亿，令人惊叹不已。今年是建党 103 周年，新中国成立 75 周年，我作为一名老党员、老税务工作者，一定不忘初心，一如既往地以党员标准严格要求自己，心系税收，发挥好余热，为以中国式现代化全面推进中华民族伟大复兴贡献微薄之力！

1994 年税制改革的回顾

刘太明*

1994 年，为适应建立社会主义市场经济体制的需要，我国实施了新中国成立以来规模最大、范围最广的一次结构性税制改革。我作为这场改革的参与者，至今历历在目，难以忘怀。

1993 年 4 月，我从大连市人民政府副秘书长兼大连市高新技术产业园区管理委员会主任岗位上调任大连市税务局党组书记、局长。对我来说这是一个全新的工作。到任不久，刚过“五一”节就接到国家税务总局的通知，到江苏省扬州市参加全国税务局长会议，会议主题是传达学习党的十四届二中全会关于“加快财政体制改革和发展步伐，扭转国家财政困难局面，加快税利分流和分税制试点”的精神。国家税务总局金鑫局长介绍了税制改革的总体思路，同时介绍了这次税制改革的历史背景及中央领导同志在听取财税部门关于税制改革的准备工作后所作的重要指示。

金鑫局长介绍说，1992 年春，邓小平同志视察南方发表了重要讲话后，党中央、国务院及时作出了关于加快改革开放和经济发展的一系列重要决策，提出了建立社会主义市场经济体制的战略目标，其中包括税制改革的任务，而财税部门也开始加快了税

* 刘太明（1945 ~2023），四川人。历任大连市税务局局长、大连市国家税务局局长、国家税务总局稽查局局长。1994 年财税体制改革时任大连市国家税务局局长。

制改革的准备工作。

1993 年春，中央先后三次召开中央财经领导小组会议，听取并研究财税部门提出的税制改革设想，提出了改革的指导意见和基本原则，并明确一位国务院副总理直接负责此项工作。

关于税制改革的基本设想，金鑫局长介绍了税制改革的指导思想和基本原则。

税制改革的指导思想是：统一税法，公平税负，简化税制，合理分权，理顺分配关系，保障财政收入，建立符合社会主义市场经济要求的税制体系。

税制改革的基本原则是：要有利于加强中央的宏观调控能力；有利于发挥税收调节个人收入差距和地区间经济发展差距的作用；体现公平税负，促进平等竞争；体现国家产业政策，促进经济结构的有效调整和国民经济总体效益的提高；简化、规范税制。

同时还介绍了税制改革的 5 个方面的主要内容，提出全部改革拟用三年左右的时间逐步完成。

同年 7 月 22 日，国务院办公会议根据当前国家经济形势及财政情况作出新的决定，为了保持中国经济持续、快速、健康发展，要加快实施财税体制改革的步伐，将原定分步实施的改革设想改为一步到位，并于 1994 年 1 月起实施。

根据中央这个新的决定，国家税务总局立即紧锣密鼓加班加点组织起草《关于税制改革的实施方案（要点）》，并迅速上报国务院。从 8 月下旬至 9 月上旬，国务院总理办公会、国务院常务会议和中央政治局会议先后听取了国家税务总局关于税制改革工作的汇报，审议并通过了新税制改革的实施方案要点。这个方案提出将现行的中国工商税制的税种由 32 个减少到 18 个，并对征收管理体制进行改革。为适应实施分税制财政管理制度的需要，组建中央和地方两套税务机构。

10月31日，第八届全国人大常委会第四次会议，通过《关于修改中华人民共和国个人所得税法的决定》，而后国务院总理办公会和国务院常务会议先后审议通过了国家税务总局草拟的《工商税制改革方案》，以及增值税、消费税、营业税、企业所得税、资源税、土地增值税6个相关暂行条例。年底，财政部随即陆续发布了各个新税收条例的实施细则。在这些法律法规条例及实施细则未正式发布前，国家税务总局及各省市、自治区、计划单列市等税务机关，分别提前组织学习培训，为这些新税收法规正式发布实施进行练兵及操作准备。

至此，税制改革的各项法律法规在立法层面的准备工作基本就绪。1993年11月底，国家税务总局再次召开全国税务局长会议，提出坚决落实中央部署，保证1994年1月新税制顺利实施并成功运行。要求此战必胜，只能成功，不容失败。

作为地方一级的税务局局长，在全力做好新税制顺利实施准备工作的同时，还有一项十分重要而艰巨的工作，这就是国地税机构的分设工作。根据国家税务总局金鑫局长的要求，各级地方现任的税务局局长，即为机构分设工作的领导小组组长，也是分设后国家税务局的局长。这是因为当时的税务机关是属地管理，与国家税务总局没有直接隶属关系，担心税务机构分设主要领导都回到地方政府去了。有了这样的规定，把各地机构分设后国家税务局的主要领导先确定下来，有利于机构分设后国税系统的机构组建以及税收征收管理工作。

对地方国地税机构分设工作，国家税务总局只作出原则要求，即按国地税分家后的税收收入业务量大体比例为7∶3，即国税占70%，地税占30%，人员划分也基本照此比例进行分配。

业务、人员、财产具体如何划分，由各地具体制定方案，同地方政府协商确定。

我作为国家税务总局指定的大连市国地税机构分设工作的主要负责人，也是机构分设后的大连市国家税务局局长，必须同时兼顾到大连市国税和地税机构的顺利组建，以及税收管理工作的正常进行。经过调研和反复协商，并取得市委、市政府主管领导的同意及支持，确定了大连市国地税机构分设的基本原则和实施方案。即先划清国地税税收业务范围，人随业务走，财产随人走。划清了业务范围，再划分人员，即人随业务走，原来管理地方税收的处室及人员一律划到地税。大连市税务局各直属局及各区县税务局的机构分设，根据大连市的实际情况，一共 5 个直属局，3 个划归国税，2 个划归地税。各区县税务局一律按国税占 2/3、地税占 1/3 的比例划分人员。最后就是财产划分，财产随人走，即办公楼、车辆、经费一律按人员的去向，按人员比例划分。

由于准备工作充分，沟通协商通畅，大连市国地税机构分设工作平稳有序，圆满完成了国家税务总局和地方政府交给的任务，保证了 1994 年 1 月新税制的如期顺利运行。

1994 年的税制改革保证了分税制财政体系的实施，为增加中央宏观调控能力提供了坚实的制度保障，国税、地税两套税务机构的分设，为调动中央和地方两个积极性，促进地方收入的增长和经济快速发展提供了有序的制度依托。

红色剪纸中的蓝色情怀

严相法*

我叫严相法，1966 年 7 月参加工作，先后从事过教育、人事、工商等方面的工作，1993 年 11 月任莒县税务局局长，2006 年 7 月退休，对税收工作有着深厚的情感。“异彩纷呈回首处，百舸争流看税务”，这也是我编写《蓝色情怀》一书的初衷。

1993 年，我从工商局来到税务局担任局长一职，面对全新的领域，虽然感到很大的压力，但更多的是充满干劲、充满动力。当年我们提出了“打硬仗、扛红旗、夺冠军、创一流”的口号，这也是衡量工作成效的标准。秉持“税务工作无小事”的工作准则，全体干部发自内心地铆足了劲，加班加点那是再平常不过的事儿，有时候半夜也会接到乡镇分局的电话，遇到这种紧急情况，我一般会马上出发，与分局的同志一起处理。以前，路不好走，多是土路，一路颠簸，有时处理完事情天都亮了，洗把脸，接着上班。

过去我们基层一线的同志外出实地巡查，一去就是一天，得带着口粮自己解决午饭。那个年代加油站少，征管路线又长，有时摩托车没油了，只能步行推着回来，回到单位后大家也没有丝

* 严相法（1946 ~），山东莒县人。历任山东莒县税务局局长、莒县国家税务局局长，山东省日照市国家税务局干部。1994 年财税体制改革时任山东莒县国家税务局局长。

毫抱怨，回来第一件事就是税票缴款，确保税票、税款安全。我知道这些事后很受感动，能够带领这样的税务干部队伍也是我的荣幸。

1994 年分税制改革，面对税制改革宣传上前所未有的广度、难度、深度和力度，我们莒县税务人立足实际，理清思路，明确了向县“五大家”领导、乡镇党委书记、乡镇长等关键人物，地方各级人大代表、政协委员和离任的人大主任、政协主席等影响人物，企业法人代表和财会人员等主要人物开展宣传的“三种人物”宣传工作机制，抓住了重点，争取了当地各级领导的支持，求得了社会各界的理解，确保了新税制的顺利实施，征管工作取得明显成效。当年 1—6 月共组织入库工商税收 3019.3 万元，实现了“时间过半、任务过半”，同比增收 756.3 万元，增长 33.43%，这是我们全县税务工作者用忠诚担当、尽职尽责书写的一份满意的答卷。

回顾在莒县税务系统工作的经历，我认为抓好干部队伍的精神文明建设非常重要，我们也取得了比较好的效果。莒县税务系统历来具有高度的凝聚力、责任感和荣誉感，凡是认定的目标，都会齐心协力、全力以赴，这种强劲的战斗力和勇于争先的优良传统，与历届班子重视精神文明建设密不可分。1996 年 8 月 7 日，在山东省税务系统工作会议上，莒县税务局作为先进典型代表，介绍了“加强精神文明建设、争创优异工作业绩”的做法，并代表全省 20 个受表彰的文明建设先进县（市、区）局宣读了《文明共建倡议书》。直到今天，莒县税务系统取得了“全国青年文明号”“省级文明单位”等多项荣誉，实现全局上下精神文明创建满堂红，是因为莒县税务一直以来在精神文明建设上，有目标、有规划、有措施，常抓不懈，持之以恒，调动了人人参与的积极性，促进了干部队伍整体素质的提高，形成了强大的执行力和战斗力。

山东莒县是剪纸艺术之乡，我自幼受母亲的影响喜欢剪纸，退休后，我把个人剪纸爱好与税收宣传相结合，既是传承红色剪纸艺术，也是借以表达对税务工作的无比热爱和高度自豪。慢慢地我发现，用剪纸作品宣传税法知识更接地气，更贴近生活、贴近群众、贴近纳税人，更容易让普通群众接受。于是我以税收宣传月为主题创作剪纸作品，前后算下来已经坚持十多年了，其中 10 余幅作品先后刊登在《中国税务》《山东税务纵横》《教育瞭望》《山东侨报》《黄海晨刊》《莒州报》等各级报纸杂志和《莒县过门笺》一书上，得到了领导的肯定和社会的认可。

虽然从税务工作岗位上退下来了，但退休不褪色，离职不离党，能在退休后为税收宣传贡献自己的一份力量，我感到非常高兴。2021 年是中国共产党成立 100 周年，我与莒县过门笺传承人史龙江一同设计了“庆祝中国共产党成立 100 周年”过门笺，表达我们对党的热爱。今年是新中国成立 75 周年，我将继续关心、关注税收事业发展，积极发挥余热，为税务工作作出更大的贡献。

薪火相传　砥砺前行

周家锦[*]

我于1971年4月参加税务工作，2012年8月光荣退休。在长达41年的税务生涯中，我亲历了税务系统多次重大变革，其中，1995年至1996年间海口税收征管改革信息化建设的历程，尤为让我刻骨铭心。

《国务院关于实行分税制财政管理体制的决定》（国发〔1993〕85号）指出：根据党的十四届三中全会的决定，为了进一步理顺中央与地方的财政分配关系，更好地发挥国家财政的职能作用，增强中央的宏观调控能力，促进社会主义市场经济体制的建立和国民经济持续、快速、健康的发展，国务院决定，从1994年1月1日起改革现行地方财政包干体制，对各省、自治区、直辖市以及计划单列市实行分税制财政管理体制。

1994年实行新税制后，就开始启动金税工程第一期的工作。1995年，海口市国家税务局被国家税务总局选定为全国税收征管改革信息化建设的试点单位。改革的目标是以计算机广域网络为基石，实现"征、管、查"三分离的现代化管理模式，通过集中申报、信息共享、优化服务、重点稽查等手段，进一步强化税收

* 周家锦（1952～），海南海口人。历任海南省海口市国家税务局党组成员、总会计师、调研员。1994年财税体制改革时任海南省海口市国家税务局计算机管理科科长。

管理。然而，当时的海口市国家税务局在信息化建设方面几乎是一张白纸，缺乏技术人员、电脑设备和机房场地，全局上下仅有1台386电脑在苦苦支撑。面对如此艰巨的挑战，时任计算机管理科科长的我深感肩上担子的沉重，但我知道这是时代赋予我们的使命，必须全力以赴，不能有丝毫的懈怠。

为了建设集中征收的税收征管模式，我们需要中小型计算机和广域网络的支持。然而，对于当时信息系统建设基础薄弱的海口市国家税务局来说，这无疑是一项巨大的挑战。但我和我的团队并没有退缩，主动迎难而上，在国家税务总局和海南省国家税务局的大力支持下，分批分次购置了电脑设备，建设了机房，并招录了一批计算机专业技术人员。经过不懈的努力，终于在1996年10月底前建成了覆盖全海口市国税系统的计算机广域网络，配备了1台中型服务器、3台小型服务器、8台微型服务器、300多台电脑，达到了当时全国税务系统的先进水平。

在推进改革的过程中，海口市国家税务局党组始终把政治教育工作放在首位。我作为团队领头人，以身作则，带领团队发扬“一不怕苦，二不怕死”和“敢打硬仗”的革命精神，满腔热情、全力以赴地投入到税收征管信息化建设工作中。我们按照国家税务总局和海南省国家税务局的部署，反复研究组织机构改革建设方案，按“征、管、查”三分离原则，科学合理地设置了机构和职责。在此基础上，想方设法解决场地、设备及师资等各方面的困难，创造条件组织开展多层次、多批次电脑操作技能业务培训，增设考核任务，要求人人达标、未达标不得上岗，在短时间内迅速提高了全体税务人员的电脑操作技能。

这次改革还有一项至关重要的任务，就是做好税收征管信息录入。这是整个改革过程中最关键、最重要、最艰巨的一环。为了做好信息录入工作，海口市国家税务局组织征收管理部门的工作人员收集了全市纳税人的纸质材料，并按照要求对相关信息进行了统一规范整理。在全国尚未规定统一的税务登记号的情况下，我们率先为海口市纳税人编订了录入码，同时还组织了一支能熟练操作电脑的录入队伍，凭着敢打硬仗的精神，将原始纸质资料信息全部录入税收征管系统。在两个多月的时间里，我带领着团队日夜加班、连续奋战，节假日无休、每天工作 12 个小时以上。眼睛熬红了、干涩流泪了，滴一下眼药水继续干；晚上肚子饿了，吃些干粮继续干；累了就地打个盹儿，醒来洗把脸继续干。办公室里时时刻刻都回荡着翻阅纸张和敲打键盘的声音。当时负责全部征管资料审核把关的是一位老同志，他年纪较大且有高血压，却坚持和年轻人一样连续加班，好几次累得趴在电脑桌上睡着了，醒来后又继续投入工作。信息中心的同志们在税收征管系统上线前连轴转了三天三夜，大家都咬牙坚持着，直到系统在指定时间内顺利上线、任务圆满完成，所有人才松了一口气。

此后，海口市税收征管改革信息化建设的步伐越来越快。从 1996 年 11 月 1 日海口市国家税务局税收征管信息系统正式上线运行起，到 1999 年 1 月 1 日税收征管 TAIS 系统上线运行、2000 年 5 月 1 日税收征管 CTAIS 系统上线运行、2003 年 10 月税收征管金税二期“以票控税”系统上线运行，每一次进步都凝聚着海口税务人的心血和汗水。2006 年后，海南省国家税务局逐步完善了新型征管模式，实行全省征管信息集中、数据共享和扁平化管理。针对改革中的突出问题和薄弱环节，我带领着团队先后完成门户网站系统、税库银横向联网系统、岗责体系等信息化建设重点项目攻坚，逐步实现了税收管理模式从传统式、粗放式向现代化、科学化、精细化转变。

在这个过程中，我个人也付出了巨大的努力和牺牲。1999 年春节后，为确保市国税局税收征管 TAIS 系统按时上线运行，全局干部连续加班，我也大半年没有回老家看望父母亲。1999年11月23日，我和同志们正在监控新系统的运行状况，突然接到了家人的电话，得知母亲突发重病去世。我从海口匆匆赶回老家文昌，却已经来不及见母亲最后一面。我心里充满了愧疚和悲痛。办完丧事后，我未按照老家习俗留在文昌守孝，依然选择回到了工作岗位上继续加班。我知道母亲的在天之灵一定会理解我的选择，因为税收征管信息化建设关系到整个海口市的税收工作大局。在那一刻，我深刻体会到了忠孝不能两全的痛苦和无奈。但我也坚信自己的选择是正确的，因为作为一名税务人，我有责任和使命去完成这项光荣而艰巨的任务。

“忆往昔峥嵘岁月稠”，三十年弹指一挥间。如今税收征管信息化水平已经日新月异、飞速发展，硬件和软件都不断升级换代，电子税务局功能不断升级，服务不断优化，“跑网路”成为纳税人办税的主流。这些成就的取得离不开一代又一代税务人的辛勤付出和无私奉献。吃苦耐劳、敢打敢拼的精神赓续相传、薪火相承，为新时代新税务的美好未来奠定了坚实的基础。我相信新一代税务人一定能够传承和发扬税务部门的光荣传统和优良作风，不断开创新的业绩、铸就新的辉煌！

税制改革

税月见证改革痕

探索税史书感悟

1994年财税改革的历程和经验*

许善达

史鉴（《百年潮》编辑）：1994年财税改革是新中国建立以来规模最大、范围最广泛、内容最深刻、成果最显著的一次改革，至今已近20年。回顾这次财税改革的历程，总结其中的经验，对全面建成小康社会，进一步推进财税改革以至经济体制改革，都不无重要的借鉴和指导意义。您作为1994年财税改革的参与者，请您谈谈1994年为什么要进行财税改革。

许善达（国家税务总局原副局长）：谈1994年财税改革，首先需要回顾改革开放初期从计划体制下的财税制度向市场取向的财税制度的改革。

改革开放以前，我国税收体制演变的一个基本特征就是税制的不断简化。到1978年，全国只有工商税、工商所得税等13种税。其中，国营企业只缴纳工商税；集体企业只缴纳工商税和工商所得税；农村一般缴纳农业税、屠宰税。那时，并不是税收收入，而是国营企业上缴的利润才真正构成国家财政收入的主要来源。税收及税收工作在国家政治、经济中的地位和作用都大大弱化。

1978年召开的党的十一届三中全会拉开了改革开放的序幕，

---

* 国家税务总局原副局长许善达访谈录。

税收体制改革也在市场取向的改革探索中起步。适应对外开放、引进外资的需要，涉外税制成为新时期税制改革的突破口。根据邓小平提出的利用外资可以办合资企业的战略设想，1979年7月全国人大审议通过《中外合资经营企业法》，使外商来华投资的权益有了法律保障。在新的形势下，处理外商投资企业与国家间的关系，如果还按国营企业那样通过上缴利润的方式，显然已经不适应发展的需要。参考世界各国的税收惯例，在维护国家利益的前提下，我国很快制定出《中外合资经营所得税法》《个人所得税法》《外国企业所得税法》。其中，《个人所得税法》虽然没有在法律名称上标明有关涉外的任何字样，但因为规定了“工资、薪金所得，按每月收入减除费用800元”的标准，事实上征税对象已经将在内资经济组织中就业的人排除在外。20世纪80年代初期设立的这三个涉外税种，是中国对外开放的强烈信号，对吸引外商直接投资、开展对外经济技术合作具有重要的作用。与此同时，以涉外税制为起点，国内税制也沿着向市场经济发展的方向迈出了改革的步伐。

为解决工商税制中的重复征税问题，改革开放之初国内就有人开始建议搞增值税改革。但由于意识形态的限制，增值税一度被认为是从西方引进的腐朽东西。曾有一种说法将“增值税”与当时认为代表资产阶级腐朽生活方式的“迪斯科、牛仔裤”并列，称为“迪斯科、牛仔裤、增值税”。可以说，是否在全国推广增值税，争议很大。财税部门虽然清楚增值税不重复征税的好处，但在那样的环境下，也只能建议先找一两个地方、一两个行业试试。这样，从1980年开始，广西柳州、上海等地的机器机械行业开始进行征收增值税的试点。虽然仅仅是试点，而且试点方案也并不规范，但它毕竟表明，国内税制开始学习借鉴国外税制中先进的东西，启动了从计划经济的税制向市场经济的税制进行改革的开端。

改革开放初期国内税制进行的最重要的一项改革是国营企业的“利改税”。这项改革从1979年开始在湖北等地的部分国营企业试点。在前期试点的基础上，1983年全国国营企业推行了第一步“利改税”，国营企业由完全上缴利润变为“税利并存”。也就是对国营企业的利润，先征收一定比例的所得税，然后根据企业的不同情况，对税后利润采取多种形式在国家与企业之间进行分配。虽然对企业来说，上缴税和上缴利润并没有多少本质区别，但从税种的设计上，国营企业有所得税了，这是一个性质上的根本变化。它改变了传统计划经济体制下国营企业与国家间只上缴利润这样的分配方式，属于市场化改革的性质。随后，1984年国营企业又进行了第二步“利改税”，将“税利并存”过渡到完全的“以税代利”，税后利润留给企业使用。“利改税”后，税收收入成为财政收入的最大来源。随着改革开放的向前推进，个体、私营经济获得发展的空间，与之相应，到了1986年开始有个体工商业户所得税，后来又有私营企业所得税。应该说，这几个税都是随着市场化的改革进程一步一步产生的。

总的来看，从20世纪80年代初开始，我国长期以来形成的单一税制开始被打破，一套内外有别、以流转税和所得税为主体、其他税种相配合的税制初步建立起来。其中，内资与外资企业被区别对待，分别适用于不同的税法；在内资企业内部，也是多种税并行，如内资企业所得税，按照企业的经济性质和产权关系，划分为国营、集体、私营企业所得税和个体工商业户所得税，每个税法的内容都不一样，税率、扣除等也不相同。在这种税制下，不同性质的企业，税负不统一，总体上是外资税负轻，内资税负重，而且内资企业内部税负也是不统一的。这对于企业间的公平竞争非常不利。关于差别税制的争议在日后日渐强烈。

史鉴：您是什么时候到税务部门工作的？

许善达：我 1984 年从中国农业科学院农业经济专业研究生毕业。这年财政部税务局升格为财政部税务总局，需要扩充人员。研究生学习期间，农村金融、农村税收是我的研究课题，而税务总局缺少熟悉农村的业务干部，1985 年我被调进税务总局。

史鉴：在 1994 年税制改革前，也就是说从改革开放初期，对财税体制是否也开始进行一些改革的尝试？如当时进行的企业与国家、地方与中央财税承包制，以解决前后两者间的分配问题，但实际效果怎样，带来什么后果？

许善达：20 世纪 80 年代中后期，为调动地方和企业的积极性、保证财政收入的上缴，承包制从农村被引入到解决国家和企业之间，以及中央和地方之间两个重要的财税分配问题上。其中，企业承包制的代表是首钢，中央和地方财政收入承包制的代表是江苏省。从 1987 年开始，全国掀起第一次企业承包热潮，企业与政府一对一地签订承包合同，将税收、贷款、利率、税率、外汇额度、价格、原材料供应等统统包下。

关于企业经营承包责任制在当时是存在争论的。财政部出于缩小承包制范围的考虑，提出只能承包所得税，不能承包流转税。因为流转税（产品税、增值税、营业税）在税收收入中占的比重较大，是国家对经济进行宏观调控的重要杠杆，若连流转税都承包，将难以保证财政收入的稳定增长。国务院接受了这一意见，在 1988 年 5 月发出《关于加强税收工作的紧急通知》，强调不能把流转税承包给企业，已经列入企业承包范围的要纠正。此后，国务院又在多个文件里强调了这一点。但是事实上，不包流转税的规定又执行不下去。如首钢，就承包了流转税，而且首钢的承包文件也是国务院批准的。

承包制实施后，虽然发挥出一些短期效应，但由于其制度固有的弊端，问题很快就显现出来。一是政府财政收入事实上比按照税法征收的收入减少了。承包制设计的一个目的就是减轻企业负担，调动企业积极性。但由于承包合同的签订是通过企业与政府一对一谈判完成的，企业负担的减轻常常就变成了没有规则的减轻：谈得好，减得多；谈得不好，减得少。二是造成国家宏观调控政策的全面放松。如企业包贷款，贷款额度、利率高低、贷款期限等全部包在企业与政府签订的合同里，银行只能按照合同给企业贷款，利率说多少就多少。在这样一个状况下，政府很难随经济形势的变化及时调整宏观经济政策。如果说价格闯关是1988年发生通货膨胀的导火索，那么承包制就不得不说是其中的一个主要原因。另外，在当时的税制下，减免税政策随意性很大，连县级政府都有减免税权。当时税法有一条，说企业有困难的可以酌情给予减免。如何定义“有困难”实际上是个随意性很大的问题。事实上企业怎么都能找到“困难”。结果，全国到处减免税，税法失去了刚性，财政收入收不上来。

承包制带来的诸多问题根源在于其制度上的困境：一方面，被“包”死的税收，使财政收入难以随经济增长而同步增长；另一方面，地方的财政包干制，使中央难以分享地方经济发展的成果。特别是1989年以后，我国经济增长速度趋缓，这些问题愈发难以消化。制度的决定性因素，以及经济形势的变化，使得财政，特别是中央财政，在20世纪80年代末90年代初陷入严峻危机中。

那时，财政收入占GDP、中央财政收入占全部财政收入这两个比重连年下降。前者从1984年的23%下降到1992年的13%，后者从1984年的41%下降到1992年的28%。与此同时，财政开支却大幅增长，财政资金不到位的情况屡屡出现。中央财政成为名副其实的“要钱”财政。全国加上计划单列市三十几个地区中只有十几个按承包是给中央交钱的，其他都是向中央要钱的。当时中央财政预算司经常做的一个工作就是催促这十几个地方把钱从地方金库划转到中央金库来。财政功能的弱化，使得中央政府对宏观经济的调控能力进一步放松。正是这场财政危机，加上苏联解体给中国的警示，促使中央下决心要进行财税体制改革。

史鉴：实践证明，企业与国家、地方与中央的承包制之路是行不通的，所带来的后果是使中央财政陷入困境。那么是什么样的政治背景为1994年财税改革提供了条件？

许善达：恰逢其时，邓小平在1992年初视察武昌、深圳、珠海、上海等地并发表谈话，改革开放的春风再次强劲吹起。党的十四大确立了社会主义市场经济体制的改革目标后，各项改革按照社会主义市场经济的要求迅速提上日程。在财税体制改革方面，中央研究决定进行税制改革和分税制改革。当时部署的改革重点还有国企改革、汇率改革、外贸改革等，但财税体制的改革无疑是焦点。从改革开放初算起，经过十余年的探索，将要进行的财税体制改革，已不再是旧体制的延续，而是要求在总结以前改革经验教训的基础上形成一个新的体制。

1993年，中央决定进行财税改革。我记得非常清楚，8月1日到北戴河开会，参加会议的有财政部的、体改委的，我作为税务总局工作人员参加会议。事实上，1994年财税改革的核心，针对的就是已经暴露出种种问题的承包制。但为减少改革的争议和阻力，凝聚共识，时任国务院副总理的朱镕基同志多次同参与改革的同志说，不允许你们写任何文章针对承包制，你们不要掀起一个意识形态争论，咱们就是按照废除承包制这个思路去研究方案去推进改革，但不能打笔墨官司。要从实际问题出发，说政府收入太少了，中央财政收入太少了，不符合市场经济机制，从这个角度宣传改革的必要性。虽然提出不争论承包制，但在设计财税制度改革方案时已经下决心要把承包制废除。这是当时一个重要转折。

学术界和财税部门从20世纪80年代起一直在研究怎么把税制搞好，怎么把中央和地方的关系搞好。那时，无论是财政部、税务局，还是大学、学会、研究所，经常召开财税制度改革研讨会。这些研究为20世纪90年代的改革进行了理论上的必要储备。可以说，1994年财税改革时，财税部门拿出的是一个经过多年理论研究和实践探索形成的改革方案。在方案里，我们通过增值税制度，彻底废除了国家和企业之间的承包制。这主要得益于三个关键点：

一是设计增值税发票制度。国外有两种增值税扣除办法，一种是查账扣除，一种是发票计算扣除。我们选择了按发票计算扣除。采用这个办法，除非你生产的产品只卖给最终消费者，那实不实行增值税无所谓，因为处在最终环节消费的消费者不需要再扣税。否则，只要你的企业生产中间产品，而购买你这个产品的企业实行增值税的话，一定会要求你也实行增值税。因为如果你不实行增值税，开不出增值税发票，买者就不能在增值后再次卖出商品时扣税，这样他就会去买能出具增值税发票的企业的产品。像首钢这样作为承包制代表的企业，面临同样的问题，即实行增值税才能保住市场，不实行增值税就保不住市场。因此他们表示坚决拥护税制改革，要实行增值税。采用发票扣税的制度，就把企业承包制给废了，无论是谁都得按发票计算交税、扣税。这是我们搞税收业务的同志，按废除承包制设计出来的，这个是核心。

二是推行分税制改革。分税制的主要内容是在中央与地方之间合理划分财权和事权。其中，中央与地方政府间的收入按税种进行划分。为改变中央财政失控的局面，决定将全部税收中比重大的增值税按“七五二五”比例进行分配。当时很多地方与中央讨价还价，提出的都是要降低中央在该省的分成比例。镕基同志指出，如果不同的省都各定一个不同的比例，那和承包就没有分别了，我也就天天和省委书记谈判吧，因此必须坚持全国统一比例，省里的困难可以通过转移支付解决。按照这样的设计原则推行分税制，不随便开口子，事实上就打破了包税上交中央的局面。以上这两条把国家与企业、中央与地方的承包制给废除了。

三是组建国家和地方两个税务机构。1993 年 4 月，国家税务局更名为国家税务总局，并升格为国务院直属机构。其后，国务院发出组建中央和地方两个税务机构的通知，规定国家税务局系统实行国家税务总局垂直管理的领导体制，省级地方税务局实行地方人民政府和国家税务总局双重领导、以地方政府领导为主的管理体制，并划分了两个税务机构的征收范围。按照规定，增值税的征收权在国家税务局。这是一个非常重要的组织措施。正是因为中央政府拥有了这个征税权，否定企业承包制的增值税才能最终获得成功，否定财政承包制的分税制才能实现预期目标，中央财政收入才能得到真正保障。

废除承包制是 1994 年财税体制改革最本质的内容。从这个角度看，1994 年改革非常成功，废除了两个承包制，扭转了“两个比重”下降的局面。首先就是财政实现增收，财政收入占 GDP 比重逐年下降的局面得到扭转。财政收入弹性系数（财政收入增速与 GDP 增速之比）改革前小于 1；1995 年、1996 年时接近 1；1997 年以后大于 1。这表明财政收入的增速快于经济增速，财政收入占 GDP 的比重开始上升。其次是中央财政收入占全国财政收入比重下降的局面得到扭转。1994 年中央财政收入占全国财政收入的比重从 1993 年的 22% 提高到 55.7%。这是 1994 年改革的成效。

史鉴：1994 年财税改革的成功，一定有许多值得总结的经验，您认为最主要的经验有哪些？

许善达：考察 1994 年财税改革的过程，我认为有以下两个经验特别值得总结和借鉴：

第一，坚持增量改革，不搞存量改革。1994 年税制改革能够成功，特别关键的一条就是不动存量，保障企业和地方的既得利益。

1993 年 8 月底 9 月初，国务院总理办公会议、国务院常务会议、中共中央政治局常委会议先后讨论并原则通过财税改革方案和分税制财政管理体制改革方案。9 月至 11 月，镕基同志带领财政、税务等部门 60 多位同志，先后到过 17 个省市，一个省一个省介绍、解释改革的方案，与地方负责同志交换意见。当时中央政治局常委会通过的决议是在财税改革中保证企业和地方的既得利益。按照基数与增量分配的原则，基数范围内的税收按原有承包制度在中央与地方间分配，基数以上的增量按新分税制分配。因为原有制度是地方留得多、中央少，所以基数越高，地方利益越大。按财政税务的工作惯例，一个制度改革都是以前一年为基数算账，从下一年开始实施。财政部和税务局的方案是以 1992 年为基数算账，新制度从 1994 年施行。广东是改革开放的前沿，在实行财政包干体制时地方财政留成比例较大。由于分税制和财税改革对其利益触动较大，因而广东的同志对改革的时机和内容存在很大忧虑。广东的同志提出应该以 1993 年为基数。因为中央政治局常委会决议是要保证地方既得利益，而 1993 年 1 月至 9 月广东税收有增量，这个增量是广东既得利益。如果以 1992 年为基数，相当于中央把广东 1993 年 1 月至 9 月的既得利益拿了一大块，这不符合中央政治局常委会的决议。这就是 1994 年财税改革中著名的争论：即以 1992 年还是以 1993 年为基数。

当时财政部税务局考虑到距1993年结束还有几个月，如果宣布以1993年为基数，不知会出现多少地方在基数上做手脚以抬高基数的情况。但是镕基同志展示出其杰出的政治智慧，他同意以1993年为基数来取得广东的同志对分税制方案的认同。他说，中央通过分税制改革要什么？不是要地方的存量，而是从增量里多拿，方针在这儿。以1993年为基数无非就是地方抬高基数，中央财政在几年内拿不到增量。但是，只要分税制出台了，几年以后增量总会越来越多，中央就可以集中财力了。不然，分税制1994年推不出去，如果几年以后再推出分税制的话，存量还是要上去。现在将制度推出去，几年以后总能把增量拿到手。但是增值税“七五二五”分成比例绝不能变，也就是说，只要有了增量，中央要拿3/4。最后，中央批准了镕基同志以1993年为基数的意见。结果，1993年基数从1992年的2600亿扩大到3600亿，增加了1000亿，这在当时不是个小数目，其中有很多是虚增增量。中央想出一个办法，即凡是1994年税收增长率达不到16%的，倒扣基数。如增长率只有10%，基数就要扣6个百分点。这对于解决基数超常增长的问题很有用处。虽然存在虚增增量的问题，但兼顾了中央和地方的利益，减少了改革阻力，使得新制度能够实施下去，这无疑是成功的。

中央对地方让存量，还表现在同意广东提出的希望在企业减免税问题上给予照顾的意见。广东的解释是，根据邓小平在1992年初视察南方时提出让广东力争用20年的时间赶上亚洲“四小龙”的精神，为扩大开放、招商引资，广东宣布了很多税收优惠政策。这个虽然不是存量，可是已经宣布了。现在这个政策，增量中央拿大头，继续实行减免税政策的话，都不够给中央交增量了，甚至会挖了存量。为照顾地方政策的连续性，减少改革的阻力，中央决定对税制改革和分税制改革方案下发以前各省区市政府批准实施的未到期的减免税项目或减免税企业，今年不列入基数，明后两年实行先征税、后退还的办法，不增加企业的税负。这表明，中央改革的原则非常明确，第一是拿增量，不拿甚至让存量；第二是准备晚拿增量。

保存量，甚至是让存量，动增量，是 1994 年财税改革非常重要的原则。从计划经济向市场经济过渡，涉及的利益关系复杂，任何一项改革都应考虑基本不动存量，甚至让存量，主要从增量上做文章，调节利益关系。只要改革往前推进，能够把增量分配的新制度推出去，假以时日，存量中的所谓的不公平的影响会越来越小，新的公平的东西在增量的制度里比重会越来越大，旧的不公平、不合理就可以忽略不计了。

第二，1994 年财税改革还有一条十分重要的经验，就是要把握住改革的方向，不去刻意追求一步到位、极其完美的改革。

应该说，税务总局一开始设计的是一个相当规范的市场经济下的税制：没有营业税，无论商品还是劳务，所有行业都征收增值税，而且是消费型增值税；企业所得税不管外资还是内资企业全部统一。1993 年 8 月，镕基同志在北戴河研究税制和分税制改革方案时，这两个方案都碰到了很多问题，其中税制改革方案方面主要有以下三项：

一是关于增值税抵扣问题。原来的设计方案规定购买机器设备税款可以抵扣。但有意见提出，1993 年上半年投资过热，通货膨胀严重，如果允许抵扣，会更加鼓励投资。现在加强宏观调控，限制投资是必不可少的。因此，购买机器设备的税款不能抵扣，增值税不能实行消费型，只能实行生产型。这个意见后来被采纳，原设计方案倒退了一步。

二是关于企业所得税统一问题。1994 年以前，我国的企业所得税划分为国营企业所得税、集体企业所得税、私营企业所得税和外商投资企业所得税。这种按照经济性质划分所得税的制度，无法处理股份制企业的所得税问题，不利于公平竞争，跟市场经济改革方向不一致。当时税务局提出的建议是无论内资还是外资都合并成一个企业所得税。在讨论时，对合并内资企业所得税没有分歧，但对合并内外资企业所得税有不同意见。一种意见强烈主张，如果外资企业所得税不能优于内资，会妨碍引进外资战略的。在这种形势下，只好先统一内资企业的所得税，内外资企业的则暂时不统一，而且还要把内资企业所得税税率设计得相对高些、连工资也不能全部在税前列支。在内外资企业两套所得税税法下，内外资企业所得税税负水平相差一半。

三是关于保留服务业的营业税问题。营业税重复征税，税负重，出口不退税，绝不是一个好的税种。最初方案设计的也没有营业税，而是所有行业都征收增值税。但后来讨论分税制方案时，如果把原有的产品税和营业税都改成增值税，那地方政府的固定收入就会减少得过多。为了得到各省对分税制的认可和支持，使分税制能够正常运行，只好继续对服务业征收营业税，并把营业税收入划给地方，以保证地方政府的固定收入中有一个较大规模并且随着经济发展可以持续增长的税种。这是当时服务业营业税没有列入改革而留在增值税外边的一个主要原因。

这三项可以说是1994年财税改革的遗留问题。因为当时各种制约条件，没有办法按照一个正常的、规范的税制一步改革到位。但从另一方面看，这也为税制进一步深化改革指明了方向，那就是解决好这三项遗留问题。

从1994年到2001年的实际情况是，财税部门在7年时间里根本没有时间和精力研究完善税制的问题。因为增值税刚一推出的几年里，由于税务机关当时还比较缺乏对纳税人使用增值税专用发票进行监控的有效手段，一些不法分子趁机利用伪造、倒卖、盗窃、虚开增值税专用发票等手段进行偷、逃、骗国家税款的违法犯罪活动，有的还相当猖獗，严重干扰了国家的税收秩序和经济秩序。1995 年 10 月全国人大常委会在《关于惩治虚开、伪造和非法出售增值税专用发票犯罪的决定》里增设了虚开增值税发票罪，并且有死刑的量刑。1997 年 3 月这一条被增加进修订的《刑法》里。为了一个税种的管理，在刑法里增加一个死刑的种类，可见当时整个增值税工作形势的严峻。

国家采取了许多办法去解决这一问题。在制度建设方面，国家决定引入现代化技术手段加强对增值税的监控管理。1994 年 2 月，镕基同志在听取财政部、国家税务总局、电子部、航天工业总公司等单位的汇报后，指示要尽快实施以加强增值税管理为主要目标的“金税”工程。当年下半年金税工程一期启动。到 2001 年，金税工程二期成功，这才真正控制住了增值税发票。后来岚清同志到税务总局视察时讲过这样一段话：增值税是个好税种，但是金税工程成功以前，我们就想过，这个好税种适不适合中国国情，会不会太超前了，因此我们现在还引不进这个东西。如果金税工程失败，增值税站不住，我们就得退回到过去的产品税。现在看，金税工程成功了，增值税可以站住了。岚清同志所说的中央的这个考虑很重要，因为增值税是 1994 年财税改革最主要的内容，分税制主要就是分增值税，如果增值税退回到产品税，那分税制也没有了，1994 年的财税改革和分税制改革就会宣告失败。所以增值税的存亡不仅仅是一个财税问题，也绝不仅仅是一个经济问题，这是我们国家一个非常重大的政治问题。好在最后增值税控制住了，分税制也不必倒退了。

史鉴：1994 年税制改革遗留了三个问题，即购买机器设备的税款不能抵扣增值税的问题；内资企业和外资企业所得税不统一的问题；营业税改增值税的问题。现在已经解决了哪些，有了哪些进展?

许善达：因为当时各种制约条件，没有办法按照一个正常的、规范的税制一步改革到位，到2001年以后，财税部门才研究1994年要改没改的那些事。

第一，是增值税转型问题，即允许购进机器设备税款抵扣增值税。在生产型的增值税中，机器设备税款不能抵扣，这相当于不鼓励企业进行技术改造，与我国鼓励企业提高技术水平，增加科技含量的方针是有矛盾的，所以首先提出要实现增值税转型。2003年国家实施振兴东北老工业基地的战略。为支持东北工业改造，国家提出的政策中有一条就是增值税转型，即允许购进的机器设备税款抵扣。但允许抵扣，又不提高税率，必然会造成税收收入的减少。据当时东北三省一市测算，实施增值税转型后将减收300亿元。可见，解决好减收的问题已经成为政策能否顺利推出的重要因素。

为此，中央决定，中央财政减收的由中央承担；地方减收的部分，中央财政给予适当补贴。但地方一直希望中央能够补贴得更多一些。后来，财政部与东北三省一市的主要负责同志协调这个问题，达成一个共识，即为购买机器设备税款抵扣设置一个前提，如果今年税收有增量，增加的部分可以抵扣；如果没有增量，可以先不抵扣，等有增量时，再抵扣。这个办法从税制规范上说，并不是一个理想方案，但这样做可以减轻财政压力，可以获得地方政府同意增值税转型方案。这个政策实行以后，实际减收的数量大大低于当时测算的数量，一年来只减收50亿，在中央和地方财政可以承受的范围内。再加上税务局征收管理也没有出问题，更增强了中央和其他地方政府推进增值税转型的决心。经过中、西部两次扩大试点范围，从2009年1月1日起，消费型增值税在全国全面实行。从2003年算起，一共经历了6年时间。

第二，在2003年提出增值税转型的同时，合并内外资企业所得税问题也提了出来。由于一些原因，2007年才获全国人大审议通过，自2008年1月1日起施行。2009年开始收2008年的企业所得税，这又是5年时间。两税合并后，内资企业的所得税负担大幅度下降，内外资公平竞争的环境进一步改善。2009年推出的这两项税制改革，都是具有减税内涵的改革，对于中国率先走出国际金融危机具有积极的意义。

第三，2009年以后，1994年财税改革遗留的三个问题还剩下营业税改增值税的问题。关于这个问题早就有讨论，但实施起来有几个阻力。一是减收问题。营业税是地方税，增值税是中央和地方共享税，营业税改为增值税要减少地方政府的收入，地方愿不愿意，能不能承受。二是，取消营业税后，地方政府将失去一个随着经济发展而增长的税种，地方税体系失去主体税种。三是组织征收问题。营业税是由地税局负责征收，增值税归国税局征收。营业税改为增值税后，如果还由地税局征收，再建一套金税工程的成本很高；如果划给国税局征收，那地方政府是否愿意，地税局是否愿意。另外，营改增后是否还按“七五二五”比例在中央和地方间分配也是讨论的一个主要问题。当时意见达不成一致。但是，营改增又是十分必要的。“十一五”规划所有指标中只有“服务业增加值比重”、“服务业就业比重”和“研究与试验发展经费支出占国内生产总值比重”三项没有达标，其中服务业占据了三项里的两项。要促进服务业的发展，在财税改革上最必要的一件事情，就是要把营业税改成增值税。

这项改革的一个契机就是2009年上海根据国务院意见决定

加快发展现代服务业和先进制造业，建设国际金融中心和国际航运中心。而要建设“两个中心”，营业税改增值税是一个必要条件。在讨论中，关于组织问题，由于上海只有一个税务局，地税和国税合署办公，因此这个方面的问题不大；其他关于减收、分成等，也是争论比较大的问题。最后，时任上海市委书记的俞正声决定，减税完全由上海承担，不向中央要钱，但有一条，改的这部分增值税，不实行“七五二五”比例分成，都归地方所有。这个意见，因为照顾到中央和地方的利益，得到了国务院批准。自 2012 年 1 月 1 日起，在上海交通运输业和部分现代服务业率先开展了营业税改征增值税改革试点。改革后，政策的洼地效应很快就显示出来，相邻地区服务业的许多业务被吸引到上海，半年之内上海进入改革领域的新办企业就有两万多户。

上海的改革对加快营业税改增值税改革起到了很大的推动作用。全国陆续有一些地区给国务院打报告要求进行试点。这些地区主要有两类，一种是像北京这样的，虽然受上海“洼地”效应影响不大，但因其服务业基础相对较好，期冀获得上海这样的好处；另一种是江苏、浙江、安徽等上海周边地区，由于上海的洼地效应利益受损，希望改革后能够将洼地填平。虽然营业税改增值税改革取得一定积极进展，但由于其对中央与地方间的关系以及地方与地方间的关系都有较大的影响，触动的利益范围较广，改革全面推开还需假以时日。[①]

可以预料的是，按照现行政策营改增之后，原增值税实行中央和地方“七五二五”分成，而营改增的增值税百分之百留给地方。这样同为增值税却是两种分成比例的局面不可能长期维持，必然也必须在某个时点上修改成为统一分成比例的增值税。这就

① 编者注：营改增改革现已全面完成。

派生出一个新问题：如何为地方税体系设计一个主体税种。唯一的选择就是在零售环节征收消费税并和车辆购置税一起调整为百分之百的地方固定收入。回想当年，由于我们税务局没有能力在零售环节征收而只好改在生产环节征收消费税，三十年了，现在终于可以让消费税回归零售环节了。

如此算来，到今天 20 年时间，1994 年财税改革遗留的问题还没有彻底完成。但是，这也恰好证明，改革是一项复杂的系统工程，很难一步到位。为减少新体制出台的阻力，在坚持住改革方向的同时，改革的方案、改革的措施、改革的时间表都可以调整。假以时日，方案、措施上的那些缺陷慢慢就会改正。

回顾 1994 年以来财税改革的历程，我认为坚持增量改革和对改革方案作出适当让步是两个特别重要的经验，也是今后进一步完善税制、深化经济体制改革所要坚持的重要原则。

史鉴：您对 1994 年财税改革的详细回顾和经验总结，对广大读者加深对改革开放历史的认识很有意义。谢谢您接受我的访问。

本文刊载于《百年潮》2013 年第 7 期。

分税制改革三十年：回顾与展望

贾 康[*] 刘 薇[**]

我国 1994 年确立的分税制财政体制框架，至今运行已有 30 年时间，对当年这一举世瞩目的分税制改革举措所形成的制度创新建树，很有必要以历史眼光作出中肯和力求全面的梳理、总结；对相关的不同认识，也亟须深化研讨，以利于中国在改革深水区攻坚克难，构建党的二十大所要求的“高水平社会主义市场经济体制”。

一、1994 年分税制改革的里程碑意义

1994 年分税制改革，结束了从中华人民共和国成立到进入改革开放新时期 40 余年间财政体制摇摆不定的多变格局，初步奠定了财政“以政控财、以财行政”分配体系以合理制度安排框架服务于中国社会主义市场经济的运行基础，对于加强中央宏观调控，促进经济与社会发展，保证财政收入，调整优化税制结构，

---

* 贾康（1954～），华夏新供给经济学研究院创始院长，中国财政科学研究院研究员、博导。历任财政部财政科学研究所副所长、所长。第十一届、十二届全国政协委员，第十三届全国政协参政议政人才库特聘专家，国家“十一五”、“十二五”、“十三五”规划专家委员会成员。孙冶方经济学奖、黄达—蒙代尔经济学奖和中国软科学奖获得者。任多所著名大学特聘教授，多个地方政府顾问、特聘专家和咨询委员。

** 刘薇（1978～），中国财政科学研究院副研究员，硕士研究生导师。

理顺政府与企业、中央与地方、公权体系与公民的分配关系，都起到了至关重要的作用，具有里程碑意义。但由于多种主客观条件限制，1994 年分税制改革还具有浓重的过渡色彩，虽建立了基本框架，但深化改革的任务仍相当艰巨。其后的 30 年间，多项后续改革得以推进，但未完成的改革任务仍需攻坚克难。

（一）财政体制改革从“行政性分权”到“经济性分权”

在 1992 年邓小平南方谈话后，党的十三大确立社会主义市场经济目标模式的新形势下，我国于多年探索中推进财政分权改革，终于从“行政性分权”进入“经济性分权”。自 1994 年 1 月 1 日起，以极大魄力和高水平方案，实施与市场经济间接调控体系相匹配的以分税制为基础的分级财政体制，这是于“问题导向”下化解现实生活中已突出表现的与财政体制相关的矛盾、制约和挑战，积极服务以“生产关系自我革命”解放生产力对接中国现代化战略目标的大手笔。

1978 年改革开放后，为充分调动地方政府和企业积极性，宏观层面以财政体制为突破口放权，由原有高度集权特征的财政“总额分成、一年一定”体制改为分权型“分灶吃饭”体制，以地方财政包干调动地方积极性；同时也开始对企业下放自主权，松绑让利，并在其后经“利改税”使国有企业由利润上缴改为依法缴纳企业所得税。扩大企业和地方政府财权财力的利改税和包干制财政体制改革，有效调动了企业、地方积极性，企业财力和地方财力明显增强。但在财力分配结构上，也随之出现了财政收入占 GDP 比重、中央财政收入占全国财政收入比重持续下降的问题。数据显示，1984 年利改税至 1994 年分税制改革前，财政收入占 GDP 之比由 22. 57% 降为 12. 19% ，中央财政收入占全国财政收入之比由 40. 5% 下降至 22% 。财税收入相对缩水和支出显著增加的双向挤压，导致财政赤字剧增，国家债务负担持续加重：国家的公债发行规模从1986年的138.25亿元扩大到1993年的739.22亿元，特别是中央财政捉襟见肘。时任国务院副总理朱镕基说："'两个比重'下降的情况如若继续下去，中央财政到不了2000年就会垮台，这不是危言耸听。"与此同时，"搞活企业"的努力却未能收到意愿中的效果，"减税让利"被评价为走到了山穷水尽地步，企业普遍反映"仍然活不起来"。地方政府扩权后较快表现出的市场封锁、低水平重复建设式"诸侯经济"倾向，也成为"分灶吃饭"体制日益显露的弊端。

在1992年邓小平南方谈话后，党中央确立以建设中国特色社会主义市场经济为改革总体目标，于法治化轨道上打造多种经济主体公平竞争的市场和宏观间接调控体系势在必行，因而在反复研讨基础上，合乎逻辑地引出在1993年加紧准备、于1994年1月1日正式推出的"分税制"配套改革。分税制改革不仅是要提高"两个比重"，特别是还要保障新的财税制度适应建设市场经济的要求，这正是与中国经济社会历史性转轨中通盘资源配置机制再造相呼应的重大制度变革。

1994年分税制改革实以"经济性分权"为内在改革逻辑、以走向规范的分税分级财政为改革目标。文件表述上强调"正确处理中央与地方的分配关系，调动两个积极性，促进国家财政收入合理增长""合理调节地区之间财力分配""以统一政策与分级管理相结合"并以"整体设计与逐步推进相结合"为操作要领。其实，这一重大改革解决的问题远不止中央地方关系，所产生的正面效应是全局性的。当时具体工作中总结的基本内容，概括归纳为"三分"（分权定支出、分税定收入和分机构建体系"）、"一转"（转移支付配财力）、"一返"（税收返还保存量）、"一挂钩"（系数挂钩调增量）。其中，"分权定支出""分税定收入”及“转移支付配财力”是主体内容，体现政府间财政关系三要素即“事权”“财权”“财力”的内在逻辑联系——以事权为核心进而寻求“财权与事权相顺应”以及“财力与事权相匹配”，正是以此开先河。“分机构建体系”“税收返还保存量”“系数挂钩调增量”等，则属于辅助措施，旨在降低这一改革所引发的摩擦与阻力，保障分税制的顺利推行，以利预定改革目标的实现。

如果从全局眼光对改革开放后的财政体制变化做一最简要的总结，那么1994年之前可以称为“行政性分权”，而1994年后则可称为“经济性分权”。行政性分权最基本的特征是继续在“条块分割”框架下依企业行政隶属关系组织财政收入和实施政府对企业的控制，与分权前的差异主要在于从“条条为主”，改变为“块块为主”，企业于市场竞争中进行生产经营决策，从决定性意义上说仍必须按照行政隶属关系体系，服从自己行政主管的意旨。1994年分税制改革，则终于在体制框架上冲破了“条块分割”局面，以适应市场经济发展客观要求来理顺间接调控体系中政府与企业、中央与地方、公权体系与公民三大经济关系，为“以改革解放生产力推进现代化”和“建设中国特色社会主义市场经济”，里程碑式地达成了国家治理基础制度安排层面的框架锁定，这正是其重大而深远的、全局性的历史意义之所在。

（二）1994年分税制制度安排的实质及其必要性论证

许多场合人们谈及1994年分税制改革的意义和贡献，都说是正确处理了中央与地方的关系，这固然正确，但笔者认为这还远非全面。如实从财政看全局，从渐进看突变，应当强调：1994年分税制制度安排的实质，是以极大魄力和胆识、带有配套式突变特征、三位一体地正确处理政府与市场（企业）、中央与地方、公权体系（各级政府）与公民（作为自然人的纳税人）的关系，形成一套崭新的基本体制特征和机制性要领。这一改革是以制度创新为龙头的“政府职能走向现代化治理”，对接经济社会长治久安、转轨进步诉求，居功至伟。这一改革前承几十年财政体制变革摸索经验教训，特别是针对进入改革开放新时期后“分灶吃饭”式“行政性分权”弊端已日益显现的问题，后启以“经济性分权”基本框架对接市场经济间接调控体系的一系列继续推进深化改革的措施。其内在的基本逻辑主线，是我国建设社会主义市场经济，必须走财政分税制之路，实质性消除以往不论是强调集权还是强调分权，都是按照“分块分割”的行政隶属关系体系控制企业（所以分权也只是“行政性分权”）的体制痼疾，使所有的企业作为市场微观主体，不论大小，不看行政级别，不问经济性质，不讲隶属关系，“在税法面前一律平等”，都依法该交国税交国税，该交地方税交地方税，税后可分配的部分按照产权规范和政策环境，由企业自主分配。在这样有“突变”特征而进入的新境界下，企业跨隶属关系、跨行政区划和所有制性质的兼并重组，得以成为可能，生产要素充分流动的统一市场得以培育和发展，一向固有的国有企业及其领导人的行政级别与“官本位”规则得以淡化，各类企业可以基于我国前面已做出的财务规则、会计准则规范化改革举措之铺垫，决定性地得到公平竞争的“一条起跑线”，从而走向“真正活起来”的新局面。

关于中国选择财政分税制的必要性，社会上仍一直存在不同看法，故很有必要在此概括性地再做表述：

从整体配套的角度考虑财政体制改革的方向，应是使财政体制的目标模式适应社会主义市场经济的总体规定性，具备如下几方面的体制功能：第一，有效维护企业的商品生产经营者、法人主体地位和企业之间开展公平竞争的外部环境，贯彻国家宏观经济调控权、国有财产所有权收益权和国有企业经营权实行分离的原则，从而一方面使企业得到自主经营、发挥活力的广阔天地，另一方面使国家掌握必要的宏观调控能力和应有的国有资产产权收益。第二，正确地体现政府职能和正确地处理中央与地方间以及不同区域间的利益分配关系，建立起稳定的财权与事权顺应而协调的分级财政，从而使各级政府合理得到必要财力而有效地匹配于履行自身职责。第三，有力地推动社会主义市场经济中财政资金的筹集、使用过程进入“生财有道、聚财有度、用财有方”的轨道，充分调动各方面积极性和充分发挥资金效益，从而通过初次分配和再分配中国家财力“取”与“予”的良性循环，卓有成效地为整个国民经济的良性循环、社会各项事业的蓬勃发展服务。

符合上述要求的财政体制形式，正是以分税制为基础的分级财政。所谓分税制，其真正含义在于作为财政收入主要来源的各个税种，原则上要分别划定为国税或地方税（可以有规范化的共享税），企业均按照法律规定，既向中央政府交纳国税，又向地方政府交纳地方税。在此格局中，各级政府可以主要根据以本级税收为主的收入，相应安排其支出，相对独立地组织本级预算平衡，做到“一级政权、一级事权、一级财权、一级税基、一级预算（更为全面的表述，还应涉及分级的资产权与举债权）”。同时，中央应保持必要的自上而下作转移支付的调控能力。

以分税制为基础的分级财政体制的关键内容和特点在于：一方面，它可以有效地淡化过去一向实行的各级政府对企业的“条块分割”式行政隶属关系控制，企业将不再把税款只交给作为自己行政主管的特定一级政府（再由地方政府与中央政府讨论如何分成），而是依法分别地把不同的税，交给不同的各级政府，从而有助于消除各级政府对“自己的企业”的过多干预和过多关照，促使各类企业自主经营，充分地展开公平竞争；另一方面，它可以清晰地划分中央、地方间的财源和财政收入，稳定地规范各级政府间的财力分配关系，在发挥中央、地方“两个积极性”的基础上形成各级预算各行其道的规范的分级财政，构建以稳定的预期来支持和匹配的中央、地方合理的长期行为模式，优化国家治理。

为更具体地描述以分税制为基础的分级财政体制，可列举这一体制的要点如下：一是不再按照企业行政隶属关系，而是按照税种划分中央财政和地方财政各自收入，企业不分大小，不论级别，不看经济性质与行政隶属关系，依法向中央、地方政府分别纳税，自主经营、公平竞争。二是中央、地方政府通过财政对经济实行的分级调控管理，主要运用税收、债券、贴息等经济手段调整企业外部条件的措施。同时，健全国有资产管理体系，按产权规范，以适当方式（如授权委托于人格化专门机构）管理、运营企业中的国有资产。三是在中央、地方间划分税种的同时，各级政府要合理调整和明确各自的事权，重新核定各级财政支出范围。与保证中央集中财力和实现全国性的经济调节关系密切的税种，应划为中央收入；有利于地方发挥征管优势、宜于由地方掌握的税种，应划为地方收入。除中央政府要承担一些大型、长周期、跨地区的重点建设项目的投资外，大量的一般赢利性项目，应交给企业和企业联合体去办，地方财政则基本上不再承担赢利项目的直接投资任务，而把支出重点放在基础设施、公用事业、公共服务等优化宜业宜居环境的方面。四是中央财政承担调节各地区间差异的责任，主要方式是通过自上而下的转移支付实行对地方政府的财力补助。各地具体补助数额的确定方法，要改传统的基数法为比较客观、严密的因素计分法（公式法）。五是在各种配套条件基本到位之后，应使地方政府具有从本地实际出发在一定范围内选择税种、调整税率乃至设立、开征某些地方税种的权力，健全地方税、费体系，因地制宜地为地区非公用设施建设和各项公共服务、事业发展提供必要的资金来源。最后，以上述几方面为基础，中央财政与地方财政相互分离地形成相对独立、自求平衡的中央预算和地方预算。中央预算中要掌握足够的转移支付资金。各级财政都要以法律形式强化其内部、外部的制度约束和责任约束。

以分税制为基础的分级财政体制，可以二位一体地处理好国家（政府）与企业、中央与地方两大基本经济关系，适应社会主义市场经济发展的内在要求，并随着个人所得税等直接税制的深化改革，亦能规范化地处理好政府与公民（作为自然人的纳税人）的分配关系。所以，它是深化财政体制改革的大方向，应成为财政改革与中长期整体改革相配套的轴心。

综合地看，财政分配是政府和市场（作为市场主体的企业）、中央和地方、公共权力体系和公民这三大基本经济社会关系的交汇点，"以政控财、以财行政"的财政分配，要使政府于履行职能中既不越位又不缺位，在市场发挥资源配置作用的同时，发挥好政府应该发挥的维护社会公平正义、让市场主体在公平竞争中释放活力、弥补市场失灵、扶助弱势群体、优化收入分配等重要作用，促进社会和谐和长治久安，就需要有以分税制为基础的分级财政这种系统化的制度安排。这一认识，是基于我国几十年反复探索财政体制改革的经验教训总结，并借鉴世界上市场经济体基本经验。这种体制的正面效应，已由 1994 年形成分税制框架之后中国经济社会发展成就给予了雄辩证明。1994 年开始的分税制财政体制，在照顾地方财政包干既得财力前提下，增收部分提高中央分享比例、更多向中央财政集中，并用分税法治化形式将中央与地方财政关系稳定下来，从此使国家财政告别央地关系的

“体制周期”与“互留后手”式不良博弈，在财力分配主渠道上排除了“跑部钱进”“鞭打快牛”“会哭的孩子有奶吃”等弊端，将财政分配纳入法治化、规范化轨道，较好兼顾中央与地方财政利益同时调动中央与地方积极性，在扭转两个比重持续下降困局、提高中央政府宏观调控能力方面，消除了原已十分明显的痛点。与此同时，各种类型企业的发展进入新的升级状态，跨行政隶属关系的存量重组，在走向公平竞争的状态下活跃展开，企业进一步体现出市场主体的积极作为，支持着中国进入经济起飞阶段。这些形成了政治决策视角上和亿万民众感受上都高度认同的显著成果，引出了对可持续推进现代化发展战略、完成中心任务的治理基础支撑力。

（三）以审时度势综合权衡下的局部突变，开创公共财政转型新轨道

1994年改革方案，在有“牵一发而动全身”高敏感度、高复杂性的多种制约条件下，以审时度势的综合权衡，既决定性地确立中央与省级为代表地方间的“分税分级”新制度框架，又“激励兼容”地设计顾全既得利益的折中过渡方案——以1993年为基数，实行财政增量1∶0.3税收返还等措施，平稳实现渐进改革路径上的框架突变，从而成功开创了告别财政“体制周期”和“放乱收死”不良循环、乘势于深化改革中实行公共财政转型的新轨道。

1993年设计分税制改革方案时，恰逢我国经济过热，固定资产投资失控，金融秩序紊乱，通货膨胀严重。在经济环境并不宽松情况下，既要达到提高“两个比重”的目标，又要致力于改善宏观环境，获得地方、部门和企业界认可而控制、收敛大力度财税变革所伴随的操作风险。在划分税种时明确将维护国家权益和

实施宏观调控所必需的税种划分为中央税；为鼓励地方发展第三产业、农业和效益型经济，将主要来源于这些领域的税收，如营业税等划为地方税；为淡化地方片面追求GDP，防止地区封锁，减少重复建设和盲目建设，对国家控制发展的一些消费品比如烟、酒、高级化妆品实行消费税，而消费税100%归中央；当时最红火的加工制造业的流转税，改革前主要属于地方税源的产品税，改为增值税以后实行共享，中央拿大头；同时，为体现资源国有，中央要保留对资源税的一定分享权，而考虑到大部分资源集中在中西部地区，资源大省一般都是财政穷省，大部分资源税全部留给地方，只将个别品种如海洋石油的资源税划归中央。

增值税是1994年税制改革后最大宗的流转税种，占整个税收收入的比重达到40%左右。因此，其改革可谓中央与地方利益博弈的焦点。在具体方案设计中，中央首先确定了增值税必须作为中央与地方共享税的基本原则，但在确定共享比例以及税收返还方案时曾颇费周折。为确保中央财力需要，同时避免取之过度，经过仔细测算和慎重考虑，决策上最终选择了75%：25%的中央与地方分享比例。在税收返还方面，财政部借鉴1980年“分级包干”和1985年“财政包干制”的做法，提出“基数加增长比例分成”的方案——基数全部返还给地方，增量按照固定比例予以返还。这一方案的核心参数在于基期、基数和增长比例的确定。最初提出按照通货膨胀率来确定增长比例，但经过讨论，改为按全国增值税平均增长率的1：0.3确定增长比例对地方分成。在基期和基数方面，开始时是倾向于以过去几年的情况作为参照。方案提出后遭到多数地方反对，其中以广东省的反对意见最为强烈。广东省曾明确要求继续实行财政包干制，为此中央多次派人赴广东省进行方案说明和解释工作，朱镕基同志带队赴广东商讨起到了决定性作用。最终，广东省同意实行分税制，但要求以1993年财政收入的决算数作为返还基数。由于当时还处在1993年9月间，全年财政收入的决算数只有到1994年上半年才能出来，地方很容易在之后的几个月内人为地将全年财政收入数推高，以获取更多的基数返还，因此，财政部对此坚决反对。但时任国务院副总理主持经济工作的朱镕基，以政治家决策的通盘考量，力排众议，同意了这一要求，获得广东省的支持，使得增值税改革方案得以最终确定。贵州、云南、广西等西部省区，对消费税完全划为中央税的做法意见很大，认为这极大损害地方利益。为了照顾地方，中央最终决定比照增值税返还方案对地方也进行消费税返还。两税返还方案的确定，标志着中央与地方在最为核心的利益上达成一致，从而为分税制改革的顺利推进铺平了道路。这样，经过中央与地方利益博弈，一个符合中国国情、中央与地方均能接受、并非完美但却充满智慧的分税制方案得以最终出台。

此后，中国步入财政收入和中央财政收入持续快速增长时代：1994—2002年，财政收入年均增长17.5%，财政收入占GDP的比重由1993年的12.6%提高到2002年的18.5%；2002年，中央财政收入占全国财政收入的比重为55%，比改革前的1993年提高了33个百分点。这一比重以后又缓慢回落为45%左右而相对稳定。

1994年确立的财税体制支撑整个中国市场经济间接调控的基本框架，走进一个新的分权境界：国家主要以预算、税收、国债等财政手段以及货币政策方面的经济手段为调控工具来实施宏观调控。市场的价格信号与这些宏观参数综合在一起，实现由国家调控市场、市场引导企业、有利于解放生产力的一整套间接调控运行机制。同时，财政体制也终于跳出了前边几十年总也摆不平、稳不住的中央地方间财力分配体制安排的所谓“体制周期”，由无休止的“放、乱、收、死”循环，以及“讨价还价”“相互提防”“跑部钱进”等非规范特征交织的非稳定状态，转入中央地方间能够稳定地主要依税种各自掌握主体财源状态，在不必相互猜忌和彼此防备的情况下，对于可用财力“可预期”地依长期主义取向，纳入本级政府发展战略作统筹安排。1994年改革，还把原已设立的个人所得税、个人收入调节税和城镇个体工商户所得税等，合并为规范的个人所得税，开启自然人作为纳税人的规范化直接税新境界。

所有这些，也形成中国深化改革进程中，开创公共财政转型新局面的基本支撑条件。1998年，我国明确地提出建立公共财政框架的指导方针，打开公共财政新轨道上的一系列制度、管理与技术性的重点创新和综合创新事项。

二、1994年分税制改革方案具有其过渡色彩

1994年分税制改革的直接推动力与体制内决策层有共识的目的设定，是为了解决中央财政的困难。分税制改革之前，中央财政十分困难，已到了难以为继地步，如果不适当增加中央财政收入，日子过不下去，最终全国都要受害。其实际上触及的，却是前述三大基本经济关系“三位一体”合理化任务，具有系统工程特征，涉及除央地关系之外整个市场经济体制机制相关的多层次、多角度制度变革、机制创新。而当时即使在央地关系方面，也只来得及在以中央和省级为代表的“地方”之间确立分税制框架，省级以下还有几个层级，如何分税？只能留待其后渐进解决。多元目标与多重制约交织，使改革既有基本框架上的大手笔布局与基本方向的确立，又必然还有渐进性、妥协性、过渡性的内容安排。此种混合式内容诉求，通过最为简单的词语展现其处

理，比如《关于实行分税制财政管理体制的决定》（国发〔1993〕85号）全文共5处直接出现“过渡办法”“过渡措施”“过渡一段时间”等语词，表现着改革的过渡色彩。

（一）对于“既得利益”的必要权衡与妥协

改革方案中的妥协，体现在适当照顾地方基数利益，以及国有企业产权收益全部暂留用于企业扩大再生产和员工福利等方面。中央于1993年内决定以当年为基期年，按照地方实际财政收入核定税收返还数额。在此背景下，地方政府为了实现既得利益最大化，在1993年下半年加大征收力度，甚至采取“先征后返”“寅吃卯粮”等非常规手段以期将基数做大。这使得1993年三季度后地方财政收入出现激增：9月—12月间税收收入同比增长60%、80%、90%和120%，全年增长了39.9%，财政收入增收900多亿元。由于新增财政收入中直接对应了30%的地方返还，如果中央严格执行既定方案，1994年财政预算将会存在300多亿元的资金缺口。如何有效化解这种资金缺口就成为1994年分税制改革方案设计带给中央的第一个难题。财政部最初曾试图通过扣减地方基数做法来解决，但遭到地方强烈反对。经过广泛讨论和审慎考虑，中央最终认可了1993年的地方基数，但对“两税”返还方案进行补充完善，设立奖惩机制。具体而言，确定以1993年全国“两税”增长率的1/3即16%作为今后“两税”的增长任务，各地以本地区1993年“两税”增长率的1/3作为增长任务。对于不能完成“两税”增长任务的地方，中央要求以地方财政收入进行赔补，进行基数扣减；对于完成“两税”增长任务的地方，中央按当年该地区“两税”增长率的1：0.3进行基数返还。对于“两税”增长超过任务的地方，中央按照超额部分的1：0.6给予地方一次性奖励。增长返还系数1：0.3不再与全国“两税”平均增长率挂钩，而是与本地区上划“两税”增长率挂钩。

（二）所得税仍按行政隶属关系划分

1994年分税制改革时，为了减轻改革阻力，中央并没有决定进行大规模的所得税改革：将个人所得税划为地方税，企业所得税仍按企业隶属关系划分中央和地方收入，即中央企业所得税作为中央财政收入，地方企业所得税作为地方财政收入。但随着经济体制改革尤其是企业改革逐步深化，这种沿袭行政隶属关系控制模式的划分方法的弊端日渐突出，一是助长地方政府对企业经营活动的干预以及企业对地方政府的行政依附，不利于现代企业制度的建立和健全，加剧地区间的恶性竞争以及地方保护主义，对正常的经济秩序产生不良冲击；二是随着现代企业股份制等的发展，企业隶属关系变得越来越难以准确界定，为地方钻空子提供了很大空间，导致企业所得税缴库混乱，中央税收收入流失；三是进一步拉大了地区间财力差距，严重阻碍生产要素的自由、高效流动，不利于区域经济协调发展。

为了有效解决上述问题，中央决定从2002年1月1日起实施所得税分享改革，将按行政隶属关系划分企业所得税收入，改为中央与地方按统一比例分享。这是1994年以后一次重大的税权划分改革，具体内容：一是除铁路运输、国有银行等少数特殊行业或企业外，对其他企业所得税和个人所得税收入实行中央与地方按比例分享，2002年中央与地方分享比例为50%：50%，2003年起为60%：40%；二是中央保证各地区2001年地方实际的所得税收入基数，实施增量分成，计算公式为：2003年所得税基数返还＝2002年地方实际所得税收入×60%－2002年中央实际所得税收入×40%；三是中央财政因所得税分享改革增加的收入，用于增加对地方主要是中西部地区的一般性转移支付；四是跨地区经营企业集中缴纳的所得税中，地方分享部分按分公司（子公司）所在地的企业经营收入、职工人数和资产总额三个因素在相关地区间分配，权重分别为0.35、0.35和0.3。

2002年所得税分享改革总体取得了较好成效。一方面，这次改革较彻底地打破了遗留的企业行政隶属关系控制机制以及企业对特定政府的行政依附，有助于深化企业改革，有效遏制地方政府对企业经营管理活动的干预，以及地方保护主义和重复建设之风，促进了全国统一市场的形成；另一方面，这次改革不仅有效遏制了所得税征管混乱的现象，也相配套地初步建立起我国一般性转移支付资金的稳定增长机制——2005年中央对地方一般性转移支付达到1121亿元，较2001年增加了近1000亿元——对于有效缓解中西部地区财政困难、促进地区间协调发展起到了重要作用。

（三）省级以下分税制未作具体设计

1994年分税制改革并未明确省级政府与市、县、乡镇政府之间的财政权力配置。各省级行政区大多比照中央与地方财政关系的制度框架，在名义上陆续实行了分税制（也有少数明确省级以下各级实行总额分成制）。虽在财政收支责任安排的具体做法上存在较大差异，但呈现出一个共同特点，即省级以下的多层级间，并没有实际形成分税制制度安排的可行解决方案。结果是较普遍地出现财权重心上移而事权重心下放。这使县乡基层政府普遍承担较重的公共支出事务，拥有的财力却十分有限。结果必然是基层财政困难，提供的公共产品或服务要么数量不足，要么质量不行，民众满意度欠缺。在分税制改革于省级以下尚难到位情况下，各税种的收入在省级以下政府间的分配，大多采用按比例共享模式，实为"讨价还价"式确定"一定X年不变"之五花八门的规则，但执行中易变而缺乏稳定性与规范性。每一级地方政府都缺乏独立的主体税种，各种收入来源都与上级政府共享，实际情况是原安排的过渡态，凝固为以分成制为基本特征、延续非分税制弊端的准稳定态。这当然会影响地方政府服务经济社会、推进财源建设而创造收入的积极性，伴随并加剧了财权中心以上移为最大可能、事权重心以下移为最大可能的"基层财政困难"。

就立法而言，主体税种应由中央立法，但在税率、征税范围、税收减免方面，给予地方一定的自主空间。市县主体税种可以考虑标准法立法模式即中央制定标准法，供地方选择执行，课税要素可以保持充分的弹性。这些都需要于配套改革、深化改革中解决。

三、1994年分税制改革后的深化改革成效与不足及问题成因辨析

（一）1994年分税制改革后的深化改革成效

1. 转移支付制度体系逐步建立健全

在保留改革前结算补助等转移支付项目的同时，1994年以后，以"过渡期"概念切入中央政府逐步建立与完善我国政府间转移支付制度。除税收返还外，我国政府间转移支付主要包括两类：一是一般性转移支付（原财力性转移支付），旨在缓解地方财力紧张、促进地方基本公共服务均等化，包括均衡性转移支付（原一般性转移支付）、民族地区转移支付、县乡基本财力保障机制奖补资金、调整工资转移支付、农村税费改革转移支付、义务

教育转移支付以及定额补助（原体制补助）等；二是专项转移支付，旨在实现中央特定政策目标，包括一般预算专项拨款、国债补助等，重点用于教育、医疗卫生、社会保障和支农等民生领域。同时，我国政府间转移支付的资金分配方法也在逐步完善。

2018年鉴于“营改增”改革之后的新情况，在返还性转移支付中增设增值税“五五分享”税收返还，以提高地方政府财力水平。2019年，进一步将诸多专项转移支付改为中央与地方政府共同事权转移支付项目，并列入一般性转移支付管理；对央地共同承担的18项基本公共产品和服务的事权和支出责任做出明确规定与划分，同时界定了省级以下财政事权和支出责任。

2012—2021年，中央与地方政府财政收入格局大致保持在45%∶55%左右，实现总体稳定，为落实国家重大发展战略和地方财政平稳运行提供相对稳定的财力来源。

2. 政府资金“三而二、二而一”地达于“全口径”框架

1994年分税制改革以来，分税制财政管理体制始终在中央和以省为代表的地方间得以维持。增值税、企业所得税、出口退税、全口径预算、政府采购制度、部门预算等诸多改革，都吸收了成熟市场经济国家的经验，并与国际规则接轨。如何全口径地确定财权和事权在中央和地方两级政府间的配置关系，并以全口径预算与其匹配，成为财政管理体制下的关键性问题之一。加强相关制度建设，如实行费改税、推行部门预算、完善收支两条线、建立政府采购制度、加强地方政府债务管理等一系列改革，都内含实施全口径预算管理的逻辑。对原行政性分权情况下由多种原因而来的“小金库”，作出清理整治；地方政府由于不再担心自己辖区财力“露富”而遭中央“平调”，于1996年自发形成将本地原各局委办控制的预算外资金纳入专户实施统一监管的变革热潮，中央顺势而为明确了清理取消“制度外”资金，规范管

理预算内、外资金的一整套具体规定，从而达到财力格局的“三而二”；其后，又水到渠成地在推进全口径预算管理构建“四本账”复式预算体系进程中，于2012年正式发文取消“预算外资金”概念，达到预算完整性意义上“二而一”的规范化全口径框架。

中央政府和地方政府公共财政预算“四本账”覆盖的收入来源和支出范围，明确包括本级收入、上解收入、税收返还和转移支付在内的各类收入归属关系，确定包括本级支出、上解支出、税收返还和转移支付在内的各类支出责任划定，从而进一步明确设定中央和地方的财权配置方式，也为其他细化的规范性文件的制定指明修订方向。

3. 从部门预算到综合性全口径预算和阳光化中期化预算规划

现代预算制度是现代财政制度的重要组成部分和运行载体。基于分税制框架，预算管理于20世纪90年代中后期的“部门预算”切入，把预算管理的规范化推进到全口径“综合预算”。党的十九大对此提出明确要求，即“全面规范透明、标准科学、约束有力，全面实施绩效管理”。

全面规范透明，落实于全口径框架下，统筹政府性基金预算、国有资本经营预算、社会保障基金预算与一般公共预算，推进统一预算分配权；致力于提高中期财政规划的科学性，增强对年度预算的指导作用，进一步完善跨年度预算平衡机制。同时，不断拓展预算公开的内容和范围（包括“在网上晒政府账本”），加强预算决算公开情况检查，全面提高预算透明度，加强社会监督。

1994年3月22日第八届全国人民代表大会第二次会议通过《中华人民共和国预算法》，于1995年1月1日起实施，是我国预算管理领域的第一部法律，以后又有与时俱进的修订。这奠定了推进预算项目支出标准体系建设、提高预算编制与管理科学化水平的法治化基础。

严格落实《中华人民共和国预算法》，在切实硬化预算约束的同时，基于政府行为在事前、事中、事后都要有严格绩效考评的原则，将绩效理念和方法深度融入预算编制、执行和监督全过程，注重成本效益分析和综合绩效分析，关注支出结果和政策目标实现程度，体现权责对等，放权和问责相结合。以全面实施强化绩效管理为方向，建立预算安排与绩效目标、资金使用效果挂钩的激励和约束机制。这一套原则方法，将运用于从中期（三年）预算规划向中期滚动预算的发展进步过程中。

4. 政府采购制度建立与不断完善

1994年分税制改革促进财政收入的增长，在其所对应支持的支出方面，规范化的政府采购要求政府直接以市场交易人的身份进入市场购买商品和劳务，不随意占取或以有损厂家利益的方式获取商品或劳务。在政府收入基本充裕条件下建立和完善政府采购制度，表现为规范化政府采购的推行始于1999年，成为政府公共财政支出的重要组成部分。2003年1月1日正式实施的《中华人民共和国政府采购法》将政府采购分为采购货物、工程和服务三种模式。在已有显著进步的市场环境中，政府采购可以面对在众多市场主体竞争中提供的充足而可选择的商品，避免厂商垄断价格、操纵价格，而获得公平定价的机会，并使政府采购合同的履行得到法律保障，以实现规模化采购压低成本、以阳光化采购反腐倡廉、以时机选择型采购配合调控、以政策导向型采购优化结构的一系列正面效应，服务于综合绩效提升和公共利益最大化。

5. 建立国库集中收付形式的现代财政国库管理制度

根据分税制财政体制要求，一级财政对应建立一级国库。

2000年6月，财政部成立国库司，2001年2月，国务院第95次总理办公会批准《财政国库管理制度改革试点方案》（财库〔2001〕24号），明确要求从根本上改变我国传统的预算执行管理方式，建立以国库单一账户体系为基础、资金缴拨以国库集中收付为主要形式的现代财政国库管理制度。这一改革，使预算支出更加规范透明。一是不断深化国库集中支付制度级次，在国库集中支付实现对县级以上预算单位全覆盖的基础上，又从2015年开始推进乡镇集中支付。二是着力完善国库集中支付运行机制，深入落实“放管服”改革精神，进一步强化预算单位作为预算执行主体的责任，提高财政资金支付和使用效率。

6. 完善预算收支科目体系与预算会计制度

1997年6月25日，根据分税制财政体制及社会主义市场经济发展引起的财政资金来源和分配格局变化，财政部发布《财政总预算会计制度》（财预字〔1997〕287号），废止1988年制定的《财政机关总预算会计制度》（财库〔2005〕192号），将资金收付记账法改为借贷记账法。2015年10月10日，财政部修订《财政总预算会计制度》（财库〔2005〕192号），提出实现预算管理及财务管理服务双重目标，要求向社会提供政府财政收支明细情况，全面准确反映政府的资产、负债。在借贷记账法基础上，采用双分录的会计核算方法，在核算收支业务及预算执行情况的同时，反映随收支变化的资产负债增减财务情况。制度规定，一般业务采用收付实现制，对应付国库集中支付结余、应收股利、应收应付利息等部分业务，采用权责发生制核算，即两种会计核算基础并用。

7. 渐进形成中央地方事权一览表与支出责任明细单

合理的事权划分是建立规范化政府间财政关系的根本事项。分税制内含的制度建设基本逻辑需要适应政府分层基本前提，按照“一级政权、一级事权、一级财权、一级税基、一级产权、一级债权、一级预算”的原则，合理地形成各级政府“以政控财、以财行政”“财权与事权相顺应、财力与事权相匹配”的财政分配制度框架，以服务于政府履行其应尽职能、使经济社会得到健康发展的全局目标。在我国改革40余年的进程中，政府职能的合理化被各个方面反复研讨，并对接改革实践，财政随经济社会转轨，明确树立了由传统的“生产建设财政”向“公共财政”转型的目标任务，并实现了一系列相关进步，然而在不同层级政府应各尽其职责的事权分工方面，却迟迟未能形成十分清晰的一览表和与之对应、可操作的支出责任明细单。根据党的十八大、十九大以来改革指导和工作要求，有针对性地着力改进，集中体现在近些年以划清政府事权和支出责任为要求的系列性文件的颁布上，涉及教育、医疗卫生、公共交通运输、基本公共服务、自然资源等领域的具体工作要领和可操作方案框架，特别是已有中央与地方需共同承担的事权与支出责任，在不同类型地区的量化分担比重等细致化内容，逐步把政府各层级事权合理化，更清晰地落实到与支出责任紧密联结的可操作状态。

党的十八届三中全会通过的《中共中央关于全面深化改革若干重大问题的决定》提出“建立事权和支出责任相适应的制度”，其实质蕴含了“财权与事权相顺应、财力与事权相匹配”理念。根据政府与市场的关系合理化取向，从四个层面廓清政府事权清单：一是废止部分政府事权，使政府逐步从微观管理事务和市场机制能够自行调节的事项和竞争性领域中退出，最大限度地减少政府对微观事务的管理；二是转移部分政府事权，将社会、市场能够自主解决、行业组织能够自律管理和自我服务的事项，逐步转交给符合条件的社会组织、机构等承担；三是强化部分政府事权，突出政府在国家安全、外交军事、公共服务、市场监管、环境保护、社会管理等方面的职责，真正让财政回归公共本质；四是在从中央到地方各级政府的事权分工、共担与履行上，实现合理化、规范化与精细化。这一进程在分税制框架下，得到顺理成章的展开。

8. 基本实现税制的城乡统一和内外统一

1994年税制改革的主要内容是：第一，全面改革货物和劳务税制，实行以比较规范的增值税为主体，消费税、营业税并行，内外统一的货物和劳务税制。第二，改革企业所得税制，将过去对国有企业、集体企业和私营企业分别征收的多种企业所得税合并为统一的企业所得税。第三，改革个人所得税制，将过去对外国人征收的个人所得税、对中国人征收的个人收入调节税和城乡个体工商业户所得税合并为统一的个人所得税。第四，大幅度调整其他税收，如扩大资源税的征收范围，开征土地增值税，取消盐税、烧油特别税、集市交易税等12个税种，并将屠宰税、筵席税的管理权下放到省级地方政府，增设了遗产税、证券交易税（这两种税后来没有立法开征）。当时，中国的税制中设有20多种税种，包括增值税、消费税、营业税、关税、企业所得税、外商投资企业和外国企业所得税、个人所得税、土地增值税、房产税、城市房地产税、遗产税、城镇土地使用税、耕地占用税、契税、资源税、车船使用税、车船使用牌照税、印花税、证券交易税、城市维护建设税、固定资产投资方向调节税、屠宰税、筵席税、农业税和牧业税等。自1995年至2013年，为了适应建立完善的社会主义市场经济体制的需要，继续完善税制，分步实施了一系列重大改革，包括取消农业税，统一内外资企业所得税，基本实现了税制的城乡统一、内外统一。经逐步演变，税种数量减少到20种以下。

（二）1994年分税制改革后深化改革的不足

1. 地方税体系建设严重滞后，共享税分量越来越大

1994年分税制改革，为了维护公平竞争，保证政令统一，税收立法权集中在中央，只是将地方税征管权和税款分配权下划给地方。地方政府在税法规定范围内，对部分小税种有制定实施细则和一定幅度内调整税率、税收减免等有限税权。多年来地方税主体税种缺乏，没有主体税种和稳定税源，这使省级以下地方各级政府的收入划分很难采用分税制模式。尽管不少地方在模仿中央与省之间的分税制作出体制文件的表述，但基本上还是各种分成制，乃至包干制，省级以下直接表述为实行总额分成或按税种分成。这是导致地方财政，特别是县和县以下财力不足，严重依赖中央与省级财政转移支付的重要原因。就国家治理而言，检验地方税税种设置是否合理，应看地方政府能否较合理而充分地运用税收手段，依据各地的特定状况、经济发展水平和特色、资源禀赋、税源分布和税源条件及调控目标，因地制宜地依托地方税体系，施行合理税收政策，以协调和促进地方政治、经济、文化等各方面的发展。显然，我国地方税状况不能有效满足这一标准，地方税体系迟迟未能成型，妨碍分税制在省级以下的落实，不利于地方政府提升资源配置效率、发挥好调节收入分配、调控本地经济及保护环境等职能。

2016年后，原地方主体税种营业税改征增值税，地方政府高度依赖共享税。现在属于地方的主要税种都具有共享性质，国内增值税和所得税收入在地方税收收入中占60%左右，而纯地方税种收入在税收收入总额中的比重还不到1/3。从纯地方税收的结构上看，虽然有8个独享税种，但缺乏收入稳定且占绝对优势的税种，土地增值税和契税在地方税收收入中的比重仅有10%左

右，多为税源布局零散、收入规模较小、征收成本高、征管难度系数大、税性分散、收入稳定性较差的税种，难以承担地方主体税种重任。

2. 省级以下一直未真正进入分税制状态

与地方税体系实际上远未成型等相关，省级以下迟迟没有真正进入分税制状态。人们所批评、抨击的“土地财政”的短期行为特征、这些年仍然未能很好缓解的基层财政困难，以及地方政府热衷于搞隐性负债等问题，与体制上的这种缺陷有内在关联。关于地方政府职能，早就强调应该使之专心致志做好公共服务，优化本地投资环境，让企业在市场公平竞争中充分发挥活力。那么政府如果真的这样做，它的财源怎么来？以适合归之为地方税的不动产（包括住宅）保有环节的房地产税而言，在一个地方政府辖区内，如果公共服务做得好，投资环境优化，随辖区不动产建设和保有量增加，经济繁荣，人气上升，当地不动产会进入升值使税基丰裕度提高轨道。加之在开征房地产税的情况下，每隔几年可重评一次税基，都是按照市场基准来做税基评估，于是每一次重评税基就都是地方政府尽职尽责、履行好自己职能而带来的财源建设的套现机会。这样，一个地方政府怎样完成职能转变和怎样实现财源建设的优化，就成为一个体系里可内洽地打通的制度建设问题，其正面效应的意义当然非常重大。这类制度建设在中国因难度甚大而受阻，是必须正视的落实省级以下分税制的重要堵点。

3. 与深化改革配套的“省直管县”等改革措施进展迟缓

20 世纪 90 年代中期以后，我国逐步推行“小乡并入大镇、弱乡并入强镇”的撤乡并镇改革以期降低行政开支、减轻县乡财政负担。“千年之交”后随农村税费改革，普遍实行“乡财县管”，实际上是适应现实将乡财政处理为县级财政下管的预算单位，而不必再考虑其如何配置税基成为实体财政层级的问题，消解了相关的一系列纠结与矛盾。2002 年以来，又进一步在全国范围内逐步推行减少财政管理级次、扩大县级财政管理权限的省直管县财政管理体制改革。市管县体制，要么造成与城市缺乏关联的县拖垮市财政的问题，要么形成市财政肆意挤占县财政的现象。实行财政省直管县，可望在增加上级政府包容能力与调剂作用发挥空间的同时，实现市县行政不同级而财政同级，在一个平台上与省级政府搭建财政体制，匹配“五级分税变为三级分税”的路径选择，可在扁平化的中央、省、市县三级框架内，使省级以下分税制由无解变有解。

财政部 2004 年借鉴浙江经验开始试点、2012 年发文要求各地推开省直管县财政体制改革，核心内容是在收支划分、转移支付、资金往来、财政预决算以及年终结算等方面，省级财政与市、县级财政直接联系，加强省级财政统筹，减少与消除市级财政对县级财政的截留，提高基层的公共服务能力。经过近 20 多年实践，虽然大量研究认为省直管县有利于减轻县级政府财政困难，但是，省直管县改革仍遇到较大阻力，至今仍未达到原定 2012 年后实施全面省直管县的改革目标。中央文件曾合乎逻辑地在肯定财政省直管县改革方向的同时，指出具备条件的地方也可以实行行政省直管具体制，内含最终达到财政的与行政的省直管县归一于稳定模式的远景诉求，但实践中仅有广东一个顺德县级市试行了这一改革，以后无疾而终。这表明先财政、后行政走向三级扁平化框架的复杂程度甚高，在原有体制转换过程中一些深层次的矛盾和问题还没有得到解决的情况下，省直管县改革相对困难。

（三）基层财政困难、地方隐性负债和“土地财政”短期行为的成因

1994 年后以分税制为基础的分级财政体制，在取得应当充分肯定的积极成效的同时，也显露和积累了一些问题，引发一些诘难和怀疑。

面对县乡财政困难、地方隐性负债、“土地财政”短期行为等，有一种意见是认为分税制只适宜于中央和省级之间，而省级以下不宜提倡都搞分税制，同时主张区分发达地区和落后地区（非农业地区和农业地区），后者不搞分税制，可以不考虑财权与税基配置而区别对待地处理各地的体制方案，以达到“财力与事权相一致”为准。这种思路和主张，可简称为“纵向分两段、横向分两块（类）、一地一策”。实际上类似的主张，自 1994 年实施分税制改革后，特别是在县乡财政困难问题凸显之后，时常有所反映，地方工作的一些同志对此往往产生共鸣。但实际上，这是来理解市场经济新体制所要求的总体配套，背离配套改革后坚持的基本方向与原则，属于一种使财政体制格局重回“条块分割”“多种形式包干”的思维方向，十分不妥。在中国渐进改革中，采取种种过渡措施，包括以“分类指导”“区别对待”方式逐步完成省级以下分税分级财政体制的构建，可以是合理选择，但分类指导中，决不应当把种种条件约束之下不得已的过渡安排，放大到否定分税制最基本的一体化制度框架的层面。

1. 跳出财政看财政：分税制为基础的分级财政，是市场经济新体制所要求的财政体制配套，需要在统一市场构建中，逐步使之上下左右贯通运行，过渡措施不应凝固为实现中长期目标的障碍

怎样构建一个合理的财政体制（就全局而言则是如何配套构

建合理的经济管理体制），新中国成立之后已有几十年的探索。在20世纪50年代前期，就形成了财政“分级”概念和初步层级框架；1958年和1970年，都曾有过大力度下放财权的试验，由于多种原因，均表现为“放、乱、收、死”的循环而无法收功。改革开放后，改变“总额分成、一年一定”体制，前面的10余年中先后试行多种形式的“分级包干”办法（“分灶吃饭”可认为是其总称），在发挥了一定积极效应之后，其负面作用又很快放大。直至在明确树立了社会主义市场经济目标模式的20世纪90年代初，决策层下决心改“行政性分权”为“经济性分权”，即从走“包干制”之路改为走分税制之路，并于1994年的财税配套改革中得以实施。

所有的经验总结和理论分析都表明，财政体制如要适应市场经济的客观要求，除了分税制之外，别无他途。前已述及，许多同志谈到分税制时，往往只看到它处理的中央与地方关系。其实在一定意义上说，对于整体改革更具前提意义的，首先是凭借分税制正确处理政府与企业的关系，即以分税制来革除按照企业行政隶属关系组织财政收入的旧体制症结，将企业置于不分大小、不论行政级别、依法纳税、公平竞争（该交国税的交国税，该交地方税的交地方税，税后利润按产权规范和在法治、政策环境制约下由企业自主分配，使企业在各级政府面前一视同仁、公平竞争）的地位，由此才解决了在我国打造市场经济微观基础的一个关键性难题，即“真正刷出让企业公平竞争的一条起跑线”。同时，分税制跳出了包干制下中央、地方“讨价还价”的“体制周期”，可以形成稳定、规范的中央地方间、政府各层级间的财力分配关系和地方政府长期行为。

分税制对于中央、地方关系的处理，密切关联市场经济全局，即在分税制体制框架下，各级政府的事权—财权—财力的配置，可望得到一种与市场经济逻辑贯通、顺理成章的安排：所谓事权，是要合理界定各级政府适应市场经济而既不“越位”也不“缺位”的职能边界；财权，是指在各财政层级上匹配与各级政府事权相呼应的税基，以及在统一税政格局中适当安排各地的税种选择权、税率调整权、收费权等。比如，中央政府为履行宏观调控职能，应当掌握有利于维护统一市场正常高效运行、流动性强、不宜分隔、具有宏观经济反周期“稳定器”功能的税种（个人所得税），以及有利于贯彻产业政策的税种（消费税等）；地方政府为履行提供区域性公共产品和优化辖区投资环境的职能，应当掌握流动性弱、具有信息优势和征管优势、并能和自身职能形成良性循环的税种（房地产税等）。所以，决不应像有些人的观点那样认为财权合理配置不重要，似乎可以跳过财权配置直接寻求“事权与财力的一致”。财权（广义税基）的配置，是配合各级政府事权方面在统一市场中的合理分工，进而总体形成政府体系与市场之间合理分工，使政府能够符合规律而稳定、规范地“以政控财、以财行政”的重要制度安排，这是不可回避和不可忽视的重大问题。当然，即使较好地做到了事权与财权的呼应和匹配，也决不等于做到了“事权与财力的一致”，因为同样的税基，在发达和欠发达地区的丰裕程度很可能大不相同，体制设计中，必须在尽可能合理配置财权之后，再配之以合理、有力的自上而下的转移支付，以求近似地达到使欠发达地区的政府，其财力也能与事权大体相一致的结果。但是，我们不能用财权设置之后转移支付的重要性，来否定“财权设置”的重要性，因为它是使转移支付能够长效、良性运转的前置环节，是分税分级财政制度安排中不可缺少的重要组成部分。其实欠发达地区在一定历史阶段上，不论怎样的税基配置，都不可能做到自身财力完全支撑事权，但这不是表明财权的配置不重要，而是表明仅有财权配置还不够，如同不能以吃药的重要性否定吃饭的重要性，不能以外援的重要性否定自力更生的重要性。

总之，对于1994年分税制改革的大方向和基本制度成果，必须肯定和维护。当年，在中央与省级为代表的“地方”之间先搭成分税制框架，并要求和寄希望于其后在动态中逐步解决省级以下如何理顺体制、贯彻分税制的问题，是在正确的大方向之下合乎实际的过渡安排，意图是随着统一市场的逐步发育和完善，使分税制在省级以下也逐步进入较为规范和贯通运行的境界。但实际情况是，1994年之后，省级以下体制在分税制方向上却几乎没有取得实质性的进展，“过渡性”呈凝固之势，过渡中的一些负面因素在积累和放大，各种制约因素，迫使中央与地方在税种划分总体框架上，“共享税”越搞越多；在地方的四个层级之间，则实际上搞成了一地一策、各不相同、五花八门、复杂易变的共享和分成，越靠近基层，越倾向于采用“讨价还价”的各种分成制和包干制。不仅在欠发达地区，即使在发达地区，县、乡层级上也没有能够真正落实分税制。总体而言，直到目前，可以说我国省级以下的财政体制，并没有真正进入分税制轨道。

所以，如果我们以“跳出财政看财政”的全局思维和前瞻思维看问题，应当看到，在我国省级以下推行与事权相匹配的分税分级财政体制的大方向和按照市场经济客观要求使分税制逐步贯通的决心，不可动摇，问题的关键，是应努力解决如何过渡的问题，避免现行非规范状态的长久凝固化，抑制其负向作用的放大。

2. 基层困局剖析：过渡不顺矛盾积累，引致县乡财政困难凸显；地方四级财政框架，与分税制在省级以下的贯彻落实之间，存在不相容性质

1994年财税配套改革之后，由于省级以下体制的过渡不顺

利，过渡状态中原有矛盾与新的矛盾交织、积累，引致财权的重心上移而事权的重心下移，在综合国力不断提升、全国财政收入强劲增长、地方财政总收入也不断提高的情况下，中央和地方层级高端（省、区、市）在全部财力中所占比重上升，而县乡财政困难却凸显出来，欠发达地区的反映最为强烈。本来，使各级政府增强事权与财权、税基的呼应与匹配，并通过自上而下的转移支付使欠发达地区也大体达到事权与可用财力的一致，正是分税制财政体制的"精神实质"和优点所在，为什么在现实生活中却没能体现出来？前述关于过渡之中现实情况的勾画可以表明，由于省级以下还一直没有真正落实分税制，所以"事权重心下移、财权重心上移"造成的基层困难和问题，并不是分税制之过，恰恰是没有真正进入分税制轨道而使实际执行的"分成制""包干制"等体制的负面作用累积和放大之过。不按划分税基模式而依照讨价还价的分成与包干模式处理省级以下四个层级的体制关系，地方高端层级上提财权、下压事权空间大，转移支付做不实（客观地说，中央财力比重提高是必要的；省级财力比重提高也并非全无道理，但应考察其后对县乡转移支付是否加强；"市管县"地区市级财力比重提高则有可能带有所谓"市卡县""市刮县"因素，但似也不宜一概简单地作完全否定。关键问题是体制自身未能理顺，财权上提后，转移支付却跟不上力度，使最困难的状况出现在县乡基层）。当然，基层困难与中央层级转移支付力度虽在努力提高，但仍远远不够也有关。如果省级以下体制不构建好，面对这么大的国家和如此悬殊的地区差异，光靠中央转移支付是力不从心的，不可能形成长效机制。

农村税费改革以来的实践表明，基层困难（农民和基层政府都困难）已"牵一发而动全身"，我国经济社会转轨中"三农"问题背景下县乡财政的困难，是社会结构转型所要求的制度转型的有效支持不足和体制过渡不顺所积累的矛盾在基层政府理财上的集中表现。进而应当强调，省级以下分税制难入轨道而使县乡财政困难加剧，与现行财政与政府“五层级”的大框架有直接关系。

既然要实行分税制，不可避免要借鉴市场经济的国际经验，并立足中国国情找到实施方案。从前者说，在五级框架下搞分税制，无任何国际经验可循（国际经验的普遍模型是“三层级”）；从后者说，30年的实践充分表明，在我国，把20个左右的税种在五个政府层级间按分税制要求切分，是“无解”的。问题的症结于是就表现在：五级财政、五级政府的框架，与分税制在省级以下的落实之间，存在不相容性质。且不说欠发达地区，即使是在发达区域，省级以下的四级如何分税？按现在的基本框架，是看不清方向和找不到摆脱“过渡态”路径的。因此，近年地方基层财政困难等问题，在很大程度上正是由于五级财政框架与分税分级财政逐渐到位之间的不相容性日渐明朗和突出所致。

山重水复疑无路，柳暗花明又一村。如果我们借鉴市场上主要市场经济大国大都实行三级框架的国际经验，并结合我国国情寻求在渐进改革中以“扁平化”为导向逐步实质性落实省级以下分税制，则前行路径就有可能豁然开朗。

3. 对症下药，治本为上：从积极推行“扁平化”改革切入，为分税制在省级以下的贯彻创造配套条件

现实生活中市场经济的发展，已越来越清晰地凸显实施进一步的配套改革以理顺省级以下财税体制的迫切性，应当抓住的主导因素其实也已明朗化。在采取一些调动基层积极性、挖掘潜力以增收和精简机构、缓解基层财政困难的可行措施之外，从中长期看，我们特别需要把握“治本为上”的要领，积极、稳妥、系统地改造省级以下体制安排。其中有所作为的要点，正如党的十

六届五中全会《中共中央关于制定国民经济和社会发展第十一个五年规划的建议》中指出的，“理顺省级以下财政管理体制，有条件的地方可实行省级直接对县的管理体制”，并要“巩固农村税费改革成果，全面推进农村综合改革，基本完成乡镇机构、农村义务教育和县乡财政管理体制等改革任务”。

“省管县”和“乡财县管”等改革试验，基本导向是力求实现省级以下财政层级的减少即扁平化，其内在逻辑是进而引致政府层级的减少和扁平化。改革中，以市、县行政不同级而财政同级开始，不会发生实质性的法律障碍；“乡财县管”后何时考虑变乡镇为县级政府派出机构，也可与法律的修订配套联动。我们如在“地市级”和“乡镇级”这两层级的财政改革上“修成正果”，则有望进一步推进到贯彻落实党的十六届五中全会“减少行政层级”的要求，实现中央、省、市县三级架构，即乡镇政权组织变为县级政府的派出机构；地级能不设的不设，如需设立则作为省级政府的派出机构。这可以使省级以下的分税制，由原来五级架构下的“无解”，变为三级架构下的柳暗花明、豁然开朗，从而有力促使事权的划分清晰化、合理化和构建与事权相匹配的分级财税体制，明显降低行政体系的运行成本，更好地促进县域经济发展，再配之以中央、省两级自上而下转移支付制度的加强与完善，必将有效地、决定性地缓解基层财政困难，形成有利于欠发达地区进入“长治久安”的机制。按照三级架构和“一级政权、一级事权、一级财权、一级税基、一级产权、一级举债权、一级预算”的原则，塑造与市场经济相合的分税分级财政体制，是使基层财政真正解困的治本之路。

4. 如何把握分类指导，因地制宜：合理区别对待之中，渐进走向总体的规范化制度安排

我国各地情况千差万别，“省管县”和“乡财县管”的改

革，都不宜“一刀切”地简单硬性推行，而应强调因地制宜、分类指导。管理半径过大的省份，省管县需要更多的行政区划变革配套因素；发达地区工商业已很繁荣的乡镇，显然不宜照搬“乡财县管”办法；边远、地广人稀区域的体制问题，应作专门研究而与内地区别对待；等等。

但笔者认为，所有这些分类指导、区别对待，是绝对不宜归之于“纵向分两段、横向分两块”思路的。

从纵向说，如主张“省级以下搞分税制”，这不正是1994年来一直存在的真实情况而导致基层财政困难、隐性负债和土地财政三大问题的成因吗？省级以下体制的方向，绝对不应是“不宜提倡都搞分税制”，而应是创造条件在配套改革、制度创新中力求逐步脱离30年来实际上滞留于非分税制的困局，争取实质性地贯彻分税制，其要点除了推进“扁平化”改革之外，还包括逐渐构建各级，特别是市县级的税基，使各级政府都能在合理事权定位上依托制度安排取得相对而言大宗、稳定的收入来源。对现行的“共享税”，也应积极创造条件逐步分解到国税、省税、基层地方税三个方向上去（但在多种制约因素下，可以在较长时期内维持增值税的“共享税”地位）。市县级的财源支柱，可考虑顺应工业化、城镇化、市场化的大趋势，通过房地产税等来逐步塑造。党的十六届三中全会《中共中央关于完善社会主义市场经济体制若干问题的决定》（国务院公报2023年第34号）中“实施城镇建设税费改革，条件具备时对不动产开征统一规范的物业税，相应取消有关收费”的要求，和已启动的物业税初期试点及后来上海、重庆两地“房产税”试点，都表示这个制度创新空间要渐进打开。

从横向说，如以“发达地区和落后地区”或“农业依赖型县乡和非农业依赖型县乡”为划分，选择性地走分税制与非分税制的不同路径，既不符合培育统一市场要求消除“块块”制度壁垒和党的十六届三中全会“创造条件逐步实现城乡税制统一”的取向，也无法具备实际工作中合理的可操作性：一旦想依靠某些指标作为实行不同体制的依据，实际上就极易陷于“讨价还价”的陷阱和发生较严重的扭曲变型。一个可类比的例子是：试想如接受不少欠发达地区同志提出的“增值税中央地方分享比率应一地一率”的建议，那么分税制基本框架可能就此出现“突破口”而一步步演变为支离破碎之状，重回中央与地方间五花八门的“分成”与“包干”。那将要付出多高的，而且无休无止的谈判成本？如何防止“会哭的孩子有奶吃”“跑步（部）前（钱）进吃偏饭”的弊病再次严重起来？实际工作中，如果试想以一街之隔、一河之隔或一线之划而分别定成分税与不分税的两个“板块”（且不说划分的依据难以精准），还会有统一市场建设的任何可能性吗？

从纵向与横向的协调来说，最重要的是积极发展和强化自上而下的“因素法”转移支付，同时也包括发展适当的“横向转移支付”（在我国这早已经以“对口支援”等方式存在），来动态地调控地区间差异，扶助欠发达地区。

总之，因地制宜、差别化分类指导就其原则本身，永远是成立的，就其表述而言，永远是正确的，但就财政体制改革而言，这一表述应主要是指处理好渐进改革中的过渡问题，是分税制推进中的“策略”和“操作”层面的要领，而从“基本框架”和“战略大方向”层面来说，还是要首先把握好市场经济体制所要求的总体目标模式，使策略的掌握服从于、服务于战略取向，逐步打造一种合理、规范、稳定、长效、内部贯通的制度安排，逐步接近社会主义市场经济所要求的高水平状态。

制度建设中如要把配套改革、政策优化、管理优化结合好，带头的还是制度安排，要在改革的轨道上“动真格”。防范地方政府债务风险要标本兼治，且“治本为上”，有治本这方面的进步，才能达到长效机制的境界。强调政府债务管理、土地管理等机制的优化，首要是制度框架上要能够真正在中央和地方之间，把适应市场经济客观需要的分税分级财政体制通过深化改革“横向到边、纵向到底”地落实。

四、深化改革的基本思路与重点

（一）总体思路

按照党的十九大报告“加快建立现代财政制度，建立权责清晰、财力协调、区域均衡的中央和地方财政关系。建立全面规范、透明、标准科学、约束有力的预算制度，全面实施绩效管理。深化税收制度改革，健全地方税体系”和党的二十大报告“健全现代预算制度，优化税制结构，完善财政转移支付制度”的要求，响应2023年中央经济工作会议“谋划新一轮财税体制改革”的指导精神，在此对深化分税制改革的基本思路和重点内容作如下建议。

我们认为，分税制财政体制改革的总体思路应是：在合理定位政府职能、实现其转变的前提下，配合政府层级的扁平化和“大部制”取向下的整合与精简化，建立“扁平化”财政层级框架，合理划分中央、省、市县三级事权和支出责任，改进转移支付制度，在这种三级框架下，按“一级政权，一级事权，一级财权，一级税基，一级产权，一级举债权，一级预算”的原则，配之以中央、省两级自上而下的转移支付与必要、合理的横向转移支付，建立内洽于市场经济体制的财权与事权相顺应、财力与支出责任相匹配的财税体制，深化预算管理制度改革，实行促进“调结构、转方式”的税制改革，同时强化优化全面预算绩效管理。

（二）改革重点

1. 以政府“扁平化”改革为框架

积极稳妥地推进省级以下分税制改革，主要通过省直管县、乡财县管和乡镇综合配套改革等措施，推动扁平化改革。这项改革的主要意义在于推动1994年以后始终不能贯彻落实的省级以下分税制改革继续向纵深发展。我国省级以下实为五花八门、复杂易变、讨价还价、弊病明显的分成制和包干制，其重要原因就是省级以下政府层级过多，无税可分。一旦扁平化后，分税制可以在省级以下贯彻，其他的配套改革都可望有实质性的推进。

2. 以合理调整事权为匹配逻辑

按照国家总体改革的基本方向和思路，调整、理顺中央与地方事权划分的具体安排，主要包括中央事权、地方事权、中央与地方共同事权、中央委托事权、中央引导与鼓励事权等方面，在此基础上，按照政府事务的逻辑体系和办理规则，对政府间支出责任进行清晰、合理的划分，尽快启动中央、省、市县三级事权与支出责任明细单的编制工作，可由粗到细逐步深化，并通过动态优化和加强绩效考评，强化激励与约束。建议尽快将基础养老金、经济案件审理的司法体系、食品药品安全、边防、海域、跨地区流域管理等，划为中央事权。地方政府应退出一般竞争项目投资领域，同时规范省级以下政府的事权划分。

3. 以税制改革为配合，完善政府间收入划分改革

深化税制改革，打造地方税体系，逐步实现以税种配置为主体的分级收入划分制度。针对目前直接税比重偏低的情况，应进

一步完善直接税制度，降低间接税比重，逐步实现间接税为主向直接税为主的过渡。完善个人所得税制度，健全综合与分类相结合的个人所得税制度，完善专项附加扣除范围和标准，优化个人所得税税率结构。大力推进资源税改革，在现有能源矿产、金属矿产和非金属矿产等税目基础上，逐步把资源税征收范围拓展至覆盖水资源、森林资源、海洋资源等兼具生态和经济价值的自然资源。扩大消费税征收范围、调整部分税目的消费税征收环节，将部分消费税税目收入划归地方。适时启动房产税改革试点扩围，积极稳妥推进房地产税立法。进一步完善增值税改革，减少其税率档次。

4. 以规范的转移支付制度体现事权优先原则

完善一般转移支付稳定增长机制，逐步将一般性转移支付中属于中央委托事权或中央地方共同事权的项目转列专项转移支付，属于地方事权的项目归并到均衡性转移支付，建立以均衡性转移支付为主体、以老少边穷地区转移支付为补充并辅以少量体制结算补助的一般性转移支付体系。完善优化转移支付的均等化公式，对服务成本、功能区定位、人口、地理等支付因子构成和权重，进行适时重检和调整，保障欠发达地方政府公共事务开支需要；逐步减少专项转移支付所占比重，归并、整合专项转移支付中的相似或可归并项目；原则上取消转移支付中“地方配套资金”要求，将中央的年度转移支付计划下达时间提前，以便地方政府统筹编制本地区预算收支计划。此外，还应积极探索“对口支援”和“生态补偿”等地区间横向转移支付制度的进一步完善。

5. 以建立现代公共财政预算管理制度为基础性支撑

按照建立现代财政制度的要求，从中央级开始，试编3—5年全口径中期滚动预算；深化单一账户国库集中收付制改革，实现“横向到边、纵向到底”；以“金财工程”“金税工程”为依托，充分发挥现代化管理信息系统的数据分析处理作用，为优化预算编制方案，提高社会公共资源配置的效率提供决策支撑；贯彻新《中华人民共和国预算法》关于地方债管理的相关规定，加快推动地方阳光融资的公债、市政债制度建设，稳妥地置换和替代规范性、透明度不足且风险防范难度大、成本高的各类地方债务；结合国有资本经营预算制度建设，积极推进地方的国有资产管理体系建设。

按照“渐进改革”模式和“建设法治国家”“强化公众知情权和参与权”的要求，切实增强服务改革大局的意识，积极、稳妥、理性地推进财税法治建设，处理好“在创新、发展中规范”与“在规范中创新、发展”的关系，既要强化优化顶层规划，又要继续鼓励先行先试，及时把成熟、稳定的规则以立法形式固定下来，不断提高财税管理的科学化、法治化水平。

6. *以举债权和产权管理为组成要素*

地方适度举债权，是市场经济条件下分税分级财政体制的必要组成部分，也是各级政府应有财权之一。多数市场经济国家都有较为成熟和完善的地方政府债券市场，这是地方政府融资的重要途径和资本市场的有机组成部分，在国家的经济社会发展中发挥十分重要的作用。新《中华人民共和国预算法》赋予地方政府适度举债权，允许地方政府在有透明度和受监督的条件下，通过规范的法定程序，以适当规模的举债，筹集必要的建设资金。这可以使地方政府应对市政建设等方面的高额支出，把支出高峰平滑化分摊到较长时段中，并借力社会资金和市场机制发挥提供准公共产品的职能，有效弥补地方政府收入的不足。现行的仅省级地方政府代表整体地方概念发行地方债的规定，有利于风险控制，但不排除未来在一些条件成熟的市县，也赋予有约束的地方债发债权。

产权管理是中央和地方政府之间事权划分的重要内容。混合所有制是“现代国家治理”的市场体系产权制度基石，为国有经济部门改革和国有资产管理体系创新打开了空间。基于“现代国家治理——现代市场体系——现代企业制度——混合所有制”的基本逻辑，在现代国家治理法治化背景下，各层级的国有资产管理，应与企业改革主打的混合所有制并行不悖，使任何一个市场主体内部的产权可以按照股份制框架下的混合所有制来处理，实现最大包容性和共赢、多赢，实质性地推进综合改革。

7. 推进地方税体系（财源）建设

党的十九大报告明确要求：“深化税收制度改革，健全地方税体系。”这一改革任务也具有在中国改革深水区攻坚克难、啃硬骨头的典型特征。对于我国与分税制体制相适应的地方税体系，已研讨多年，但在实践中，其大思路与框架建设，还远未成型。自“营改增”使地方政府原有的唯一大宗稳定财源——营业税退出历史舞台后，这一问题上的矛盾纠结更为凸显。中国未来的地方税体系中，可形成大宗、稳定收入来源的地方税种，当推房地产税和资源税这两项。前者在建立框架、逐步形成成熟的制度安排之后，有望成为中国大部分地区尤其是工商业活动发达程度高、人居密集度高区域地方税中的主力税种；后者则可以成为中西部工商业发达程度不太高，但恰恰属于自然资源富集地区的地方税中的骨干税种。这两大税种，都是符合就外溢性、信息复杂度和激励兼容三项考虑而适宜把税基配置在地方的税种。有待创造适宜条件启动试点扩围方案，以求为在“税收法定”轨道上推进房地产税立法工作，提供更为丰富的本土经验。资源税改革覆盖面从煤炭、石油、天然气，可望再扩大到更多的金属矿与非金属矿，并且应在河北等地推出水资源税改革试点后，争取将水资源税扩大到覆盖全国。除海上石油不易划清“属地”而规定为中央级的国税之外，其他资源税一般都可依属地原则，无争议地成为地方税体系的组成部分。

《国务院办公厅关于进一步推进省级以下财政体制改革工作的指导意见》（国办发〔2022〕20号，以下简称“国办发20号”文件）虽然没有正面述及地方税体系建设相关的改革内容，但隐含了加快构建地方税体系改革以适应形势发展需要的逻辑导向，并在“合理划分省级以下各级财政事权”和“明晰界定省级以下各级财政支出责任”的要求之后，顺理成章地明确要求：“参照税种属性划分收入。”根据分税制的体制“自洽性”要求，该文件明确表述了如下要领：“将税基流动性强、区域间分布不均、年度间收入波动较大的税收收入作为省级收入或由省级分享较高比例，将税基较为稳定、地域属性明显的税收收入作为市县级收入或由市县级分享较高比例。对金融、电力、石油、铁路、高速公路等领域税费收入，可作为省级收入，也可在相关市县间合理分配。除按规定上缴财政的国有资本经营收益外，逐步减少直至取消按企业隶属关系划分政府间收入的做法。”这一段话所包含的内容，可理解为三大层次：其一，省级以下税基配置的原则，表述上在原来的“三项原则”基础上，又有所丰富、细化和发展；其二，更为灵活和更强调因地制宜地由省级以下两级共享的，是有网状背景特征的金、电、油、铁、高方面的特定税费；其三，除国有资本收益外，要最终取消按行政隶属关系划分政府间收入的办法，这属于巩固1994年基本制度成果的扫尾事项。紧随其后，该文件又专述了“规范收入分享方式”的要求，总体精神是正视省与市县两级主体税种只能按比例分享的现实，要求“结合各税种税基分布、收入规模、区域间均衡度等因素，合理确定各税种分享比例”，并指出非税收入在以多种分成方式作分享的同时，发展方向是逐步走向规范化，同类税费收入在省内应逐步统一。这样，在深化省级以下分税制体制改革的指导内容上，已从事权与支出责任划分，推进到财权、税基和非税收入的划分，也涉及了规范化的产权收入划分。再往下，则有关于完善省级以下转移支付制度的指导意见。这使“财政—事权—财权—财力”的体制要素整体链条，已近乎在“国办发20号”文件中尽收眼底，其后在这一链条上，还应论及的，主要是债务收入及其相关的预算管理问题，已具体表现在“国办发20号”文件的收尾部分。

8. 加强和优化地方分级预算管理，对地方债“兴利防弊”

分税制框架建立后，随预算管理改革深化和预算管理体系适应经济社会发展需要而作出种种改进，终于在渐进过程中通过预算法修订而使地方公债的依法发行登堂入室。这就在既涵盖中央又涵盖地方层级的制度框架上，规范地确认了“政权—事权—财权—税基—产权—举债权—预算”的全要素体制链条。

我国地方政府以有偿方式取得债务资金来源，曾有一段时期实际上是主要借助地方融资平台的隐性负债方式。其利，在于调动地方政府体外资金支持贯彻各地方辖区经济社会发展战略；其弊，在于以隐性负债方式易形成融资风险的过度积累而触发危机。法治化建设轨道上“疏堵结合”的应对方略，引出了修订《中华人民共和国预算法》而“开明渠、堵暗沟”的地方债阳光化运作新机制。这一规范化管理机制，也合乎逻辑地纳入了党的十九大报告所要求的“建立全面规范透明、标准科学、约束有力的预算制度，全面实施绩效管理”的重点任务之内。

“国办发20号”文件对于规范省级以下财政管理，有两点指导意见是紧扣地方债务管理问题的。其一，是规范管理专章的第一条，要求“各地区要加强开发区政府性债务管理，保持与财政管理体制适应，强化开发区管委会等政府派出机构举债融资约束，坚决遏制地方政府隐性债务增量，合理控制政府债务规模，切实防范债务风险”。显然，这体现了中央管理层对于地方层面各类开发区所形成的政府债务如何规范管理的高度重视，对应于各地以“国土开发”为底盘往往形成本地政府债务负担主要组成部分的现实，形成相关的财政预算绩效管理的一大重点。其二，是文件“压轴”位置的最后一条要求，可大体按四层要领来掌握：一是地方各级加强地方政府债务管理的领导责任，按“属地原则”由省级到市县压实；二是以多种手段、方式降低债务风险与偿债负担，坚决查处违法违规；三是明确了地方政府债务限额分配机制的“两匹配”原则；四是强调完善专项债资金投向的负面清单和处罚机制。

世事并无万全之策，公共事务领域里财政分配的举债机制，必有利、弊两端。所以通观现代市场经济体，无一例外都必须面对市场，处理公债机制“兴利防弊”的相关问题。我国地方公债阳光化登堂入室的法定框架，是以预算法等法规为依据的“怎么发、怎么用、怎么还”的一套规范性准则，实践中还需与时俱进动态优化这套法规、准则及相关的政策与管理体系。在分税制深化改革路径上总结各级政府举债机制的已有经验，值得指出的是，地方政府债务方面发挥其利、防抑其弊，有一条非常值得重视的要领，是援引大禹治水的古老智慧—疏堵结合，堵不如疏，疏导为上。地方公债作为投融资概念下政府对接市场的一种运作机制，必然伴随风险因素和可能的风险过度之弊，防范、抑制其风险因素，在中国仍处于经济社会转轨期、市场经济完善期的现实场景中，尤其需要注重以制度建设、机制创新，疏导公债资金债权方、债务方和资金使用相关各方基于利益考量的“驱动力（积极性）”和合理形成“制约力”两方面因素，以规范化的

“明渠”来开前门，关好后门、修好堤坝（围墙），堵住“暗沟”，以实现公债、地方债机制的“兴利防弊”动态过程中的可持续健康发展。与地方财力，特别是与公债、专项债资金关联紧密的各地方辖区的重点建设项目，以及政府与社会资本合作（PPP）、产业引导基金等，都需要以制度创新为龙头，打开管理创新、技术创新的潜力空间，掌握好绩效预算框架下债务资金运用中“兴利防弊”的高水平思路和工作要领。

本文刊载于《地方财政研究》2024年第1期。

回眸分税制改革

翁礼华*

一、党的十四届三中全会定调分税制改革

1992年初，邓小平视察南方发表重要讲话，澄清了长期困扰人们思想的若干重大理论问题。1992年10月，党的十四大明确提出了我国经济体制改革的目标是建立社会主义市场经济新体制。1993年11月，党的十四届三中全会通过的《中共中央关于建立社会主义市场经济体制若干问题的决定》，有一段专门论述财税体制改革，总计800多字，包括三项内容：一是把现行地方财政包干制改为分税制，建立中央税收和地方税收体系。二是改革和完善税收制度，推行以增值税为主体的流转税制度。三是改进和规范复式预算制度。党的十四届三中全会决定公布以后，分税制改革开始启动。

1993年3月，中央召开会议，开始酝酿分税制财政体制改革，以提高财政的两个比重。刘仲藜在《历史的机遇》一文中回

---

* 翁礼华（1945～），浙江临海人。历任工程师、厂长、工业应用技术研究所所长，浙江省奉化县、鄞县县长，浙江省政府办公厅副主任、省政府副秘书长、浙江省财政厅厅长兼地方税务局局长、省国资办主任，中国财税博物馆馆长。1994年财税体制改革时任浙江省财政厅厅长（1994年8月兼地方税务局局长）、省国资办主任。

忆："1994年财税改革涉及的内容较多，但是核心是分税制改革。所谓分税制，就是在中央与地方财政分配关系上，统一按税种划分收入，彻底打破中央与地方一对一谈判、一地一个体制的财政大包干办法。改革的目标就是要提高财政收入占国内生产总值比重，以及中央财政收入占全国财政收入的比重。只有这样，才能增强中央的宏观调控能力，才能维持国家的长治久安，这也是市场经济国家的较普遍做法。但是，如何分税，是面临的一个重大课题。"

二、改革酝酿中

财政体制的调整，离不开两个重要的利益参数：一是收入的划分；二是基期年的确定。经过多次协调研究，到1993年8月底研究出一个比较渐进的方案。方案设想：消费税归中央；增值税作为共享税，75%归中央，25%归地方；资源税没有确定，暂作地方税（后来才明确：海洋石油资源税归中央，其他资源税归地方）；企业所得税按隶属关系征收；其他没有提到的税种都作为地方税。关于基期年，当时经过中央和地方的几轮博弈，最终确定以1993年为基期年。

刘仲藜回忆："1993年设计分税制改革方案时，恰逢我国经济过热，固定资产投资失控，金融秩序混乱，通货膨胀严重。在经济环境并不宽松的情况下，既要达到提高'两个比重'的目标，又要致力于改善宏观环境。因此，在划分税种时是费了一些心思的：明确将维护国家权益和实施宏观调控所必需的税种划分为中央税；为鼓励地方发展第三产业、农业和效益型经济，将主要来源于这些领域的税收，例如营业税等划为地方税；为淡化地方片面追求GDP，防止地区封锁，减少重复建设和盲目建设，将国家控制发展的一些消费品实行消费税，而消费税100%归中央；当时最红火的加工制造业的流转税，改革前主要属于地方税源的增值税，实行共享税，中央地方‘七五、二五’分享，中央拿大头；同时，为体现资源国有，国家要保留对资源税的分享权，考虑到大部分资源集中在中西部地区、资源大省一般都是财政穷省，大部分资源税全部留给地方，个别税种如海洋石油资源税划归中央。”

他还说：“这次改革选择生产型增值税，主要有两方面考虑：一是不能影响财政收入，尤其是中央财政收入。为了达到这一目标，采用生产型增值税比较现实，尽管它与规范的消费型增值税相比，还欠科学，但毕竟比传统的流转税前进了一大步。二是1993年前后，中国经济处于投资失控、膨胀状态，而消费型增值税恰恰对投资具有一定的刺激效应，与当时实行的紧缩政策不一致。”

三、国地税机构分设

为了提高税务工作的地位，1993年12月，中央决定国家税务总局升格为正部级。1994年初，金鑫任国家税务总局党组书记、副局长，同年4月，财政部长刘仲藜兼任国家税务总局局长，7月，财政部项怀诚副部长任国家税务总局党组副书记、副局长（主持工作），次年2月任党组书记。为了分清中央和地方收入，避免混库，1994年8月，税务机构分设为国税、地税两套机构。

刘仲藜回忆国税局和地税局分设时说：“1994年财税改革前，税法约束软化。省、市、县各级政府都有权减免税。除地方有意藏富于民的体制性原因外，征管体制也存在缺陷。当时全国是一个税务系统，实行属地化管理。在这种体制背景下，一些地方官员可以得心应手地大量减免税收。减免的税收中很大一部分实际上为应当上缴中央的收入。地方‘请客’，国家‘埋单’。企业减免税多了，财政就没有钱了，中央财政更没钱了。财政体制已实行分税制改革，如果在征收上不实行分开征收，不建立起一个合理的征管机制，就没有组织保证，税种划分再合理，执行中也会大打折扣。在发达的市场经济国家，大都分设国家税务局和地方税务局两套机构。如美国就设有联邦、州甚至地方税务局；日本不仅分设有中央税务局、地方税务局，还设有专门的税务警察局。这些国家都是总结了多年的经验才这样做的。所以说，分设中央税务局和地方税务局两套机构、建立两套税收体系是经过上百年历史肯定的，是符合实行分税制体制要求的。我国按照分税制体制要求，分别设置了两个税务局，一个是国家税务局，一个是地方税务局。国税局实行垂直领导，地方税务局实行双重领导，以地方为主。”

四、国家与企业间的博弈

国家与企业之间的分配关系是 1994 年财税改革又一重要内容。改革开放前的我国经济主体是以国有企业为骨干的公有制企业，非国有企业是在改革开放后逐渐发展起来，当时数量还不大，但其市场化特征比较明显。因而，处理国家与企业之间分配关系改革，核心是处理好国家与国有企业之间的分配关系。

我国国有企业改革是从减税让利、逐步扩大自主权开始的。后来受到农村实行联产承包责任制取得巨大成功的启示，探索将“包”字引进城市改革，初期，只是部分国有企业开始实行“承包经营责任制”试点，1986 年在全国推行。

1994 年财税改革涉及的内容较多，但是核心是分税制改革。所谓分税制，就是在中央与地方财政分配关系上，统一按税种划分收入，彻底打破中央与地方一对一谈判、一地一个体制的财政大包干办法。

刘仲藜后来谈到："说起来承包制有一定合理性。但是，承包制也有许多缺陷：首先，对企业的承包方案是一对一谈判确定的，没有统一标准，人为因素较多，企业之间难免苦乐不均。其次，企业经营环境年度之间变化大，情况好的时候偷着乐，不好的时候就不执行合同，政府没有制约手段。结果，企业多挣了财政拿不到，企业亏损了财政又要受损，永远是包盈不包亏。第三，也是最大的问题，由于当时私营企业、'三资'企业等各种所有制并存，除了国有企业以外，其他所有制企业大都市场化了。在国家与企业的分配关系上，国有企业另搞一套，显然不符合社会主义市场经济要求的公平、公正和法治原则。这也是当时社会各方面议论较多的问题。改革国家与国有企业的分配关系，首先要客观分析实际情况。与非国有企业相比，国有企业所得税率高达 55%，税后利润必须上缴；由于社会保障制度尚未建立，还要承担相当大一部分社会职能，如职工养老、公费医疗等。这些负担如果降不下来，国有企业与非国有企业难以平等竞争，而承包制又面临诸多矛盾，诸多不平衡。"

为了合理处理政府与国有企业的分配关系，增强国有企业的活力，当时采取了六项措施：一是普遍提高折旧率，并允许企业加速折旧；二是国家鼓励企业增加研究开发和技术创新的投入，企业的技术开发费按实际发生额，进入成本费用；三是用于技术开发研究的设备购置，5 万元（当时价）以下的进成本，5 万元以上的分年摊销进成本；四是企业固定资产贷款的利息可以列成本；五是降低企业所得税率，由原来的 55% 降为 33%；六是作为过渡措施，近期可根据具体情况，对 1993 年前注册的多数国有全资老企业实行税后利润不上缴的办法，同时，微利企业缴纳的所得税也不退库。

实施上述措施后，国有企业终于可以与非国有企业具有同样的市场地位，这也是建立现代企业制度的重要起点。

1994 年的税制改革是按照系统设计、通盘考虑的原则进行的。改革的指导思想非常明确，就是要统一税法、公平税负、简化税制、合理分权，理顺分配关系，保障财政收入，建立符合社会主义市场经济要求的税制体系。流转税是整个税制改革的关键，因为它是收入的大头。改革后的流转税由增值税、消费税和营业税组成。流转税改革中，增值税改革是核心。改革后实行统一的生产型增值税，取消旧的多环节重复征收的产品税。

在总结分税制改革的成功实践时，刘仲藜在《历史的机遇》一文中说："1994 年 1 月 1 日，我国顺利推出了财税体制改革。尽管执行中还有过不少微调、完善，但总的来说改革既积极又稳妥，达到了预期目标。以分税制为核心的财税改革初步规范了国家与企业、个人关系，以及中央和地方的分配关系，调动了各方面积极性。改革以来财政收入先后上了几个台阶，建立了财政收入稳定增长的机制。改革实践证明，党中央、国务院的决策是正确的。"

本文刊载于《中国税务》2014 年第 1 期。

记述于手稿中的分税制改革

中国财税博物馆

党的十四大明确提出了建立社会主义市场经济体制的目标，围绕这个目标，财税体制、金融体制、计划体制等方面的改革将全面深入地开展。为此，国务院决定从1994年1月1日起在全国推行税制改革，实行分税制财政管理体制。中国财税博物馆的中国当代财税历史展厅陈列着三件特殊的手稿，其中两件出自原财政部部长兼国家税务总局局长刘仲藜之手，分别题为《历史的机遇》《组织实施新财税体制的前前后后》；另一件的作者是历任财政部副部长，国家税务总局党组书记、副局长，财政部部长的项怀诚，题为《亲历分税制改革》。作为组织者、参与者，两位老领导回顾了1994年财税改革。从这些珍贵的手稿中，我们可以感受到改革过程的复杂艰辛与坎坷曲折以及前辈财税人的精神风貌与责任担当。

一、改革背景

新中国成立后，为巩固新生政权和恢复国民经济，中央人民政府政务院1950年1月颁布《全国税收实施要则》，建立我国第一个全国统一的新的税收制度。经过几次税制改革，减少税收种类，简化征收办法，中国财政逐步转向主要依赖公有制企业利润上缴。

改革开放后，为适应社会主义市场经济的发展，税制逐渐从单一税制恢复到复合税制。经过八十年代初的两步“利改税”和工商税制改革，设立新的税种以适应经济发展的需要，1984 年适应当时经济体制的税收体系初步建立，形成“以税代利”的财政收入体系。

1992 年 10 月，党的第十四次全国代表大会明确提出了我国经济体制改革的目标是建立社会主义市场经济新体制。1993 年 11 月，党的十四届三中全会通过的《中共中央关于建立社会主义市场经济体制若干问题的决定》对财税体制改革作了专门论述，一是把现行地方财政包干制改为分税制，建立中央税收和地方税收体系；二是改革和完善税收制度，推行以增值税为主体的流转税制度；三是改进和规范复式预算制度。按照统一税法、公平税负、简化税制和合理分权的原则，改革和完善税收制度。由此掀开了分税制改革的序幕。

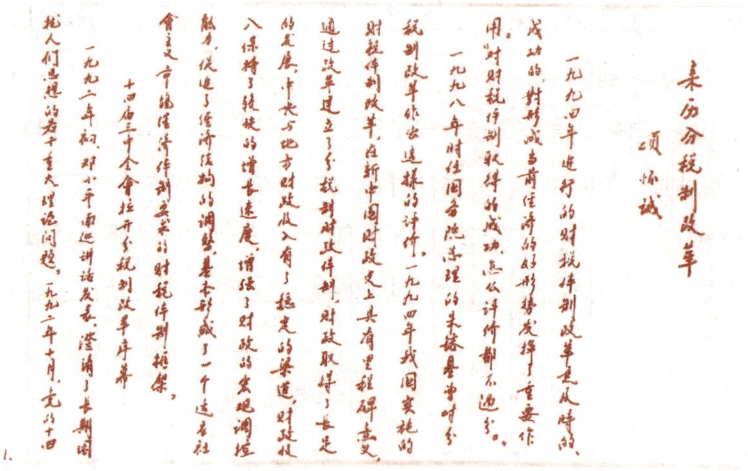
亲历分税制改革
项怀诚
一九九四年进行的财税体制改革是及时的、成功的，对形成当前经济的好形势发挥了重要作用。对财税体制取得的成功，怎么评价都不过分。
一九九八年时任国务院总理的朱镕基曾对分税制改革作出这样的评价：一九九四年我国实施的财税体制改革，在新中国财政史上具有里程碑意义，通过改革建立了分税制财政体制，财政取得了长足的发展，中央与地方财政收入有了稳定的渠道，财政收入保持了较快的增长速度，增强了财政的宏观调控能力，促进了经济结构的调整，基本形成了一个适应社会主义市场经济体制要求的财税体制框架，
十四届三中全会拉开分税制改革序幕
一九九二年初，邓小平南巡讲话发表，澄清了长期困扰人们思想的若干重大理论问题。一九九二年十月，党的十四
1.

二、改革历程

刘仲藜讲到，“改革的决定是中央做出的，但方案是财政和

税务部门提出的，具体组织实施也是财税部门的事。账要由财政部门算，各种税要靠基层税务人员收。”项怀诚特别指出：“在分税制改革中，国家税务总局做了大量工作，就工商税制改革听取各方面意见……”

1993 年，改革的最初方案由财税部门经过大量研究和反复测算提出。后在国务院领导下，和有关部委共同用了几乎整个夏天的时间进行研究和修改。同年秋天，时任国务院副总理朱镕基同志带领财政、税务等中央部委六十多人，亲赴 17 个省、自治区、市听取意见。12 月，国务院正式发布实行分税制和新税制的决定。在刘仲藜、项怀诚两位老领导的回忆中常有这样的典型场景：1993 年下半年，无论财政部还是税务总局，两个办公楼晚上经常灯火通明。当时，财税部门所承担的工作中主要有以下三个重要方面。

调查研究。为了解实际情况，掌握主动权；发现新问题，不断完善改革方案；寻找解决问题的关键；总结经验和规律指导工作，刘仲藜表示他非常注重深入基层和实际，开展调查研究。一是组织座谈。时任中共中央总书记江泽民同志先后多次召开各省市自治区的书记、省长座谈会，听取意见建议。项怀诚参与座谈，亲身体会高层领导对分税制改革的关心和支持。税务总局多次召开座谈会，邀请纳税人、地方政府、专家学者等，就工商税制改革听取各方面意见建议。二是数据测算。财税体制改革需要调整分配关系，如何确立新税制基础上各省市的返还基数，如何处理中央与地方的利益关系，如何处理增量分配，是根本性问题之一。经过广泛的调研论证，设计出了增值税、消费税两税比上年增长部分以 1∶0.3 返还的政策，并以财税普查资料为基础准确测算出 17% 的增值税率。三是实地调研。1994 年新年伊始，财税部门的调研工作就已经展开。刘仲藜回忆道，“在没有办法远行的情况下，我采取了‘短、平、快’的调研方式，经常带两三名同志，利用周末到京津冀所属附近各县，如保定、涿州、武清及北京各县转一转。往往是早上不到七点就出去，很晚才回来。”

组织实施。刘仲藜认为，我国地域辽阔，各地条件差异大，区域经济发展不平衡，各个行业千差万别，改革除了要制定一套统一的、科学的方案，还应当把组织实施过程放在重要位置。否则，即使改革方案搞得四言八语、花团锦绣，也会变成一纸空文。一是强化沟通协调。1993年，朱镕基副总理带领中央各有关部门负责人赴地方，经数十天转战多个省市见面沟通、多层面工作会商，最终确定以1993年财政收入为税收返还基数，最大限度地争取地方对财税改革的支持。项怀诚认为，“在推进重大财税改革时，必须要取得地方政府的强有力支持。这是必要的妥协，是必须付出的代价。这一步争取了民心，统一了思想，保证了分税制改革的顺利进行。”二是培训业务人员。刘仲藜表示，培训相关人员掌握新财税知识是最重要和最困难的一项工作，亦是其心中一件不安的事情。原定分步实施的改革改为一步到位，为防止耽误改革进程，财政部和国家税务总局多次召开全国性工作会议和电话会议，敦促各地财税机构做好培训等工作，确保新财税体制顺利实施，刘仲藜还多次深入一线了解税收政策把握情况。三是申请向银行借款。考虑到当时中央财政拮据，以及改革培训工作仓促，税款能否及时足额上收成了关键。为此，刘仲藜专门找到朱镕基副总理，请他批准财政向人民银行临时借款。朱镕基副总理当机立断，批准人民银行临时借给财政部120亿元，存在中央金库，时限3个月，专门用于应对财税体制改革中税收不能及时上缴带来的支付危机。

完善方案。改革方案是经过反复研究和模拟测试的，但是否符合实际，需要经过实践的检验。财政部、国家税务总局及时明确和细化某些特殊行业的财税政策，对某些不准确的理解和做法予以解释、澄清和纠正，并根据实际情况对原方案进行微调和完善。据财政部税政司统计，1994 年第一季度，财政部或财政部和国家税务总局联合发文的微调文件有 84 个之多。一方面，做出政策性调整。例如，有小水电企业反映税制改革后增值税负担增加较多，要求能够给予解决。通过研究，根据实际情况，将规定调整为县以下小型水力发电单位生产的电力，可按简易办法依照百分之六征收率计算缴纳增值税。另一方面，延缓部分税改政策。例如，改革方案中曾提出取消对农民征收农林特产税，多地表示实施该政策有困难，曾有至少 4 个省的省委书记向朱镕基副总理反映，如果马上取消农林特产税，地方财政特别是农业县的财政将出现较大困难。经反复权衡和综合分析，否决了取消农林特产税的方案，并将原产品税中农林牧水产品税与农林特产税归并征收，此外，还规定农业产品税增值税税率由 17% 降为 3%。一直到 2006 年，我国财政收入大幅提高后，才全面取消农业税。

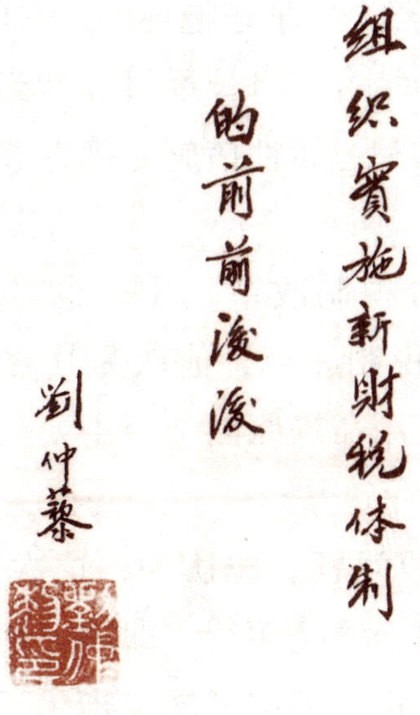

三、改革感悟

重任之下，担当为先。刘仲藜这样描述当时改革期间的心情：“《礼记·中庸》讲，‘君子戒慎乎其所不睹，恐惧乎其所不闻’。我们当时坚持的就是‘戒慎恐惧’。思想上奉行办实事、说实话、增实效；工作上力求精益求精、周密细致、一丝不苟；微调措施上力争瞻前顾后、谨思慎行、稳扎稳打；总之是如履薄冰，如临深渊，不敢有丝毫麻痹大意。”

亲身参与了这场轰轰烈烈的财税体制改革，刘仲藜回忆起其中具体组织和实施工作，表示确有不少经验和教训。他强调组织实施过程的重要性，认为有些改革没有达到预期目标，很多时候是组织实施工作没到位造成的，是方案没落实好。刘仲藜写道，“党中央、国务院决定了方案，职能部门在改革中的主要任务就是负责组织实施。需要我们积极主动地把中央改革方略层层分解为实施策略、计划和任务，并且艰苦细微地去工作；需要在实践中检验并完善改革方案，处理好整体与个别、普遍与特殊的关系，实现文件与实际的结合，将长远目标和当前情况有效结合起来；必要时采取渐进性和过渡性措施，确保改革具有较强的可行性和可操作性。”

项怀诚在《亲历分税制改革》中，也对分税制改革进行思考。回顾 1994 年的分税制改革，他认为其之所以成功除了领导重视、方向明确、将士用命等原因外，主要是妥善处理了两个常有的根本性问题。

其一是增量分配的问题。他认为，这次改革之所以比较顺利，得益于在利益调整上缓缓而行，即较好地处理了财政增量的分配问题。时任中共中央总书记江泽民指示，财政收入的增量中央要得大头，假以时日，逐步改善中央财政的状况。在分税制中，增值税是最大的税种，实行了中央和地方分成，中央得75%，地方得25%，消费税100%归中央。对此，地方上认为这两个税种，特别是增值税年年增加，地方得不到多少好处。为此，项怀诚与部里同志设计了“两税”比上年增长部分的1∶0.3返还的政策。既体现了中央得大头的精神，又照顾了地方的利益，满足了地方的一部分要求。

二是有效实施了转移支付。转移支付是政府财政政策的一个重要的工具，是指在既定的政府间支出责任和收入划分框架下，通过财政资金在各级政府之间的无偿拨付，弥补财政纵向和横向不平衡，以实现校正区域外部性，稳定宏观经济，促进基本公共服务均等化的财政政策目标。分税制改革以前，中国的财政情况弱干强枝，中央财政靠地方财政上解收入过日子，想对欠发达地区多给一点补助，想解决实际上存在的横向不平衡，心有余而力不足。这个问题，在实行分税制，适当地集中财力后，具备了解决的可能性。1994年改革时在财政分配中正式引进了转移支付这个国际上通行的概念，当年中央对地方的转移支付为550亿元。

2008年，在改革开放三十年之际，项怀诚回顾分税制改革的历史情况，分析总结分税制改革的经验教训，表示在担任财政部领导的十几年中，心中始终有两条杠杠：一是中央财政本级的支出与全国财政支出的比重不要扩大；二是中央财政收入增加了，要把增量的大部分转移支付给中西部地区，为他们在支出均等化方面创造一些条件。分税历十四而不衰，发达地区和欠发达地区都支持它，实行转移支付政策是根本原因。

2018年3月，十三届全国人大一次会议第四次全体会议提出：“改革国税地税征管体制。将省级和省级以下国税地税机构合并，具体承担所辖区域内的各项税收、非税收入征管等职责。

国税地税机构合并后，实行以国家税务总局为主、与省（自治区、直辖市）人民政府双重领导管理体制。”税务机构改革看似经历了轮回，但历史意义巨大，其中蕴含着改革开放中税收工作的与时俱进，体现了党和国家不断优化税收制度，推动税收事业不断前进发展的进程。

1994 年税制改革
和分税制财政管理体制改革

《中国税务》编辑部

20 世纪 80 年代末 90 年代初，由于财政收入占国内生产总值的比重和中央财政占全国财政收入的比重迅速下降，中央财力变得薄弱，使那些需要国家财政投入的国防、基础设施和各方面必需的建设资金严重匮乏。根据当时的统计数据，中央财政收入在国内生产总值中的比重从 1984 年的 22.9% 下降到 1993 年的 12.6%，中央财政收入在全国财政收入的比重从 1984 年的 40.5% 下降到 1993 年的 22.0%。这“两个比重”过低，已经严重影响到国家宏观调控作用的发挥。

1992 年 10 月，党的十四大明确提出中国经济体制改革的目标是建立社会主义市场经济体制。为了适应社会主义市场经济发展的需要，在借鉴市场经济国家成功经验并充分考虑国情的基础上，我国于 1994 年进行了税制改革。改革的重点：一是把地方财政包干制改为合理划分中央与地方事权基础上的分税制；二是建立了以增值税为主体的货物劳务税体系，统一了内资企业所得税和个人所得税制。改革规范了国家、企业、个人以及中央与地方的分配关系，调动了中央和地方两个积极性，建立了财政收入稳定增长的机制。这一时期，从“一员进户，各税统管”的粗放型管理，到“征、管、查分离”，再到“以申报纳税和优化服务为基础，以计算机网络为依托，集中征收，重点稽查”的税收征管模式，税收征管因时而变，不断顺应税制的变化和税源的增长，为经济社会发展积聚了丰沛的财力。

税制改革目标的确立

1992 年春，改革开放总设计师邓小平在视察南方时指出，计划经济不等于社会主义，市场经济不等于资本主义。这一论断从根本上解除了将市场经济和资本主义画等号的束缚，为深化经济体制改革奠定了思想基础。1992 年 10 月，党的十四大确定了经济体制改革的目标是建立社会主义市场经济体制，与此相适应，财税体制改革的目标也随之确立：建立与社会主义市场经济体制相适应的财税体制。

税制改革成共识

我国自 1984 年实行国营企业“利改税”第二步改革和工商税制的全面改革完成后，形成了以流转税和所得税为主体税种，其他辅助税种相配合的税制，特点是多税种、多环节、多层次课征，在一定程度上仍然保留着计划经济体制下国家用行政手段管理经济的痕迹，在处理国家、企业、个人的分配关系和中央与地方的分配关系方面，难以发挥应有的调节作用。

社会主义市场经济体制改革目标确定后，税制改革面临着由计划经济向社会主义市场经济转型的宏观经济环境。在这种背景下，经济体制的全面转型必然要求有一套全新的税收制度与之相适应。而当时的外部环境恰好为税制改革提供了良好的条件。第一，社会主义市场经济体制目标模式的确立，为全面、规范、合理地进行税制改革，奠定了坚实、科学的基础。第二，市场价格已成为资源配置的主要信号，为依据市场经济对流转税的要求设计税制结构和税负水平提供了必需条件；原流转税制度实行10年左右，也为建立新的流转税制度积累了丰富和宝贵的经验。第三，随着经济体制改革的深入，为企业创造公平竞争的环境已成为当时社会的共识，统一内资企业所得税已是水到渠成之事。

税制改革的主要内容

1993年10月31日，第八届全国人民代表大会常务委员会第四次会议通过了《关于修改〈中华人民共和国个人所得税法〉的决定》，自1994年1月1日起执行。1994年1月28日，国务院发布了《中华人民共和国个人所得税法实施条例》，至此，统一的个人所得税改革推出。

1993年12月13日，国务院发布了《中华人民共和国增值税暂行条例》《中华人民共和国消费税暂行条例》《中华人民共和国营业税暂行条例》《中华人民共和国企业所得税暂行条例》《中华人民共和国土地增值税暂行条例》；12月25日，国务院发布了《中华人民共和国资源税暂行条例》。这些条例均自1994年1月1日起实施。

1993年12月25日，国务院批准了国家税务总局报送的《工商税制改革实施方案》，从1994年1月1日起在全国施行。

1993年12月2日，第八届全国人民代表大会常务委员会第五次会议审议并通过《全国人民代表大会常务委员会关于外商投资企业和外国企业适用增值税、消费税、营业税等税收暂行条例的决定》。

1994年1月23日，国务院发布《关于取消集市交易税、牲畜交易税、烧油特别税、奖金税、工资调节税和将屠宰税、筵席税下放给地方管理的通知》，自1994年1月1日起执行。

至此，中国1994年税制改革的主体工程基本完成，基本适应社会主义市场经济体制的新税制框架初步建立。主要内容包括：

建立以增值税为主体、消费税和营业税为补充的流转税制。在商品的生产、批发、零售和进口环节，采取基本税率再加一档低税率的模式，普遍征收增值税；选择烟、酒、化妆品、小轿车等原适用较高产品税率的产品以及高档、奢侈的消费品进行特殊调节，在征收增值税的基础上再征收消费税；对不实行增值税的非商品经营，如交通运输、金融保险、邮电通信、建筑安装、文化娱乐等行业，继续征收营业税，并对税率作适当调整。改革后的流转税制统一适用于内资企业和外资企业，取消对内资企业征收的产品税和对外资企业征收的工商统一税。

统一内资企业所得税。对国有企业、集体企业、私营企业以及股份制和各种形式的联营企业，均实行统一的企业所得税制，相应取消原来只对国有大中型企业征收的国营企业调节税。内资企业所得税实行33%的比例税率，同时对一部分盈利水平较低的企业，增设27%和18%两档税率，并统一、规范税前列支项目和标准。取消了国家交通能源重点建设基金和国家预算调节基金。统一的内资企业所得税出台后，不再执行承包企业所得税的做法。

建立统一的个人所得税制。将原来分别征收的个人所得税、个人收入调节税、城乡个体工商户所得税合并为统一的个人所得税。统一的个人所得税主要采用超额累进税率，按11种所得分类征收。

扩大资源税征收范围，开征土地增值税。对所有金属矿产品和非金属矿产品等资源开征资源税，同时，简并税率，适当调节资源税税负水平，完善征收办法。

税收征收管理制度的改革。上述改革实施后，适应社会主义市场经济体制要求的税制体系初步形成。与此同时，必须推进税收征管制度的改革，以保证税法的落地。一是普遍建立纳税申报制度；二是积极推行税务代理制度；三是加速推进税收征管计算机化的进程；四是建立严格的税务稽查制度；五是适应实行分税制的需要，组建中央和地方两套税务机构；六是确立适应社会主义市场经济需要的税收基本规范；七是中央税和全国统一实行的地方税的立法权集中在中央；八是加强税收法治建设。

分税制财政管理体制改革

1994 年，我国进行税制改革，调整税制结构，划分税种，这恰好为实行财政体制改革、理顺中央和地方的分配关系奠定了基础，一场具有深远影响的分税制财政管理体制改革（以下简称“分税制改革”）在我国拉开了序幕。

1993 年 7 月 22 日，国务院总理办公会议提出，要加快财税体制的改革，实行分税制，并相应成立中央税务局和地方税务局。

1993 年 11 月 14 日，党的十四届三中全会通过了《中共中央关于建立社会主义市场经济体制若干问题的决定》，对分税制改革作了具体部署，决定建立中央税收和地方税收体系。

1993 年 12 月 15 日，国务院颁布《关于实行分税制财政管理体制的决定》，决定从 1994 年 1 月 1 日起各省、自治区、直辖市和计划单列市实行分税制财政管理体制。分税制改革的一项重要内容是根据事权与财权相结合原则，将税种统一划分为中央税、地方税和中央地方共享税，并建立中央税收和地方税收体系。

随之而来的是，税收征管机构进行相应配套改革。从1994年1月1日起，税务系统分设为中央税务机构和地方税务机构，将省以下税务机构分设为国家税务局和地方税务局两个系统。其中，国家税务局系统实行国家税务总局垂直领导的管理体制；地方税务局系统实行地方人民政府和国家税务总局双重领导，以地方政府领导为主的管理体制。国家税务局系统负责征收中央税和中央与地方共享税，地方税务局系统负责征收地方税。

除此之外，分税制改革还包括三方面主要内容：按照中央与地方政府的事权划分，合理确定各级财政的支出范围；科学核定地方收支数额，逐步实行比较规范的中央财政对地方的税收返还和转移支付制度；建立和健全分级预算制度，硬化各级预算约束。

分税制改革规范了中央和地方的财政关系，建立了有效保障中央收入的机制，使中央财政收入占全国财政收入的比重由1993年的22%上升到1994年的55.7%。同时，充分调动了地方政府组织收入的积极性，地方财政收入并没有因为主体税种上划到中央而大幅减少，反而在实行分税制改革后的几年中，保持了稳定增长。

1994年税制改革和分税制财政管理体制改革在我国税制建设的历史进程中是一个具有重要意义的里程碑，其改革力度之大、利益调整之深、影响范围之广，在新中国历史上从未有过。此次改革在保证财政收入增长、增强国家宏观调控能力、调节各利益主体分配关系、规范社会主义市场经济秩序等方面发挥了重要作用，有效促进了我国经济体制转型，扩大对外开放，确保经济社会的快速协调发展。

本文刊载于《中国税务》2019年第10期。

1994年前后财税改革的数据基础*

刘克崮　贾　康主编《中国财税改革三十年：亲历与回顾》节选

国家与企业分配关系改革和税制改革的数据基础，是财政部的企业财务和税收普（调）查资料。

一、财税普（调）查资料的起源及其沿革

传统的企业财务会计信息资料的收集基本上是通过层层汇总会计决算报表来进行的。这种数据资料对于用数据模型的方式模拟不同的改革方案存在着很大的局限性。改革开放30年的历程也是我们财税体制改革、完善的重要过程。其间财税体制进行了重大的改革，为了保证改革方案制定的科学性，既需要进行定性分析也需要进行定量分析，建立以微观为基础的分户财税信息资料，以对改革方案进行模拟测算、分析、比较，成为保证改革成功的重要措施，财税普（调）查资料工作应运而生。1984年国家进行第二步利改税和工商税制改革时，财政部工交司司长、利改税办公室主任陶省隅向当时的部长王丙乾、副部长李朋商请对全国进行国有企业财务和纳税人税收资料分户调查，获得部领导

* 此文为刘克崮、贾康主编的《中国财税改革三十年：亲历与回顾》（经济科学出版社2008年版）第七章的部分内容，由张学诞、卢侠巍、许文、刘微和施文泼撰写。

批准，之后在财政部计算中心的大力支持下，运用调查资料对相关方案进行测算。在财政部开了运用先进计算设施和手段为改革配套服务的先河，并由此开始建立由简到繁逐步完善的财税普（调）查资料的工作制度。

时任财税体制改革司副司长、税政司司长的刘克崮回忆说：财税普（调）查资料工作起源于两步“利改税”，在当时王丙乾部长和李朋副部长的指导和支持下，初期由“利改税”办公室的陶省隅、吴翠兰、柳标等同志，以及计算中心的蔡瑞东、张玉生等同志负责；发展于90年代初的“税利分流”改革试点时期。每年通过各省的财政、税务和中央工业部门三个系统100多个单位调查、收集、汇整数据。1989年之前是上报手工报表，1990年起改为微机录入，软盘上报。每年末开一个调查布置会，下一年初春开一个上报审核会。我1990年到财政部工作后，开始负责此项工作，具体工作财改司由王小峰、王征、朱振民负责，参加人有谭崇均、谢春山、郭垂平等。计算中心由蔡金荣、陈必陶等同志组织推动。

曾任财税体制改革司副处长、处长、税政司司长的朱振民对财税普（调）查资料工作回顾时讲道：

财税普查的起步是在第二步利改税的过程中开始的，那时候我在基层工作。1984年第一次进行这种调查，调查的是1983年的数据，用这些数据支持两步利改税改革和工商税制改革的一些方案测算，那次调查就是财税普（调）查资料的一个开端，当时税收调查表设计比较简单，一个企业只调查十来个指标。1984年后就建立了一个经常性的工作制度，每一年对上一个年度财务和税收相关的指标进行调查。

两步利改税之后，财政部把财税普（调）查资料作为一项基础性的工作，每年组织进行。随着部内机构设置的变化，先后由利改税办公室、财税体制改革司、税政司承担。调查涉及的内容先后包括对全国的国营和集体企业财务资料调查、纳税人流转税资料调查、纳税人地方税收资料调查、农业税税源调查。调查的指标数据由比较简单逐步形成指标体系。数据资料从手工填报逐步转变为微机处理。20多年来，这套调查数据为财税体制改革的成功奠定了重要的量化分析基础、为重大财税改革的科学决策提供了重要的定量分析依据，在历次重大的财税体制改革中均发挥了不可替代的重要作用。

朱振民：财税普（调）查资料一直由财政部组织进行，整个工作包括数据收集和数据运用。数据收集分两个阶段进行，一是数据收集的布置，包括对调查表进行设计，涉及主要的财务指标和税收指标。这些指标有的是取自会计账簿和财务报表，也有的没有现成的数据需要通过计算才能得出来。我们要根据未来改革的思路设计必要的调查指标，用来满足对未来改革方案测算的需要。每年度终了之前，对当年的调查进行布置，开一个布置会，分别布置地方财政、税务和中央工业部门承担相应的调查任务。二是数据的收集，财务决算之后由上述部门将调查结果上报财政部。1989年以前，是上报手工报表，由财政部组织录入，1990年开始数据用微机处理，由调查部门把数据直接录入数据库。我们设计了相应的控制公式，对数据进行审核，以保证数据质量。由于税收的立法权和政策制定权集中在中央，对数据财政部运用的更多一些。最主要的是用于对重大改革方案的测算分析，也用于对改革方案出台后运行结果的分析验证，对一些重大税收政策调整往往也会用到这些数据。多年来，财政部对地方参与调查的同志进行了经常性的培训，使这支队伍不仅承担了数据收集工作，也不断运用调查数据服务于当地的财税工作。

郭垂平对这套财税普（调）查资料起源和发展是这样回忆的：

那是1991年，组建了税政司，当时是韩司长，是由原来的财改司引并过来的。财改司里面搞数量分析，搞一些国有财务资料的调查，主要调查的是国有企业，包括国有工业企业、国有商业企业、国有粮食企业、国有金融企业、国有城市供销企业等，对原来所有国有对口的这些行业企业上，搞财务资料调查。这个财务资料调查里面主要调查企业的一些相关指标，比如说企业的财务状况的指标、企业的经营状况的指标以及企业的缴税情况的指标，这些指标都是从会计报表上得出来的。从1991年开始，财政部税政司就特别注重这个数据收集工作和分析工作。财政部原来有一个处室叫政策分析处，具体负责这项工作。这个分析处原来的处长叫王小峰，老同志，这个工作从税政司刚成立一直延续到1998年机构改革之前。这套数据现在很宝贵，目前我们的了解，没有一个政府部门保留这么多的数据，我们部门有个大型的机器专门保留这些数据。

对1994年以后财税普（调）查资料的发展，税政司流转税处副处长谭崇钧说：

1994年以后流转税普查已演变为以流转税（增值税、消费税、营业税）为主、兼顾与企业相关的所有税种及财务会计指标的综合性的全国税收资料调查。原财务普查已演变为企业所得税税源调查。2000年整合为统一的全国税收调查，适用于各类企业纳税人，逐步实现由纳税人微机录入。2005年起改重点调查与抽样调查相结合，增强调查数据代表性，并开始试行纳税人网上直报。现在省一级上网录入直报系统已经实现。

目前的财税调查内容现已扩大到覆盖与企业经营相关的所有17个税种，调查指标除了调查以具体产品和劳务为对象的30多项指标外，还调查了以企业为对象的200多项指标，将主要税种的纳税申报表指标、主要财务报表数据和财税体制改革需要的各种指标统一纳入了调查范围。2006年，调查企业户数已达到51万户，调查企业缴纳的国内收入占全国国内税收收入的比重已达65%。无论从调查的广度和深度，还是从调查企业的代表性来看，全国税收资料调查数据都具有巨大的应用潜力。

刘克崮：财税体改司开发了专用的分析测算信息系统。可以将数千万条的基础数据按照目标要求，掰开了，揉碎了，进行各种组合、测算和分析。1993—1994年进行的国家与企业分配关系改革七项措施综合利益的增减，所得税33%的税率、增值税17%的税率，以及分税制改革中，在老税制转变为新税制基础上的各省市的返还基数和中央与各地方的利益综合关系，都是用这套资料测算的。世界银行的财税专家在听到我们改革的测算所依据的基础数据的规模和质量时，深表惊讶和敬意。刘仲藜部长对这套系统给予了极大的关注和支持，曾批准核拨专项资金用于扩大和提升部计算中心能力。在测算17%增值税率时，项怀诚副部长则专门批准更换财税体改司的计算机，以提高运算速度。

二、财税普（调）查资料的特征

财税体制的改革、财税政策的调整无疑都关系到相关主体的利益格局变化，并对社会经济和政治产生影响。如国家财政减收或增收，纳税人负担减轻或加重，企业盈利增加或减少以及对市场物价影响等，所有这些都应当在决策时有一个准确的判断。财税普查数据是建立在以企业为基础的分户数据库，又细划为分产品大类、分具体产品的数据指标，就可以运用现代科技手段通过建立数学模型的方式，按照改革方案给定的条件，测算出改革的结果。它可以在一定范围内调整给定条件测算出不同的方案结果，进行分析比较，从中进行选择决策。实现用微机对数据库进行处理后，业务人员可以直接便捷地使用这些数据，进行定量分析工作，为科学决策提供了重要的工具和手段。有关财税资料普（调）查的特点，税政司曾经主持或参与过这项工作的刘克崮、朱振民、郭垂平对此套普（调）查资料印象深刻。时任财税体制改革司副司长、税政司司长的刘克崮讲到：

第一，这套普查资料是全世界独一无二的。数量巨大，分类具体，细微精准，具有很强的代表性。调查范围包括所有的国有企业和集体企业的大部分，主要分为四类：国营工业生产企业、国营商业生产企业、集体企业和私营企业（是抽样选取的），微观企业覆盖面广。调查企业其税收占全国税收的 80%，利润占预算内国营企业的近 98%。例如，1993 年改革高峰时使用的 1992 年的普查资料，将企业分出地区、行业、产品、隶属关系等，收集、汇整出两套财务和两套税收资料：（1）43 个省市和 24 个中央主管部门的 36875 户国营工业和 30622 户国营商业，共计 6.7 万多户企业的 1381 万多条财务普查数据；（2）全国 54752 户预算内国营工业企业和集体工业企业的 70451 户产品的 798 万条税收普查数据；（3）全国 21276 户城镇集体工业企业的 200 多万条财务普查数据；（4）全国抽样的 1600 户乡镇集体工业企业财务税收资料的 10 万条数据。

第二，从数据体系看，指标细、计到户、落到项、质量好、灵活性高，应用性强。

例如，1991 年在搞活国营大中型企业过程中，有一种说法，认为国营企业流转税负担率相当于集体企业的二倍，因此得出应当继续对国营企业减税让利的结论。我们就根据 1990 年的普查数据，进行测算和分析，得出较为客观的结论：由于国营企业和集体企业实行相同的流转税制度，国营工业企业和集体工业企业产品税、增值税分类平均税负基本接近，其分产品平均税负则更为接近。由各个产品税负率加权平均形成的综合平均税负，国营企业高于集体企业，这主要是因为国营企业负担着国家绝大部分重要生产资料和消费资料生产任务，其中，一些高税率的产品，如卷烟、成品油、电力、白酒等几乎完全由国营企业生产，主要由于这种生产结构使国营企业平均税负高于集体企业，这也从另一个角度说明国营企业是我国财政收入的主要来源和支柱。这一分析澄清了一些人的片面认识。

第三，从分析系统看，功能较强，操作简便，非常适于业务人员使用。分析软件 PCMS 和 SDMS 系统，不仅具备一般的报表软件的数据收集、净化和汇总功能，而且还具备较强的用户应用功能，具体到每一台微机都有数据检索、统计、测算和分析功能。大大提高了普查数据的使用效率。

朱振民强调这套资料的特点：

财税普（调）查资料数据一个重要的特点就在于它的应用性。比如，指标的设计，流转税的调查对企业来讲，意义不是特别的重要，一定要落实到产品上。1994 年之前实行的产品税、增值税课税对象是工业产品，当时的产品税有 20 多档不同税率，增值税有 12 档不同税率，一个企业有可能生产一种产品，也有可能生产若干种产品，这些产品可能适用同一档税率，也可能适用档次高低不同的税率，只有把它落实到产品上，这个调查资料才有可用性。因此，调查表以企业为对象又细分了产品的大类，然后在大类之下又分了 285 个产品的品种。表的指标设计主要是财务指标、税收指标和成本指标。为什么要有成本指标？因为它涉及调查的时候，对未来流转税改革事先有一种预期，这是前瞻性的一种考虑，为研究测算对工业品全部实行新的增值税做准备，与扣除项目有关的指标，都作为调查的指标。所以在成本指标里大部分是考虑未来预计可能有哪些扣除项目，然后进行了细分列入调查指标。这些资料支持了1994年以流转税为重点的税制改革。再如，为推进增值税由生产型向消费型的改革，在20世纪90年代后期，调查表又增加了企业购入固定资产情况的相关指标。东北地区消费型增值税改革试点方案也依托相应的数据进行了测算。

曾在税政司所得税处工作的郭垂平对这套财税普（调）查资料的调查方式的变化记忆犹新：

1998年之前采取的是普查，1998年以后是抽样调查方法。当时楼继伟副部长要求税政司把这个工作在原来的基础上继续搞下去。具体来讲，抽样调查有三个特征：

第一，采取抽样调查的方法。我们采取分层抽样，用较少的人力办大事。这套组织架构分为四个层次：第一层是财政部；第二层是省财政厅；第三层是地市财政局；第四层是县财政局。企业的分布是很广泛，我们就采用随机抽样的方法，全国一共400万户企业所得税纳税人，按照统计学的观点，最少样本量不得少于1%，即5万户。

第二，调查的范围更加全面。现在调查的范围扩大到外资企业和许多民办非企业单位，这些企业的状况，原来的指标范围内没有调查，现在所有类型都进行调查。与此同时，还增加了辅助指标，这些指标总共有700多个。

第三，增加了动态指标。原来的指标不仅要反映企业的财务状况，还要反映企业纳税的过程，但都是静态指标。现在我们增加了一些动态指标。例如，一个资源综合利用企业，按原来规定有一年或五年免所得税的，那么这个企业从成立到现在有多少年是处于免税期呢，什么时候属于征税期，我们就把这个政策优惠享受的过程调查出来。

我们司里除了我们这一块国有企业的财务资料调查以外，还有一块工作，就是增值税和流转税的调查，增值税、消费税和营业税的调查，这主要是我们司里流转税处调查的，它工作的组织、历史由来主要是从1994年开始，1994年工商税制改革，最大的特点是把产品税转为增值税，那个时候就需要数据做支撑做调查，那个时候利用改革的机会，应改革的要求，在全国开展了增值税、消费税、营业税的调查，这个调查数据从90年代开始，一直到现在也是延续下来了，也是一套宝贵的数据，比如我们正在进行的增值税的转型，消费税的税目的调整，现在财政部和税务总局公布的消费税条例，国务院公布的，财政部报上去的，还有那个营业税的调整，都是以这些数据为基础进行测算的。这是我们司里一大税政基础工作。科学管理，一定要数学做支撑。我在当初学经济学的时候，总想弄清楚管理科学和科学管理到底是什么关系，现在慢慢体会到了两者之间毕竟是有差别的。

三、财税普（调）查资料在财税改革30年中的重要作用

财税普（调）查资料是一项重要的基础性工作，多年来，在支持财税体制改革、税收政策研究制定的定量分析、税收监督检查、税收征管及评价等方面发挥了积极作用。这套调查数据在两步利改税、税利分流、1994年税制改革、分税制、2008年统一企业所得税制等历次重大财税体制改革过程中均发挥了十分重要的作用。尤其是在1994年国有企业利润分配制度改革、工商税制改革和分税制财政体制改革方案制订过程中，利用税收调

查数据，测算了增值税税率、内资企业所得税税率的备选方案供领导决策，同时，还为各省分税制税收基数的确定和新老税制变化条件下实施分税制前后各省与中央之间的利益关系变化情况提供了重要依据。为此，当时的刘仲藜部长曾给予了高度评价，称赞前任部领导建立财税普（调）查资料工作制度是“高瞻远瞩”“功德无量”的英明决策；认为如果没有这些调查数据，在如此短暂的时间内顺利完成如此繁重紧迫的改革任务，实难想象。

（一）有力地支撑了历次重大财税体制改革的顺利进行

1984年第二步利改税、税利分流

如前文述及，财税普（调）查资料起源于两步利改税之时，曾任财税体制改革司副处长的刘跃国说：

普查资料我的印象是第二步利改税搞的，如果当时没有这样大量的测算，第二步利改税方案就做不出来。因为你毕竟要实施，凭空拍脑袋决策是不行的，所以就组织了这次普查。当时是财务普查和税收普查两块。后来的测算方案是我们做的，当时普查资料特别的多，有财务和税收的，我们这个处就是在数据基础上组织测算，测算出了十一个方案，一个方案一个方案的上报，最后国务院通过，实施第二步利改税。“税利分流”改革实际上也是用了这些数据。另外这些数据建立起来后就没有停过，每年都搞，后面“税利分流”的测算基本还是很顺利。

1994年新税制改革

1994年税制改革中财税普查资料在增值税税率、内资企业所得税税率测算中发挥了重要作用。

朱振民：因为当时增值税改革要把原来实行增值税的工业产品和原来实行产品税的工业产品都纳入增值税范围，增值税对所有的产品要普遍征收。老的产品税，当时名义税率有20档，最高60%，主要是卷烟，最低的是3%，比如煤炭。老的增值税是12档税率，最高是化妆品45%，最低的是8%，是钢材，钢材的征税办法还比较特殊，这样税负实际是高高低低的。增值税“中性”要求税率档次不能太多，理想的设置是一档基本税率，再加上一档低税率，因此，改革方案的关键和一个难点是确定替代原来高高低低二十几档税率的两档新税率。那个时候，国家财政还很困难，企业的效益也不高，双方对改革成本的承受能力都不强。为了确保改革成功，领导提出改革方案要按照改革后税负总水平总体保持改革前税负水平设计税率，以使改革后纳税人对新的税收负担能够承受，财政收入不受大的影响，也不致引起物价水平大的波动。我们是用1992年的普查数据做的静态算账，静态的来求一个大体平衡点，老的税制是价内税，新的税制是价外税，我们按12%、13%直到19%、20%作为基本税率测算了七八个方案，分别比较每一个方案对财政收入是什么样的影响、企业负担是什么样的变化、有多少户负担是增加了，增加了多少、有多少户负担是降低了，降低了多少，纳税企业由盈利变亏损和由亏损变盈利的有多少户，等等。测算地细致而缜密。我们还对原税制下企业和产品实际税负以及分布状况进行了测算，在我的印象中，全国测算企业的平均税负按价外税算高于16%，低于17%，更靠近17%。70%多的企业税负集中在价内税的14%左右，新税制最终选择实行价外税17%的税率，就相当于当时的价内税率14.53%，这个分布点是最密集，大概能占70%的产品，按照新设计方案，无论哪一个税率都不能跟老的税率形成的负担完全吻合，如果价外税16%的税率的话，税负比原来整体税负要低，17%比原来高一点，就是说，对财政略微有点余地，最后是由领导来拍板决策，定为了17%。低税率按照不出现负税负的前提下尽量从低的要求测算，最终选择了 13%，以体现国家的政策目标。

新税制出台以后，达到了预期目标，实现了平稳过渡。

财税普查资料在 1994 年税制改革内资企业所得税税率确定时发挥了关键性的作用。

刘克崮：为了规范税前和税后政策，兼顾国家和企业利益，测算各类企业统一实行的所得税税率，并确定相关的配套政策，我、史耀斌和余治华，经过几个月的奋战，做了 35%、33% 和 30% 三套测算方案。当时我们用的基础资料就是全国企业财务税收普查资料，这套资料在 1993—1994 年改革全程中起到了重要作用。我们把这些数万户企业分户、分项 200 多个指标的数据，掰开了，揉碎了，再按照不同的组合进行分析、测算。开发费怎么列，贷款如何还，两金（预算调节基金、能源交通基金）是否停，税后利润如何交；哪些归所得税，哪些应当留给企业；国家拿多少，企业留多少；有多少企业增加了税负，有多少企业减少了税负等等问题，都是利用这套数据反复论证的。最后，确定 33% 的这一档税率，不管是从当时的国际、国内情况还是近期、远期角度看，都是比较合适的。如果税率过低，实际上是把国家的财政收入让给非国有企业的所有者。这种做法既不应该，财政也难以承受。而 33% 这个税率从整体上讲并没有让企业多拿钱，只是名目变了，机制变了。就是将原来企业上缴国家的多种名目归为一个所得税，使原来协商、无序、多变、失衡的软机制，变为法定、同一、稳定、公平的硬机制。为了更好地贯彻国务院和财政部领导关于充分听取企业主管部门意见，使改革方案既保证财政收入，又支持企业发展的指示精神，方案组在向领导汇报的前几天，提前赶到北戴河，再次对方案的设计进行测算和调整。那是 7 月底 8 月初，天气很热，房间没有空调，身上直冒汗。我们开着窗户挑灯夜战，一边写稿子，一边打腿上的蚊子。

现任财政部税政司司长史耀斌对这段历史也记忆犹新：

史耀斌：1993 年朱镕基抓经济工作搞财税改革，在北戴河听汇报。当时刘仲藜是部长，项怀诚是副部长，刘克崮是我们司的副司长分管我这个处，让我们上北戴河算账去，当时测算用的微机还是 386，运行速度非常慢，机器很笨重，算一次全国的账要一天一夜，两天一夜不睡觉，做税率测算。现在从 33% 的企业所得税税率改为 25%，33% 税率就是我们测算来的，主要由刘克崮、我、余治华完成的。

1994 年中央与地方财政体制改革

在新旧税制变动之时，分税制也开始实施，在与地方分税时，就存在新账和旧账问题。1992 年和 1993 年各地方都是按老税制记账，最后确定 1994 年起财政收入按新税制记账，此时，财税普查数据为新旧账的转换提供了平台，有力地支持了分税制的顺利实施。

刘克崮：在 1993 年财税改革准备阶段时，我们跟着镕基同志跑了八九个站，17 个省做工作，宣传分税制改革。因为分税制改革是与税制改革同时进行的，在 1994 年 1 月 1 日同一个时点，税制和财政体制都变了，增加了利益测算的复杂性，所以每去一个点之前，我们税政司都为领导准备好这个地方的账，是中央与该地方谈分税的量化参考基础。我们算账就拿这个财税普查资料来分析测算的。

（二）促进了税收政策研究制定

近年来，随着决策科学化的要求，财税部门应用税收调查数据为税收政策调整提供了一些量化参考，并尝试做了一些日常性的税政研究。同时，还积极推动各地财税部门将调查数据广泛应用于税源分析、政策调整分析、收入预测、税式支出分析、政策效果评估和三大行业税收征管质量检查等方面，提高了调查数据应用的广度和深度。

增值税购进扣税法和实耗扣税法对收入影响的分析

1992 年利用税收普查资料对增值税实行“价税分流购进扣税法”后的预算内国营工业生产企业的增值税产品的税收负担及对税收收入的影响进行了测算分析，通过对“实耗法”和“购进法”两种计算方法的税收收入差异分析，为增值税改革提供了重要决策依据。

朱振民：1994 年以前试行增值税的过程中，曾经实行了购进扣税法和实耗扣税法两种不同的征税方法。购进扣税法是指扣除项目在购进时即取得扣税的权力，尽管这部分外购扣除项目在征税期内可能还没有形成可供销售的产品，国外实行增值税的国家，基本都是购进扣税法，这种办法操作简便，但对当期财政收入可能有一定滞后的影响；实耗扣税法是按照销售的产品实际耗用的外购扣除项目所含增值税进行抵扣，这种办法符合征扣配比关系，对保证当期财政收入有利，但操作性很差。两种方法对财政收入的定性影响大家看法完全一致，但是从来没有人对其定量影响提供过依据。这也是影响到未来增值税改革选择什么样的征收方法的重大问题。1992 年部里开部长办公会讨论这个问题，包括税务局的领导也参加，我们用普查资料测算后给刘克崮司长准备了“增值税‘价税分流购进扣税法’对税收收入影响的程度、原因及对策”的测算和分析材料，刘克崮参加了会议并且把这个问题说清楚了。他回来后十分高兴，充分肯定了我们的分析工作。实际上实行购进扣税和实耗扣税法是有一个税款实现期间的变化，但是总量是不变的，对于正常生产经营的企业，对收入的影响只限于实行购进扣税法的初期，而且影响数量也是有限的。这一判断为我们新税制实行价外税的购进扣税法提供了依据。

如期停止老外资企业超税负返还政策

朱振民：1994年税制改革时，对外资企业实行了统一的流转税制度，为保证改革的顺利实施，对1993年12月31日以前批准设立的外商投资企业（老外资企业）给予了按照新税制比老税制计算多交的税款在五年期限内予以返还的过渡性政策。1998年五年期限将满，某些部门和领导对如期恢复征税提出了不同意见。我们运用普查资料对老外资企业税制改革前后的税负情况进行了测算分析，得出的结论是：大多数老外资企业税制改革前后的税负大体相当或低于原税负，因此并未享受这一政策，即使是享受这一返还政策的企业，多数也因返还税额不大而实际影响很小。极少数停止返税将发生亏损的返税大户主要是某些生产征收消费税商品的企业。如，生产护肤护发品的企业，对这些产品的消费税税率偏高问题内资企业也有反映，可以结合我国的产业政策对相应的消费税产品负担进行必要的调整。我们将上述情况报告了国务院，并建议，为有利于统一内外资企业税收制度，有利于公平税负，促进公平竞争，维护法律的严肃性，如期停止老外资企业超税负返还政策，得到国务院批准。之后，又报经国务院批准对个别消费税税负偏高的商品适当调低了消费税税率。

（三）推动日常税政研究和税负分析工作的开展

谭崇均：为了建立和完善我国税政分析体系，我们初步研发了我国企业所得税微观模拟模型和数据库。根据企业所得税制改革和税收政策调整的要求，从地区、产业、经济类型、优惠项目等多个角度对全国企业所得税税源相关情况进行测算分析，撰写出《企业所得税税负分析》《企业所得税税收优惠分析》《企业所得税税收结构分析》等若干专题报告，并汇编成《全国企业所得税税源调查测算、汇总、分析资料》和《全国企业所得税税源调查分析报告》两本小册子，供部领导和部内有关司局使用。同时，我们运用数理统计方法和企业所得税微观模拟模型，对企业所得税“两法合并”方案对财政收入的影响，企业所得税的税负、税源分布进行测算分析，并对“两法合并”后新税法的税率水平、税前扣除标准、优惠政策等问题进行模拟测算，为企业所得税改革和领导决策提供了有力的数据支持。

曾在税政司所得税处工作的郭垂平回忆说：

我们利用这个数据为我们税政工作做了很多服务工作。税政分析我们主要做了以下几项工作：

第一项就是我们每年利用财务指标收集到的数据，从1991年、1992年开始根据每年的数据，对国有企业的运营状况、纳税情况搞一个评估报告，每年都有。

第二项工作就是根据国务院领导和部领导的要求，对一些重大税制改革和重大税制政策调整做一些测算分析，比如，1994年所得税改革税率测算；现在企业所得税改革税率的测算；等等。

第三项工作是开展税收支出分析工作。现在一项重要的工作就是税收政策的执行，每一项政策执行情况怎么样，就用这套数据来分析，评估一下政策执行对国家经济的影响，这项工作在国际上叫税收支出分析。

第四项工作是微观模拟模型。微观模拟模型是一种重要的分析手段。数据是一个企业一个企业的数据输入进去，让模型来模拟企业在调整以后到底有什么影响。微观模拟模型自变量加因变量的指标就有2000多项，样本进行运行，把样本的数据通过一个可比性的比例放到全国，运用投入产出表和投入产出模型，两个模型加在一起，完成测算工作。

财税普（调）查资料工作，在为改革和政策制定提供了重要支持，发挥了积极作用的同时，也存在一些问题和不足，主要有：一是调查工作任务繁重，调查指标体系尚未实现与税收征管信息系统的有机结合，存在一定程度的重复劳动现象；二是调查数据应用工作做得还不充分，需要进一步发挥数据的应用潜力。

本文刊载于刘克崮、贾康主编的《中国财税改革三十年：亲历与回顾》（经济科学出版社2008年版）第310—320页。

分税制改革三十年以来税制改革的回顾和展望

刘 佐

1994 年以来，随着我国政治、经济、社会的发展和改革的深入，税制改革不断推进，并取得了一系列重大成果。从时间和内容看，30 年来我国税制改革的进程大体可分为两个阶段：第一阶段是 1994 年至 2012 年，以 1994 年工商税制改革为突破口，逐步建立了适应社会主义市场经济体制需要的新税制；第二阶段从 2012 年（党的十八大召开）进入中国特色社会主义新时代开始，以增值税改革为突破口，初步建立了适应新时代要求的现代税制。展望未来，新一轮财税体制改革正在谋划，任重而道远。

建立适应社会主义市场经济体制的新税制

1992 年 10 月，党的十四大提出了建立社会主义市场经济体制的战略目标，要求围绕建立社会主义市场经济体制加快经济改革步伐，深化分配制度改革，其中就包括税制改革。

1993 年 11 月，党的十四届三中全会通过了《中共中央关于建立社会主义市场经济体制若干问题的决定》，确定了税制改革的基本原则和主要内容。1993 年 12 月底，工商税制改革实施方案和有关税收法律、行政法规陆续公布，如《中华人民共和国个人所得税法》（修正）、《中华人民共和国增值税暂行条例》、《中华人民共和国消费税暂行条例》、《中华人民共和国营业税暂行条例》、《中华人民共和国企业所得税暂行条例》、《中华人民共和国资源税暂行条例》、《全国人民代表大会常务委员会关于外商投资企业和外国企业适用增值税、消费税、营业税等税收暂行条例的决定》等，均自1994年起实施。

至此，我国税制设25个税种，即增值税、消费税、营业税、关税、企业所得税、外商投资企业和外国企业所得税、个人所得税、土地增值税、房产税、城市房地产税、遗产税、城镇土地使用税、契税、耕地占用税、资源税、车船使用税、车船使用牌照税、印花税、证券交易税、城市维护建设税、固定资产投资方向调节税、屠宰税、筵席税、农业税、牧业税，其中遗产税、证券交易税没有立法开征。

1995年至2012年，我国继续完善税制，逐步实现了税制的城乡统一、内外统一：

——改革农业税制。2000年，中共中央、国务院发布《关于进行农村税费改革试点工作的通知》，此后农村税费改革逐步推进。2005年，全国人大常委会决定自2006年起取消农业税。2005年至2006年，国务院先后取消了牧业税和屠宰税，对过去征收农业特产农业税的烟叶产品改征烟叶税。

——完善商品税制。1998年后，经国务院批准，财政部、国家税务总局陆续调整了消费税的部分税目、税率和计税方法。2000年，国务院颁布了《中华人民共和国车辆购置税暂行条例》，自2001年起施行。为了适应加入世界贸易组织的需要，我国逐步降低了进口关税的税率。2003年，国务院颁布了新的《中华人民共和国进出口关税条例》，自2004年起施行。2008年，国务院修订了增值税暂行条例、消费税暂行条例和营业税暂行条例，初步实现了增值税从“生产型”向“消费型”的转变，并结合成品油税费改革调整了消费税，自2009年起施行。自2012年起，经国务院批准，财政部、国家税务总局开始实施营业税改征增值税的试点。

——完善所得税制。1999年至2011年，全国人大常委会先后5次修正个人所得税法，主要内容是调整储蓄存款利息征税的规定，调整工资、薪金等所得的扣除额和税率。2007年出台《中华人民共和国企业所得税法》，将对内资企业和外资企业分别征收的所得税合并，自2008年起施行。

——完善财产税制。1997年，国务院颁布了《中华人民共和国契税暂行条例》，自当年10月起施行。2011年，国务院颁布了《中华人民共和国船舶吨税暂行条例》，自2012年起施行。2006年，国务院将对内征收的车船使用税与对外征收的车船使用牌照税合并为车船税，颁布了《中华人民共和国车船税暂行条例》，自2007年起施行；2011年，全国人大常委会通过了《中华人民共和国车船税法》，自2012年起施行。2006年至2009年，国务院先后修订了《中华人民共和国城镇土地使用税暂行条例》《中华人民共和国耕地占用税暂行条例》，将城镇土地使用税和耕地占用税改为内外统一征收，分别自2007年和2008年起施行；自2009年起取消了对外征收的城市房地产税，明确中外纳税人统一缴纳房产税。2011年，国务院修订了《中华人民共和国资源税暂行条例》，自当年11月起施行。

此外，国务院于2008年宣布《中华人民共和国筵席税暂行条例》失效，自2010年12月起将外商投资企业和外国企业纳入城市维护建设税纳税人的范围，自2013年起废止了《中华人民共和国固定资产投资方向调节税暂行条例》。

1994年税制改革是中华人民共和国成立以来规模最大、范围最广泛和内容最深刻的一次税制改革，改革方案是在我国改革开放后税制改革的基础上，经过多年的理论研究和实践探索，借鉴外国税制建设的成功经验，结合我国国情制定的，推行后取得了很大的成功。经过这次税制改革和后来的逐步完善，我国初步建立了税制更简化、规范，税负更公平，更适应社会主义市场经济体制需要的新税制，在保证财政收入、加强宏观调控、深化改革、扩大开放、促进经济和社会发展等方面发挥重要的作用，并为以后的税制改革奠定了坚实的基础。

进入中国特色社会主义新时代以来
税制改革取得重大进展

2012年11月党的十八大的召开，标志着中国特色社会主义新时代的开启，全面深化改革起步，税制改革随之逐步推进，并取得了一系列重大进展。

2013年11月，为了落实党的十八大作出的关于全面深化改革的战略部署，党的十八届三中全会通过了《中共中央关于全面深化改革若干重大问题的决定》，提出建立现代财政制度、落实税收法定原则和深化税制改革的要求，也确定了税制改革的主要内容。

此后，党的十九大、二十大先后提出了继续深化税制改革的要求。

根据2015年党的十八届五中全会通过的《中共中央关于制定国民经济和社会发展第十三个五年规划的建议》和2020年党的十九届五中全会通过的《中共中央关于制定国民经济和社会发展第十四个五年规划和二〇三五年远景目标的建议》中关于税制

改革的要求，2016年召开的十二届全国人大四次会议、2021年召开的十三届全国人大四次会议先后批准了我国国民经济和社会发展“十三五”规划纲要、“十四五”规划和2035年远景目标纲要，分别提出了税制改革的任务。全国人大常委会、国务院同期制定的立法规划、计划，也提出了相应的税收立法任务。

这一时期深化税制改革已采取的主要措施如下：

——完善商品税制。自2013年起，经国务院批准，财政部、国家税务总局继续逐步扩大营业税改征增值税的试点，并自2016年5月起全面推行；2017年，国务院修订了增值税暂行条例，废止了营业税暂行条例。此外，调整了增值税的税率、征收率和小规模纳税人的标准。在消费税方面，经国务院批准，财政部、国家税务总局陆续调整了部分税目、税率。在关税方面，继续完善进出口关税政策和制度。2018年，全国人大常委会通过了《中华人民共和国车辆购置税法》，自2019年7月起施行。此外，《中华人民共和国增值税法（草案）》《中华人民共和国关税法（草案）》先后由国务院提请全国人大常委会审议。

——完善所得税制。在企业所得税方面，2017年和2018年，全国人大常委会先后修改了企业所得税法的部分条款。经国务院批准，财政部、国家税务总局等部门联合作出了关于部分重点行业实行固定资产加速折旧的规定，2019年后适用范围扩大到全部制造业；逐步提高企业研究开发费用税前加计扣除比例的规定；购进单位价值不超过500万元的设备、器具允许一次性扣除的规定；提高职工教育经费支出扣除比例的规定；小微企业减征企业所得税的规定，而且逐步扩大减征的范围和力度。在个人所得税方面，2018年，全国人大常委会第七次修正个人所得税法，内容包括调整居民个人、非居民个人的划分标准，将部分所得合并为综合所得征税，调整部分税前扣除规定和税率，完善征收管理方面的规定，自2019年起全面实施。针对个人所得税，近两年国务院陆续出台了新的减税措施。此外，经国务院批准，财政部、国家税务总局等部门陆续联合作出了关于上市公司股息、红利差别化，完善股权激励和技术入股，科技人员取得职务科技成果转化现金奖励等个人所得税规定。

——完善财产税制。2016年，根据中共中央、国务院部署，财政部、国家税务总局发布《关于全面推进资源税改革的通知》，扩大资源税的征税范围和从价计税方法的适用范围，自当年7月起实施。2019年，全国人大常委会通过了《中华人民共和国资源税法》，自2020年9月起施行。2017年、2018年和2020年，全国人大常委会先后通过了《中华人民共和国船舶吨税法》《中华人民共和国耕地占用税法》《中华人民共和国契税法》，分别自2018年7月、2019年9月和2021年9月起施行。2021年，全国人大常委会颁布《关于授权国务院在部分地区开展房地产税改革试点工作的决定》，要求试点的具体办法及其实施细则分别由国务院和试点地区人民政府制定。

此外，2016年、2017年、2020年和2021年，全国人大常委会先后通过了《中华人民共和国环境保护税法》《中华人民共和国烟叶税法》《中华人民共和国城市维护建设税法》《中华人民共和国印花税法》，分别自2018年1月、2018年7月、2021年9月、2022年7月起施行。

至2024年，我国税制共设18个税种，即增值税、消费税、车辆购置税、关税、企业所得税、个人所得税、土地增值税、房产税、城镇土地使用税、契税、耕地占用税、资源税、车船税、船舶吨税、印花税、城市维护建设税、环境保护税、烟叶税。

通过上述改革，我国的税制得到了进一步简化、规范，税负更加公平，且税负水平明显下降，税收的宏观调控作用进一步增强，并在促进经济持续稳步增长的基础上实现了税收收入的持续稳步增长，有力地支持了改革开放和各项建设事业的发展。

进一步深化税制改革的展望

根据中共中央关于谋划新一轮财税体制改革的要求和全国人大、国务院的有关规划、部署，可以预期，我国的税制改革将继续深化，在进一步落实税收法定原则、合理调整宏观税负、优化税制结构和完善主体税种等方面取得新的重大进展。

——进一步落实税收法定原则。首先，应从宪法、立法法的角度理解落实税收法定原则的内涵。狭义看，税收法定可理解为税收应由全国人大及其常委会制定相关的法律，目前较重要而紧迫的应是增值税、消费税立法；广义看，税收法定应理解为根据宪法、立法法建立完整的税法体系。其次，已经由全国人大或其常委会制定法律的税种，税制需进一步完善、税法需进一步修改的，也应及时完善、修改，如企业所得税法、个人所得税法。最后，除各税种的实体法外，税收程序法也需完善，如税收征管法。此外，为奠定未来制定税法典的基础，应积极研究制定税法总则。

——合理调整宏观税负。我国宏观税负水平应与公债发行规模、政府提供公共服务的范围和质量等方面的情况一并考量。因此，应继续把握减税降费政策空间，促进经济高质量发展。通过完善管理制度、加强征收管理、提高征收人员的素质、改善征收装备和技术等方式，进一步提高征纳工作的效率，降低征纳双方的成本，减少偷漏税费，增加政府收入。同时，抓好其他方面的财源，国有企业应为政府提供更多的收入。继续完善政府支出管理。

——优化税制结构。应在合理设置税种的前提下实现税制的简化。随着我国经济发展水平、税收管理和社会管理水平的提高，生产资料所有制结构和收入分配结构的变化，应继续逐步提高所得税、财产税收入在税收总额中的比重，降低商品税收入在税收总额中的比重。

——完善主体税种。在增值税方面，一般纳税人的范围应逐步扩大，税率可进一步简并，税率水平可逐步适当降低。在消费税方面，可根据调节消费的需要，适当调整征税范围和税率，并根据征收管理能力逐步将一些目前在生产、进口环节征税的消费品改为在零售环节征税。在企业所得税方面，可适当整合现行的各种优惠政策。在个人所得税方面，可允许纳税人自行选择本人申报、家庭成员联合申报和家庭申报等申报纳税方式，扩大综合所得的征税范围，完善税前扣除制度，适当降低部分法定最高税率。在房地产税方面，可根据全国人大常委会授权国务院在部分地区试点的决定，积极稳妥地推进此项改革试点，并将房产、土地相关的税费改革统筹考虑。

本文刊载于《中国财经报》2024 年 5 月 21 日。